新史学译丛

Petrarch's War:

Florence and the Black Death

in Context

彼特拉克的战争

黑死病阴霾下的佛罗伦萨

〔美〕威廉·卡费罗 著

朱明 徐海冰 译

This is a Simplified Chinese edition of the following title published by Cambridge University Press:

Petrarch's War: Florence and the Black Death in Context
9781108539555

© William Caferro 2018

This Simplified Chinese edition for the People's Republic of China (excluding Hong Kong, Macau and Taiwan) is published by arrangement with the Press Syndicate of the University of Cambridge, Cambridge, United Kingdom.

© The Commercial Press, Ltd., 2024

This Simplified Chinese edition is authorized for sale in the People's Republic of China (excluding Hong Kong, Macau and Taiwan) only. Unauthorised export of this Simplified Chinese edition is a violation of the Copyright Act. No part of this publication may be reproduced or distributed by any means, or stored in a database or retrieval system, without the prior written permission of Cambridge University Press and The Commercial Press, Ltd.

Copies of this book sold without a Cambridge University Press sticker on the cover are unauthorized and illegal.

本书封面贴有 Cambridge University Press 防伪标签，无标签者不得销售。

"新史学译丛"编辑委员会

主　编：彭　刚　陈　恒
编　委（按姓氏音序为次）：
　　　　陈　栋　陈　新　顾晓伟　洪庆明　李任之
　　　　李子建　梁　爽　刘北成　刘耀春　吕思聪
　　　　孙宏哲　王春华　岳秀坤

目 录

前言与致谢　　/1

序言　历史情境中的瘟疫：佛罗伦萨，1349—1350 年　　/7

第 1 章　彼特拉克的战争　　/35
　　彼特拉克的战争　　/39
　　彼特拉克的战争、薄伽丘和大学　　/48
　　"三杰"：彼特拉克、薄伽丘和但丁　　/57
　　历史情境中的彼特拉克和在佛罗伦萨的会面　　/70

第 2 章　战争实践和佛罗伦萨军队　　/75
　　亚平宁山脉的战争　　/79
　　佛罗伦萨军队　　/87
　　连续性、职业军和作为投资者的士兵　　/98
　　战争的组织：后勤、物资和人员　　/110
　　"军事"与"和平"领域　　/121

第 3 章　瘟疫时期的战争经济　　/125
　　战争、瘟疫和公共财政　　/128
　　死亡和税收　　/142
　　上帝、正义和公共财政　　/153

关于战争经济　　/157

第4章　瘟疫、士兵工资和佛罗伦萨的公职人员　　/165

　　步兵和骑兵，1349—1350年　　/168

　　瘟疫、战争和市场力量　　/179

　　将士兵工资置于历史情境中理解　　/182

　　佛罗伦萨公职人员工资的含义　　/196

　　重新评价雇佣兵？　　/204

第5章　敲钟人出使阿维尼翁、厨子出使匈牙利

　　——对佛罗伦萨劳动力的解读，1349—1350年　　/211

　　货币和税收　　/214

　　重新审视佛罗伦萨的公职人员　　/229

　　矛盾、反常和职业　　/236

　　仆人、敲钟人和厨子　　/240

　　重新审视佛罗伦萨政治？　　/250

结语　为什么这两年很重要（短时段与长时段并不矛盾）　　/253

参考文献　　/282

索引　　/308

图示、地图及表格目录

图示

图 3.1　军事支出 / 总支出　　　　　　　　　　　　　　/132

图 4.1　佛罗伦萨士兵的名义月工资，1349—1350 年　　/175

图 4.2　步兵和建筑工人的名义月工资，1349—1350 年　/177

图 E.1　佛罗伦萨军中士兵的名义月工资，1345—1354 年　/276

图 E.2　佛罗伦萨建筑工人的名义日工资，1345—1354 年　/277

地图

地图 I.1　佛罗伦萨和穿越罗马涅地区亚平宁山脉的道路　/12

地图 I.2　托斯卡纳　　　　　　　　　　　　　　　　/26—27

地图 2.1　冲突地区　　　　　　　　　　　　　　　　/77

表格

表 2.1　盾牌兵队长来源地，1349—1350 年　　　　　　/95

表 2.2　参加过两次战役的骑兵队长，1349—1350 年　　/101

表 2.3　参加过两次战役的步兵队长，1349—1350 年　　/103

表 2.4　战争物资供应商，1350 年　　　　　　　　　　/114

表 3.1	来自斯克里瓦诺预算的佛罗伦萨的军事支出	/132
表 3.2	1350 年巴利亚所购置物资的价格	/137
表 3.3	1350 年"基本"必需品价格	/139
表 3.4	工匠和非战斗人员的名义日工资，1350 年	/140
表 3.5	契约办公室的主要收入来源（1349 年 5/6 月）	/147
表 3.6	契约办公室的主要收入来源（1350 年 5/6 月）	/153
表 4.1	1349 年佛罗伦萨士兵的名义月工资（按从高到低的顺序排列）	/170
表 4.2	佛罗伦萨士兵月工资的高低顺序及对比，1349—1350 年	/174
表 4.3	佛罗伦萨领薪人员的月工资（按从高到低的顺序排列），1349—1350 年	/184
表 4.4	要塞司令及步兵分队的名义月工资，1349—1350 年	/194
表 5.1	乌巴尔迪尼战争时期市政办公室预算中佛罗伦萨士兵工资的货币单位	218
表 5.2	乌巴尔迪尼战争期间佛罗伦萨领薪人员工资的货币单位	/222
表 5.3	月均兑换比率，1349—1350 年	/225
表 5.4	佛罗伦萨被专门免除工资税之人，1349—1350 年	/228
表 E.1	意大利旗帜分队和德国雇佣骑兵的名义月工资，1345—1354 年	/272
表 E.2	盾牌兵旗帜分队（20—25 人）的名义月工资，1345—1354 年	/274
表 E.3	年均兑换比率	/276
表 E.4	建筑工人的名义日工资，1345—1354 年	/277
表 E.5	公职人员名义工资的变化情形，1345—1354 年	/279

前言与致谢

这并不是我原本打算写的书。然而档案往往具有颠覆性，使我们得知我们并不想知道的东西。本书始于对1336年至1402年的战争对佛罗伦萨经济影响的研究。我希望尽快完成这个已有20年历史的项目。但是，我在研究中遇到了关于一场我一无所知的"战争"的资料，而这场战争正好发生在黑死病暴发后不久。与彼特拉克和薄伽丘相关的资料为他们的历史肖像增添了细节，并且提出一系列关于佛罗伦萨政治、制度、外交，尤其是经济方面的问题。我还没法回答这些问题，甚至根本没有考虑过。

这本书试图对这些资料进行解释。从根本上而言，它是一项关于战争的案例研究，是14世纪意大利最被忽视的方面，对此并不需要怎么解释。尽管我原本希望将我的发现强加到关于佛罗伦萨的既有设想中，但是增加战争的部分改变了这个预设。这些资料迫使我对自己的许多假设进行重新审视和修正。虽然做出将这项研究限制在两年之内的决定是非常困难的，但是资料保证了研究路径。因此，这本书简直就是一部修正性著作。它反对将历史错误地区分为长时段"可用的"和短时段无关紧要的这两种形式,并提到历史研究中隐含的目的论的危险,尤其是当涉及经济数据时。它的最根本原则就是,矛盾和反常是历史的一部分,承认它们最终会让我们了解一个更加有用和有趣的故事。

这个项目已经花费了我很长的时间进行研究和写作。它由于疾病、视野问题和对但丁的研究而多次停顿。我已经对众多同事、学生和机构积累了太多的亏欠,他们支持我的工作,帮助我的想法成形,并催促我用这种方式回报他们。我首先想要感谢普林斯顿高等研究院,这个项目就是在那里开始的,我最早将我的"矛盾的"数据呈现在由尼古拉·迪·科斯莫组织的经济史研讨会,以及由卡洛琳·沃克·拜纳姆组织的中世纪研讨会上。我深深感激所有这些学者一直以来的慷慨、友谊、建议和鼓励。我要感谢西蒙·R.古根海姆基金会为本书提供了进一步研究的基金,感谢范德堡大学艺术与科学学院院长卡洛琳·德弗允许我从学院事务中抽身接受资助。同样,我还要感谢哥伦比亚大学意大利高等研究院和阿希尔·瓦尔兹、芭芭拉·法埃达领导的每周研讨会。我感激这些参与者的批评:伊丽莎白·贝尼尼、洛伦佐·丹杰洛、安娜·伽莱奥蒂、爱德华·戈德堡、沙拉·戈勒、斯特凡诺·洛伦泽蒂、安娜·洛莱托尼、丹尼尔·马拉斯、埃莉诺拉·皮斯蒂斯、卡琳·施拉普巴赫及玛丽萨·斯潘。我尤其要感谢巴纳德学院的乔尔·凯和哥伦比亚大学的内斯利汗·谢诺贾克,他们从繁忙的日程中抽空参加我的展示会,并且对本书的上一版给予评论。他们的帮助形塑和充实了这部书稿。如有舛误都由我本人承担。

我要感谢普林斯顿高等研究院同仁的引导和友谊,特别是理查德·埃布尔斯、苏珊·博因顿、路易吉·卡波格罗西、马丁·艾斯纳、芭芭拉·科瓦齐格、简斯·伍尔夫-莫勒、格伦·皮尔斯和贾科莫·托代斯基尼。感谢埃里克·马斯金同我讨论经济方面的问题。感谢路易吉·卡波格罗西和贾科莫·托代斯基尼在经济史方面（古代和中世纪）同我不断地争论，以及苏珊·博因顿的友谊和她超过工作职责的支持。她还邀请我到哥伦比亚大学的中世纪学术研讨会上展示我的成果。我非常依赖一群经济史家的建议，他们包括：劳伦·阿姆斯特朗、朱迪斯·布朗、史蒂文·A.爱泼斯坦、理查德·戈德思韦特、玛丽安娜·科瓦莱斯基、约翰·帕吉特、托尼·莫尔霍和约翰·芒罗。这本书最初是受到芒罗教授作品的启发，他最近的离世给我们的领域造成一个无法弥补的空白。我也要感激我的那些从事中世纪和意大利研究的同事亚历山德罗·阿尔坎杰利、丹尼尔·伯恩斯坦、萨缪尔·K.科恩、比尔·康奈尔、乔治·达默龙、鲍勃·弗莱多纳、蒂姆·基尔舍、朱利乌斯·基什纳、汤姆·库恩、约翰·劳、劳罗·马丁内斯、爱德华·穆尔、约翰·纳杰米、丹尼斯·罗马诺、丹·斯梅尔、莎伦·斯特罗基亚和苏珊·斯图亚德的建议和批评。我想要特别指出，史蒂文·爱泼斯坦和苏珊·斯图亚德在每个阶段都对我进行帮助，不管是私人的还是职业的事情。我要感谢四位杰出的、令我们所有人都非常怀念的学者的指导，他们是威廉·鲍斯基、吉恩·布鲁克尔、本杰明·科尔和罗纳德·威特。

我在学术方面要特别感谢泰奥多林达·巴罗利尼和朱塞佩·马佐塔，感谢他们慷慨的建议和卓越的学术榜样。我同样也要感谢阿尔伯特·阿斯科利、托德·波利、马丁·艾斯纳、沃伦·金斯伯格、维多利亚·柯卡姆、罗恩·马丁内兹、克里斯蒂娜·奥尔松、利诺·佩尔蒂莱和贾斯廷·斯坦伯格。感谢威尔·罗宾斯与我就文学和历史的对话,这几乎可以追溯至20年前。

我最感激的是弗朗西丝卡·特里维拉托,在此我对她的敬仰难以言表,没有她就没有这本书。我感谢她对文本的详细的批判性阅读和她的友谊。我也要感谢娜奥米·拉莫雷奥和蒂姆·吉南邀请我参加在耶鲁大学举办的经济史研讨会。感谢杰伊·鲁宾斯坦和汤姆·伯尔曼邀请我到田纳西大学就这项研究的早期成果发言,对于我们的"田纳西中世纪小组",他们也不断给予支持和友谊。感谢马库斯·梅伊曼和马提亚斯·曼因哈特邀请我参加在柏林举办的"战争的资本化"研讨会,我在那里对初期的发现做了发言。感谢我的意大利同事/朋友,尤其是毛里齐奥·阿尔法约利、安德里亚·巴尔鲁齐、洛伦兹·伯宁格、弗兰克·弗兰切斯基、卢卡·莫拉和亚历山德罗·蒙特。感谢安德里亚·巴尔鲁齐和亚历山德罗·蒙特邀请我参加在佛罗伦萨和斯卡尔佩里亚举办的关于乌巴尔迪尼家族的研讨会,并且鼓励我用意大利语陈述我的成果,结果贻笑大方。在整个项目研究期间,我一直依赖于巴尔鲁齐教授提供的无与伦比的专业知识。

在范德堡大学,我要感谢的是经济系的同事威廉·柯林斯、意大利和法国文学方面的艾尔莎·费洛萨、犹太研究方面的菲尔·利伯曼、古典学方面的乔·里弗的支持和亲密友谊。我要感谢我们在罗伯特·佩恩·沃伦中心的前现代文化研究小组的成员:安娜莉萨·阿佐尼、芭芭拉·鲍文、凯蒂·克劳福德、杰西·霍克、彼得·洛奇、利亚·马库斯、特蕾西·米勒、伊丽莎白·穆迪、林恩·雷米、萨米拉·谢赫和凯瑟琳·施瓦茨。我也要感谢沃伦中心杰出的主任莫纳·弗雷德里克，她使这样的研究小组成为可能。感谢我的历史系同事们给予的建议和支持，尤其是大卫·卡尔顿、朱利亚·科恩、凯蒂·克劳福德、劳伦·克莱、莱奥尔·哈勒维、凯瑟琳·莫利诺、摩西·奥楚努、马特·拉姆西和大卫·瓦瑟斯坦。

我还要感谢我的本科生研究助理大卫·加夫尼和亨特·格思里，他们帮助我整理数据和绘制地图。感谢我的研究生研究助理佩德罗·戈麦斯的大力支持，他现在已经是威斯康星大学的历史学教授，还有劳拉·霍曼，现在特里维卡·纳扎雷内大学任教。他们不仅搜寻资料和整理数据，还帮助我阐释了这一切。感谢我之前的研究生梅根·莫兰，如今她在蒙特克莱尔州立大学任教，与她探讨意大利史令我受益颇多，还有我现在的研究生凯瑟琳·麦肯纳和希拉里·泰勒，她们也是如此。感谢希拉里·泰勒帮助我完成手稿的最后几部分，感谢吉奈斯·威廉姆斯帮助我删除文本中恼人的几行内容，并且听我大声抱怨着技术问题。我要感谢剑桥大学出版社的莉兹·弗兰德-史密斯，她友好而慷慨地支持我，对这部手稿做了多次检查。

最后，我想正式对迈克尔·马莱特的指导表示感谢，在我读研究生时他引导我研究意大利与战争，还要感谢托尼·莫尔霍和约翰·纳杰米，他们的支持使我有了一份职业。正是他们的智识榜样，才使得如此多的我们努力效仿。

我把这本书献给我的妻子梅根·韦勒，她将自己对意大利的热爱传递给了我，我与她一起在本书中讨论的穆杰洛（Mugello）的几个地方度过了人生中相当长的一段时间。她的智慧和工作准则是我最直接的榜样。这本书的研究阶段恰逢我们两人的困难时期，我也把这本书献给我们深爱和思念的朋友及家人。

序言　历史情境中的瘟疫：佛罗伦萨，[1] 1349—1350 年

> 长时段的故事……有祛除神话和推翻错误法律的强大效力。正因为如此，而非仅仅对古代的欣赏之情，才是大学设立历史学系和历史学的经典使命被归为"生活之师"（magistra vitae，即生活各个方面的导师）的原因。
>
> ——乔·古尔迪和大卫·阿米蒂奇，《历史学宣言》[1]

> 从无用的活动中产生的新发现很可能被证明是无比重要的……比有用目的的实现更重要。
>
> ——亚伯拉罕·弗莱克斯纳，《无用知识之效用》[2]

1　Jo Guldi and David Armitage, *The History Manifesto* (Cambridge: Cambridge University Press, 2014), p. 37.
2　Abraham Flexner, "The Usefulness of Useless Knowledge," *Harper's Magazine* 179 (June 1939), p. 549.

I

如果正如近来的历史学所表明的那样，中世纪是一个"他异性"的时期，与当下很难联系起来，那么也可以说，它既是一个矛盾的时期，也是一个相互冲突的力量起作用的时期。[3] 就这方面而言，它就像任何一个时代。

矛盾是这本书的主题，采用"彼特拉克的战争"这个题目是想要通过这种方式强调该事实。彼特拉克是著名诗歌《我的意大利》的作者，这首温和的诗歌在结尾处三次呼吁在亚平宁半岛上实现和平，而正是他于1349年6月写信给佛罗伦萨官员，呼吁这座城市宣战，尽管这里还在遭受着前一年肆虐的瘟疫所带来的直接影响。弗朗切斯科·彼特拉克让人们拿起武器的号召出现在同时包含他关于瘟疫的著名挽歌的书信集中（《日常熟事书信集》第 8 卷）。彼特拉克将他的檄文、《日常熟事书信集》第 8 卷的第 10 封信寄给了佛罗伦萨的执政官们。这封信被彼特拉克长期以来的一个崇拜者乔万尼·薄伽丘抄录下来，薄伽丘那时刚回到他的家乡，正在写作《十日谈》。[4] 不久之后，佛罗伦萨就派出它的军队。目标是上穆杰洛地区的乌巴尔迪尼家族，正是这个家族在彼特拉克的两位挚友经过这片山区时袭击了

---

3 Paul Freedman and Gabrielle Spiegel, "Medievalisms Old and New: The Rediscovery of Alterity in North American Medieval Studies," *American Historical Review* 103 no. 3 (June 1998), pp. 677–704.

4 Francesco Petrarch, *Rerum familiarum libri*, I–Ⅷ, 由阿尔多·S. 贝尔纳多（Aldo S. Bernardo）翻译和编辑，第一卷（Albany, NY: State University of New York Press, 1975），pp. 429–435. 关于薄伽丘写作《十日谈》，参见 Vittore Branca, *Giovanni Boccaccio, Profilo biografico* (Florence: Sansoni, 1997), p. 80.

他们。⁵

"彼特拉克的战争"结束于 1350 年 9 月 27 日,就在第二天,薄伽丘从拉韦纳返回,他在那里拜访了但丁的女儿。一周之后,彼特拉克来到佛罗伦萨,在这里与薄伽丘首次见面,他是前往罗马参加教皇大赦年途中经过这里的(1350 年 10 月)。⁶这场冲突因此奠定了两人最初的友谊,并为认识他们之间的关系,以及诗人们、这座城市和他们的著名前辈但丁之间的关系——对于文学研究者而言,这是个极其有趣的话题——提供了新视角。⁷

这种联系也许可以解释佛罗伦萨国家档案馆中保存的丰富而详细的资料。事实上,同时代的任何冲突都不如它得到更好的记录。这些资料包括两份留存下来的最早的巴利亚记录(balie),它们含有这个专门的委员会关于这场战争的每日处理情况的法案;包括处理该城收支状况的市政办公室(camera del comune)的预算;包括发给使节和城市立法委员会的外交信

---

5 对这场战争及其经济和文学影响的初步讨论,参见 William Caferro, "Petrarch's War: Florentine Wages at the Time of the Black Death," *Speculum* 88 no. 1 (January 2013), pp. 144-165, 以及 "Le Tre Corone Fiorentine and War with the Ubaldini," in *Boccaccio 1313-2013*, edited by Francesco Ciabattoni, Elsa Filosa and Kristina Olson (Ravenna: Longo editore, 2015), pp. 43-55。

6 Giuseppe Pelli, *Memorie per servire alla vita di Dante Aligheri* (Florence: Guglielmo Piatti, 1823), p. 30.

7 Todd Boli, "Boccaccio's Trattatello in laude di Dante, Or Dante Resartus," *Renaissance Quarterly* 41(1988), pp. 395-398; Jason M. Houston, "Boccaccio at Play in Petrarch's Pastoral World," *Modern Language Notes* 127 (2012), pp. 47-53; Giuseppe Mazzotta, *The Worlds of Petrarch* (Durham, NC: Duke University Press, 1993); Martin Eisner, *Boccaccio and the Invention of Italian Literature: Dante, Petrarch, Cavalcanti and the Authority of the Vernacular* (Cambridge: Cambridge University Press, 2013).

件（Signori, Missive, Ⅰ Cancelleria, 10）。[8] 最早的市政会议记录（*consulte e practiche*, 1）记载了负责该城运转的行政官员们的争论，以及对战争的各种应对措施。其实，这部著作的前20页讨论的是乌巴尔迪尼家族的罪行，并没有提及瘟疫。[9] 编年史家马泰奥·维拉尼（Matteo Villani）和他相较年轻的同时代人马尔基翁内·迪·科波·斯提凡尼（Marchionne di Coppo Stefani）详细地记载了这场战争。著名日记作者多纳托·韦卢蒂（Donato Velluti）也讨论了这场战争，就像我们后来看到的那样，他在执行委员会中发挥领导作用，并且在冲突期间担任使节。

简言之，这场战争至关重要。但只就军事斗争而言，它平平无奇。佛罗伦萨经常与乌巴尔迪尼家族作战，后者是一个显赫且顽固的吉贝林派家族，它的世袭领地位于通往博洛尼亚的重要贸易通道上，佛罗伦萨的货物正是从这个关键的地方与北方相通（地图I.1和I.2）。双方之间最著名的暴力冲突发生在但丁1302年被放逐后不久。这位诗人与其他的"圭尔夫派白党"一道，与乌巴尔迪尼家族结盟反对这座城市。他们很快就失败了，但是佛罗伦萨和这个家族之间的斗争持续于整个14世纪。

从纯粹的政治视角来看，1349—1350年的冲突或许可以被视作这样一个时刻，即保罗·皮里洛所谓的伴随着该城扩张成为一个地域性国家而在边界地区发生"持续不断的佛罗伦萨化"。更直接地说，它是与米兰的激烈战争（1351—1353年）——这是二者之间多次战争的第一次，学者们从中看到公

---

[8] Archivio di Stato di Firenze (ASF) 中的资料包括balie 6, 7; Consulte e pratiche (CP) 1; Camera del comune, Scrivano di camera uscita 5, 6, 7, 8, 9, 10; Provvisioni, registri 36, 37, 38; 以及 Signori, Missive, Ⅰ Cancelleria 10。

[9] 讨论从1349年4月18日到1350年6月22日。ASF, CP 1 fols. 1r–19r。

民人文主义（civic humanism）的根源，这在文艺复兴时期构成佛罗伦萨自我定义的一部分——的前奏。[10] 豪强家族和占统治地位的平民（popolo）之间的关系是古老争论的一部分。最近，克里斯蒂安娜·克拉皮什-祖贝尔重新阐释了它，她强调在佛罗伦萨事务中各家族所扮演的复杂而又不明确的角色。[11] 发生冲突的上穆杰洛地区在现代与纳粹在第二次世界大战后期设立的、旨在阻止盟军在整个意大利推进的哥特线（linea gotica）相关联。每一年，重现战争的表演者都会聚集在乔戈这处将斯卡尔佩里亚和菲伦佐拉隔开的山口，重温纳粹与盟军之间那场关键性的遭遇战（1944年9月）。这个地区位于之前乌巴尔迪尼家族领地的核心地带。

---

10 Paolo Pirillo, "Signorie dell'Appennino tra Toscana ed Emilia-Romagna alla fine del Medioevo," in *Poteri signorili e feudali nelle campagne, dell'Italia settentrionale fra Tre e Quattrocento: fondamenti di legittimità e forme di esercizio*, edited by Federica Cengarle, Giorgio Chittolini, and Gian Maria Varanini (Florence: Florence University Press, 2005), pp. 211–220。关于佛罗伦萨地域国家发展的历程，参见 William Connell and Andrea Zorzi, eds., *Florentine Tuscany: Structure and Practices of Power* (Cambridge: Cambridge University Press, 2000); Giorgio Chittolini, "City-States and Regional States in North-Central Italy," *Theory and Society* 18 no. 5(1989), pp. 689–706; Samuel K. Cohn, *Creating the Florentine State: Peasants and Rebellion* (Cambridge: Cambridge University Press, 1999)。关于该世纪末的公民人文主义，参见 Hans Baron, *The Crisis of the Early Italian Renaissance* (Princeton, NJ: Princeton University Press, 1966)。

11 关于豪强及其与平民（popolani）之间的关系，参见 Gaetano Salvemini, *Magnati e popolani in Firenze dal 1280 al 1295* (Florence: G. Carnesecchi, 1899); Nicola Ottokar, *Il comune di Firenze alla fine del Dugento* (Florence: Vallecchi, 1926) 和 John Najemy, *Corporatism and Consensus Florentine Electoral Politics, 1280–1400* (Chapel Hill, NC: University of North Carolina Press, 1982)。比较新的参见 Christiane Klapisch-Zuber, *Ritorno alla politica: I magnati fiorentini, 1340–1440* (Rome: Viella, 2007)。

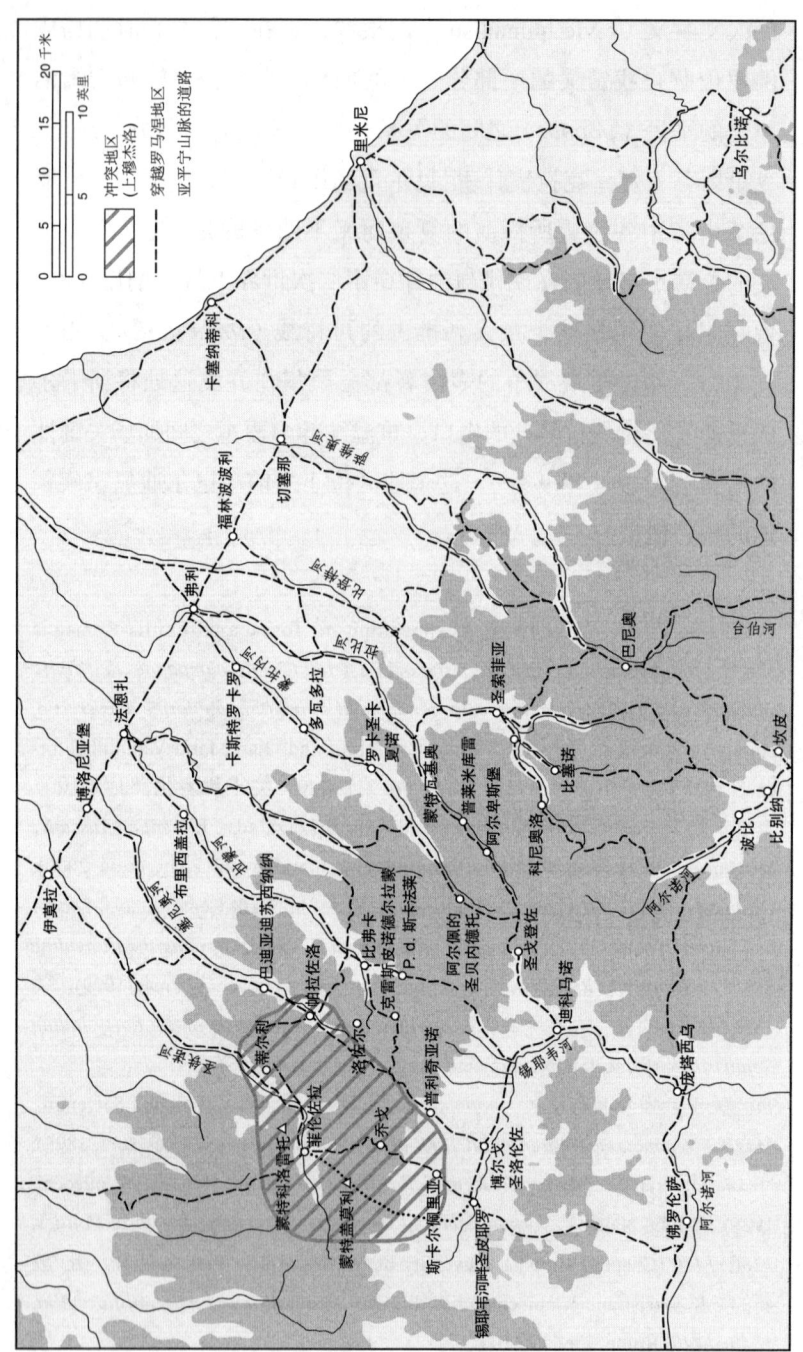

地图 1.1 佛罗伦萨和穿越罗马涅地区亚平宁山脉的道路

序言 历史情境中的瘟疫：佛罗伦萨，1349—1350 年

在 1349—1350 年的这场冲突中使用"战争"一词是非常谨慎的。当时的定义并不像今天这样清晰。对于这场军事行动，资料中时而使用多指警察行动的 *cavalcata* 一词，时而使用多指正式战争的 *guerra* 一词。这种区分可能源于这样一个事实，即这场冲突涉及两场战役，第二场比第一场规模更大。但是，文献中使用的语言并不准确，会频繁地换用名称。6 就当前研究目标而言，这种区分无关紧要，因为二者都要求调动大量军事力量、经济资源，以及任命特别委员会以监督开展行动。

无论哪一种情况，像 1349—1350 年战争这样的国家层面以下的角力，在英语学界中鲜有研究。[12] 这种现状反映了人们普遍对战争这一学术研究领域缺乏兴趣。正如杰伊·M. 温特所言，这是一个混乱而又令人困惑的主题，给研究人员带来了"棘手的问题"，因为论据不均衡，意识形态上有偏见，同时借用费尔南·布罗代尔的话说，每一代人都倾向于建构自身对战争的理解。[13] 在中世纪的意大利尤其如此，学者们延续尼科洛·马基雅维利的光辉榜样，过于频繁地从道德角度看待战争，强调"本土军事"精神的缺失，以及意大利国家对贪婪、"无用""不可信赖"和"缺乏忠诚的"雇佣军的依

---

12 像其他学者一样，C. C. 贝利并没有在其引用率很高的关于 14 世纪佛罗伦萨战争的记述中提到这些。他只提到国家之间的战争以及与维斯孔蒂家族的冲突。C. C. Bayley, *War and Society in Renaissance Florence: The De Militia of Leonardo Bruni* (Toronto, University of Toronto Press, 1961), p. 18.

13 Jay M. Winter, ed., *War and Economic Development: Essays in Memory of David Joslin* (Cambridge: Cambridge University Press, 1975), p. 2. Fernand Braudel, *The Mediterranean and the Mediterranean World in the Age of Philip II*, translated by Sian Reynolds (New York, NY: Harper Books, 1966), p. 891.

赖。¹⁴ 马基雅维利的描述鼓励了学者们将意大利的军事与其社会层面分割开来。¹⁵ 对于 14 世纪（trecento）中叶而言尤其如此，这是个"结伴冒险"的时代。成群结队的雇佣军，包括来自意大利半岛以外的外国人，在表面和平的时期，构成了掠夺成性的军队。¹⁶ 在关于这一时期佛罗伦萨地域国家发展的所有相关文

14　在马基雅维利对雇佣军的著名指责中，他称他们"无用""不可靠""危险""缺乏忠诚"和"不守纪律"，除此，他还视他们为"懦夫"。参见 *The Prince* (books 12 and 13), *The Art of War* (book 1), and *The Discourses* (book 2, discourse 20). Niccolò Machiavelli, *The Prince*, translated and edited by David Wootton (Indianapolis, IN: Hackett Publishing Co., 1995), pp. 38-45; *The Discourses*, translated by Leslie J. Walker and edited by Bernard Crick (New York, NY: Penguin, 1970), pp. 339-341; *The Art of War*, translated by Christopher Lynch (Chicago, IL: University of Chicago Press, 2003), pp. 13-32. 马基雅维利的观点塑造了 19 世纪和 20 世纪初的意大利学术界，并仍有影响。Ercole Ricotti, *Storia delle compagnie di ventura in Italia*, 4 vols. (Turin: Pomba, 1844-1845); Giuseppe Canestrini, "Documenti per servire alla storia della milizia italiana dal XIII secolo al XVI," *Archivio storico italiano* 15 (1851), pp. 347-446; Piero Pieri, "Alcune quistioni sopra fanterie in Italia nel periodo comunale," *Rivista storica italiana* (1933), pp. 561-614 and *Il Rinascimento e la crisi militare italiana* (Turin: Einaudi, 1952).

15　参见 William Caferro, "Warfare and Economy of Renaissance Italy, 1350-1450," *Journal of Interdisciplinary History* 39 (2008), pp. 167-209 和最近的 "Individualism and the Separation of Fields of Study: Jacob Burckhardt and Ercole Ricotti," in *The Routledge History of the Renaissance*, edited by William Caferro (Abingdon: Routledge Press, 2017), pp. 62-74。

16　Maria Nadia Covini, "Political and Military Bonds in the Italian State System, Thirteenth to Sixteenth Century," in *War and Competition between States*, edited by Philippe Contamine (Oxford: Oxford University Press, 2000), p. 14; 布鲁克尔列出的佛罗伦萨在 14 世纪的战争是城际战争，特别是与比萨和米兰之间的。Gene Brucker, *Florentine Politics and Society, 1343-1378* (Princeton, NJ: Princeton University Press, 1962), pp. 84-130. 布鲁克尔没有提及这场与乌巴尔迪尼家族的冲突，尽管他提到 1350 年时教皇的借兵请求，但是佛罗伦萨以在与乌巴尔迪尼家族作战为由拒绝了该请求。Brucker, *Florentine Politics and Society*, p. 141; William Caferro, *Mercenary Companies and the Decline of Siena* (Baltimore, MD: Johns Hopkins University Press, 1998).

献中，战争并没有很好地被纳入到讨论中来。

然而，学者们对1349—1350年彼特拉克战争的忽视，主要是由于在此之前发生的黑死病。这一灾难性事件及其充任历史转折点的角色使人们无法考虑同时期的其他现象。在F. A. 加斯奎特的著名阐释中，这场瘟疫带来的影响丝毫不亚于"中世纪的结束和现代的开端"。G. G. 库尔顿将这场灾难描述为通向文艺复兴和宗教改革的"门户"。[17] 更晚近的文献避免了简单化的表达，但是保留了将这场灾难视作一个转折点以及与之相关的所有看法。大卫·赫利希关于黑死病的著作的副标题是"西方的转型"。[18] 布鲁斯·坎贝尔将他最近对该传染病的综合性研究称为"大转变"。[19] A. B. 法尔西尼对佛罗伦萨所作的翔实研究，仍视它为考察该城所发生事件的重要起点，认为黑死病带来了一个完全"新的经济和社会现实"。[20] 布鲁诺·蒂尼在其对佛罗伦萨呢绒业（arte della lana）的研究中声称，1348年的瘟疫不仅改变了这一行业的贸易情况，还改变了佛罗伦萨的"总体经济组织"。[21] 艺术史家米勒德·迈斯指出佛罗伦萨艺术风格在1350

---

17 F. A. Gasquet, *The Great Pestilence* (London: G. Bell, 1893), p. xvi; G. G. Coulton, *Black Death* (London: Ernest Benn, 1929); 汤普森将黑死病比作第一次世界大战，后者是他自己那个时代的真正变革性事件。James Westfall Thompson, "The Aftermath of the Black Death and the Aftermath of the Great War," *American Journal of Sociology* xxvi (1921), pp. 565-572.

18 赫利希将这场传染病称作"欧洲已知的最大的生态灾难"。David Herlihy, *The Black Death and the Transformation of the West* (Cambridge, MA: Harvard University Press, 1997), p. 17.

19 Bruce Campbell, *The Great Transition: Climate, Disease and Society in the Late Medieval World* (Cambridge: Cambridge University Press, 2016).

20 A. B. Falsini, "Firenze dopo il 1348: Le conseguenze della pesta nera," *Archivio Storico Italiano* (1971), pp. 437-482.

21 Bruno Dini, "I lavoratori dell'Arte della Lana a Firenze nel XIV e XV secolo" in *Artigiani e salariati. Il mondo del lavoro nell'Italia dei secoli XII-XV, Pistoia, 9-13 ottobre 1981* (Bologna: Centro Italiano di Studi di Storia e d'Arte, 1984), p. 33.

年的一个基本转变：从一种对人性的现实的/乐观的关注转向一种忧思的/宗教的保守主义。[22] 路易·格林在考察佛罗伦萨的编年史传统时，从瘟疫之前乔万尼·维拉尼（Giovanni Villani）（死于这场瘟疫）和瘟疫之后他的弟弟兼继任者即编年史家马泰奥的写作中发现了一个"极端的重新定位"，这个转变指的是从宗教虔诚和普遍的乐观主义到悲观主义和对自然界更大程度的接受。[23] 此外，凯瑟琳·帕克也大致描述了1348年之后医疗行业的衰落。[24]

当前这部作品试图在以往的史料基础上将战争融入瘟疫叙事中。它甚至还准确地遵循了彼特拉克本人的引领。他对黑死病的描述（《日常熟事书信集》第8卷第7封信）不仅出现在他呼吁战争的这本书信集中，而且在它的原始版本（还保留至今）中，还是叙述乌巴尔迪尼家族攻击他的朋友的那封信的一部分。[25] 彼特拉克并没有将一个朋友在歹徒手中的惨死与瘟疫（正是这场瘟疫带走了他心爱的劳拉）导致的死亡做出区分。这两种方式的死亡都带来了"难以承受的损失"。因而，这场战争使人们对黑死病有所了解；黑死病也使人们对这场战争有所了解。

瘟疫和战争同时发生本身就值得注意。按照常识，或者更

22　Millard Meiss, *Painting in Florence and Siena after the Black Death: The Arts, Religion, and Society in the Mid-Fourteenth Century* (Princeton, NJ: Princeton University Press, 1979).

23　Louis Green, *Chronicle in History* (Cambridge: Cambridge University Press, 1972), pp. 86–87.

24　Katharine Park, *Doctors and Medicine in Early Renaissance Florence* (Princeton, NJ: Princeton University Press, 1985), pp. 42–45.

25　Aldo S. Bernardo, "Letter-Splitting in Petrarch's Familiares," *Speculum* 33 no. 2 (April 1958), pp. 236–241.

准确地说，按照通常的准则，正如一些学者所言，瘟疫暴发的直接后果是导致"所有活动的中止"。毫无疑问，对于某些活动而言是这样的，但是对于暴力而言并非如此。佛罗伦萨甚至还出现内外骚乱的迅速增加。乌巴尔迪尼家族的问题和乡村地区巨家大族制造的更普遍的难题同时出现。[26] 武装冲突并不限于佛罗伦萨。在附近的罗马涅和马尔凯的教皇领地上也出现了骚乱。里米尼的一个匿名编年史家写道，尽管"三分之二的人"死于黑死病，但黑死病并没有杀死这一地区"争吵不休的暴君和大领主"。[27] 1350年5月，弗利的领主弗朗切斯科·德利·奥德拉菲（Francesco degli Ordelaffi）攻击了附近的贝尔蒂诺罗，这是个属于教皇国的城镇。[28] 里米尼的马拉泰斯塔（Malatesta）家族在1349—1350年进攻了马尔凯。[29] 安茹家族的匈牙利和法国支系1349年在那不勒斯发生战争。[30] 热那亚和威尼斯这两个商业共和国于1350年8月在黑海发生战争。米兰的维斯孔蒂与教

---

26 ASF, Provvisioni, registri 36 fols. 63v-64r; Provvisioni, registri 37 fol. 7v; *Capitoli del Comune di Firenze, inventario e regesto*, edited by C. Guasti, A. Gherardi, vol. 2 (Florence: Cellini, 1893), p. 61 note 7; 257-266, 311-314. Matteo Villani, *Nuova Cronica*, vol. 1, edited by Giuseppe Porta (Parma: Fondazione Pietro Bembo, 1995), pp. 48-49; Demetrio Marzi, *La Cancelleria della Repubblica Fiorentina*, Rocca San Casciano: Cappelli 1909), pp. 667-669, Samuel K. Cohn, *Creating the Florentine State* (Cambridge: Cambridge University Press, 1999), p. 140.

27 *Cronaca malatestiane*, edited by Aldo Massèra, *Rerum Italicarum Scriptores*, vol. 15 (Bologna: Zanichelli, 1922-1924), p. 17.

28 Albano Sorbelli, *La Signoria di Giovanni Visconti a Bologna e le sue relazioni con la Toscana* (Bologna: Forni, 1902), pp. 2-4.

29 P. J. Jones, *The Malatesta Lords of Rimini* (Cambridge: Cambridge University Press, 1974), p. 65; ASF, Missive I Cancelleria, fol. 2v; Capitoli, registri 27 fol. 40r; Demetrio Marzi, *La Cancelleria della Repubblica Fiorentina*, pp. 653-657.

30 ASF, Capitoli 27 registri, fols. 40r-54r; Demetrio Marzi, *La Cancelleria della Repubblica Fiorentina*, pp. 653-654.

会剑拔弩张。[31] 锡耶纳和奥尔维耶托围绕相邻地域上的城堡控制权而争吵不休。[32] 马泰奥·维拉尼也提到北非突尼斯的战争和英法之间持续着的"百年战争"。

战争的介入改变了学者们目前对瘟疫后佛罗伦萨的描述，并提出一些不易回答的重要问题。它提供了一个跨越子领域甚至是学科边界的机会，也提供了重新评估通常被分开对待的文学和历史趋势的机会。

这些资料可以让我们重新看到彼特拉克和薄伽丘之间的友谊，他们的政治活动，他们与佛罗伦萨新大学成立之间的联系，以及他们对但丁的态度和对但丁的利用，正如西蒙·吉尔松和其他人所言，但丁是两人友谊发展的文学中介。[33] 同时，这些文献展示了一支有别于马基雅维利的叙述和学术共识的佛罗伦萨军队，即它不是"临时组织的""落后的"或者缺乏本地人构成的军队，而是由一小圈"忠诚的"雇佣兵和专业的本地步兵构成，其中有些人长期为该城服务，甚至投资公债以及借钱给该城打仗！佛罗伦萨的官员从瘟疫受难者捐给佛罗伦萨的主要慈善机构——圣米迦勒教堂兄弟会的虔诚遗赠中获得资金，从而帮助偿付战争费用，这是在用一种形式的不幸资助另一种形式的不幸。从山区招募的步兵将战争经费用回到他们的乡村社区。

31　Frederic C. Lane, *Venice: A Maritime Republic* (Baltimore, MD: Johns Hopkins University Press, 1973), pp. 175-176; Mario Brunetti, "La battaglia di Castro (1350)," *Rivista marittima*, 43 (January-March 1910), pp. 269-282.

32　Demetrio Marzi, *La Cancelleria della Repubblica Fiorentina*, p. 663.

33　Hannah Chapelle Wojciehowski, "Petrarch and His Friends" in *The Cambridge Companion to Petrarch* (Cambridge: Cambridge University Press, 2015), pp. 16-34; Simon Gilson, *Dante and Renaissance Florence* (Cambridge: Cambridge University Press, 2005).

序言　历史情境中的瘟疫：佛罗伦萨，1349—1350 年

这些文献可以使我们仔细观察佛罗伦萨的公共劳动力——首先是它的军队，它占这类劳动力的一大部分——然而他们的工资从未得到研究，虽然这表现得不同于通行的瘟疫模型。人口缩减使雇工们身兼数职，这一现象，连同对他们的雇佣条件的仔细考虑，使人们对把现代职业概念假定在遥远过去的学术尝试产生疑问。同时，劳动力短缺在制度和外交方面都产生了意想不到的后果。佛罗伦萨雇佣较低阶层的人，即所谓的执政官的亲随（*famiglia*）成员——敲钟人、仆人（*donzelli*）、厨子（彼特拉克指出，传统上他们被认为是"最卑贱"的人）——前往有着最重要外交关系的地方，包括阿维尼翁的教廷、神圣罗马帝国、匈牙利等地，开展长期的出使活动。[34] 因此，用尼科莱·鲁宾斯坦（Nicolai Rubinstein）的名言来说，虽然该城将自身视为那个时代的一座"共和主义的堡垒"，但它似乎通过雇用城市行政官员的家臣来处理重要外交政策事务，这种方式与它所谴责的专制君主类似。佛罗伦萨的官僚结构具有渗透性、私人性，并且像中世纪的职业观念一样，用现代术语很难理解。

佛罗伦萨与乌巴尔迪尼家族的战争甚至影响了这座城市的外在形态。1349 年工匠师傅（*capomaestri*）受雇去建造圣安娜教堂，以纪念瘟疫受难者，但 1350 年他们就被派往穆杰洛地区的斯卡尔佩里亚镇，以监督战争器械抛石机的建造并毁灭乌巴尔迪尼家族的城堡。这个教堂修建项目由此搁浅，并再也没有完工。[35]

34　Gene Brucker, "Bureaucracy and Social Welfare in the Renaissance," *Journal of Modern History* 55 (March 1983), p. 4; Petrarch, *Familiares* VIII, 4, vol. 1.

35　Saverio La Sorsa, *La Compagnia d'or San Michele, ovvero una pagina della beneficenza in Toscana nel secolo XIV* (Trani: V. Vecchi, 1902), pp. 110–111, 240–250.

II

简言之，对边缘的思考改变了我们对中心的理解，而对一场过于平淡无奇的战争的仔细考察则将文学和历史趋势相联。该书听从泰奥多林达·巴罗利尼的颇具说服力的号召，以更好地将伟大的文学人物"历史化"——他们的生平和重要事件依然不为人们所充分了解。[36] 对于彼特拉克来说，这个需求尤其迫切，他是那个时代最具迷惑性的人物之一。正如阿尔伯特·阿斯科利和乌恩·法尔克雷德提醒我们的那样，他使自己生活的现实让人用现代眼光"无法有效地看到"，尽管他分享了许多关于"文艺复兴时期自己的情感和观念"。[37]

强调本研究的经济意义至关重要。许多这方面的著作都以瘟疫为主题，最主要的是涉及工资和物价方面的著作，作者既有历史学家，也有经济学家。关于1349—1350年的描述早已确定。詹姆斯·E.索罗尔德·罗杰斯在他对英国的开创性研究中，看到这些年里瘟疫的"最充分的影响"，即在市场上造成

---

36 Teodolinda Barolini, "'Only Historicize': History, Material Culture (Food, Clothes, Books), and the Future of Dante Studies," *Dante Studies* 127 (2009), pp. 37-54. 也见近年来对彼特拉克和薄伽丘作品的批判性导读，它们都试图将诗人放在历史情境中进行考察。*Petrarch: A Critical Guide to the Complete Works*, edited by Victoria Kirkham and Armando Maggi (Chicago, IL: University of Chicago Press, 2009); *Boccaccio: A Critical Guide to the Complete Works*, edited Victoria Kirkham, Michael Sherberg, and Janet Levarie Smarr (Chicago, IL: University of Chicago Press, 2013). 参见最新出版的 Kristina M. Olson, *Courtesy Lost: Dante, Boccaccio and the Literature of History* (Toronto: University of Toronto Press, 2014)。
37 Albert Russell Ascoli and Unn Falkeid, "Introduction" in *Cambridge Companion to Petrarch* (Cambridge: Cambridge University Press, 2015), p. 1.

"恐慌和冲动",最直接的结果就是"工人的工资翻倍"。[38] 罗伯特·C.艾伦、谢夫凯特·帕慕克和格雷戈里·克拉克等现代经济学家也得出类似结论。他们采用"长视角",并从欧洲工业化的角度来看待他们的数据,通过对名义工资和实际工资以及生活水平进行估算,以更深入地理解把东西方分割开来的"大分流"。[39] 佛罗伦萨研究者夏尔·德·拉·龙西埃、理查德·戈德思韦特和塞尔焦·托涅蒂(Sergio Tognetti)在他们卓越但较为局限的研究中,同样概述了1349—1350年该城的名义工资、实际工资和生活水平的急剧提高。据拉·龙西埃称,这些年是"有很强活力"的时期之一,其特点是工资的"惊人"上

---

38 James E. Thorold Rogers, *A History of Agriculture and Prices in England from the Year after the Oxford Parliament (1259) to the Commencement of the Continental War (1793)*, vol. 1 (Oxford: Clarendon Press, 1866), p. 265. 索罗尔德·罗杰斯称1349年"对劳动力的需求达到顶峰"(第272页)。也见 James Thorold Rogers, *Six Centuries of Work and Wages: The History of English Labour*, vol. 1 (London: Swan Sonnenschein and Co., 1894)。

39 Robert C. Allen, "The Great Divergence in European Wages and Prices from the Middle Ages to the First World War," *Explorations in Economic History* 38 (2001), pp. 411–447; Süleyman Özmucur and Şevket Pamuk, "Real Wages and Standards of Living in the Ottoman Empire, 1489–1914," *Journal of Economic History* 62 (2002), pp. 292–321; Şevket Pamuk, "The Black Death and the Origins of the 'Great Divergence' across Europe, 1300–1600," *European Review of Economic History* 11 (2007), pp. 289–317, 尤其是第292页。关于这方面也见 Jan L. Van Zanden, "Wages and the Standards of Living in Europe, 1500–1800," *European Review of Economic History* 2 (1991), pp. 75–95。Gregory Clark, *A Farewell to Alms* (Princeton, NJ: Princeton University Press, 2007), p. 102; 克拉克也讨论了英国的农场劳动力,参见 "The Long March of History: Farm Wages, Population and Economic Growth, England 1209–1869", *Economic History Review* 60 (2007), pp. 97–135。坎贝尔比较了西班牙、托斯卡纳和英国的建筑业工资,还从克拉克那里增加了农民的数据,显示出不同的模式但明显增长。Bruce Campbell, *The Great Transition*, pp. 311–312。

涨。⁴⁰ 戈德思韦特指出这一时期劳动市场所受到的"需求／供应机制的剧烈影响"。⁴¹

探索工资模式的困难在于，这通常涉及对建筑行业的日工资的研究，判断出"最可用"和最"合用"的数据以进行跨越时空的对比（第4章）。拉·龙西埃指出，佛罗伦萨的圣玛丽亚纽瓦医院的建筑工人的工资数据有许多间断，但是他之所以选择它们，而非佛罗伦萨呢绒业的工资数据用于研究，是因为它们"最宜于"现代人理解。克里斯托弗·戴尔曾说对英国而言，利用建筑行业的数据是"不可避免"的。⁴² 帕慕克将手工业工资视为学者们可以将欧洲与奥斯曼帝国的发展进行比较的基本途径。⁴³ 他指出瘟疫之后随即出现的工资翻倍是一个关键的经济转折点。⁴⁴

这部分研究的数据来自私人机构（第4章、第5章和结语），不仅样本数量有限（比现存关于士兵的数据少得多），而且往往不具备寻求"重大"和"相关"结论的资质。方法论深深植根于历史学。它反映出"第二阶段"的年鉴学派对量化的兴趣，

40　Charles M. de La Roncière, "La condition des salariés à Florence au XIVe siècle" in *Tumulto dei Ciompi: un momento di storia fiorentina ed Europea*, edited by Atti del Convegno internazionale (Florence: Leo S. Olschki, 1981), pp. 19, 21-24.

41　Richard Goldthwaite, *The Building of Renaissance Florence* (Baltimore, MD: Johns Hopkins University Press, 1980), pp. 335-338, 342-343. 戈德思韦特指出佛罗伦萨工人的生活水平在1348年之后很快得到提高，这"在城市社会史中是一个引人注目的事实"。

42　La Roncière, "La condition des salariés à Florence au XIVe siècle," pp. 14, 17; Dyer, *Standards of Living*, p. 220.

43　Pamuk, "The Black Death and the Origins of the 'Great Divergence' across Europe, 1300-1600," p. 292.

44　Pamuk, "The Black Death and the Origins of the 'Great Divergence' across Europe, 1300-1600," pp. 289-317.

即将它作为一种"深入历史叙述表面之下"的方法,以及同一时期的计量经济学派对数据的"实证"性和反事实问题效用的倡导。[45] 年鉴学派著名史家埃马纽埃尔·勒华拉杜里在他的文章《静止的历史》中,在两个学派之间搭建了一座桥梁,对计量史学家的能力给予充分肯定,因为他们能够利用统计数据得出"令人不舒服的事实",并展示出"世界正在发生的变化"。[46] "数据并非仅仅是某个概念的面带愠色的婢女",勒华拉杜里写道,"相反,正是从数据的事实中,概念才得以出现。"[47] 经济史家大卫·兰德斯在对1930年代统计方法之父埃内斯特·拉布鲁斯(Ernest Labrousse)的批评中,简要地提出这个问题。他指出"现代人对数据感到放心,它们具有一种仅靠语言无法表达的精确性"。他认为,"它们的数学特性排斥批评。"[48]

但是档案具有颠覆性。它们丝毫不顾现代经济理论,更不理会数据实证主义的概念。正如年鉴学派的创始人马克·布洛赫在1934年所宣称的那样,档案使学术研究变得"具体而实在"。[49] 它们通常恰恰告诉我们不想知道的东西,并添加我们没

---

45 关于年鉴学派,参见 Peter Burke, *The French Historical Revolution, 1929–2014* (Cambridge: Polity Press, 2015), pp. 87-132. 对量化最初的兴趣可以追溯至西米昂和拉布鲁斯,参见 François Simiand, *Le salaire, l'évolution sociale et la monnaie*, 3 vols. (Paris: Felix Alcan, 1932) 和 Ernest Labrousse, *Esquisse du mouvement des prix et des revenus en France au XVIIIe siècle*, 2 vols. (Paris: Librairie Dalloz, 1933)。

46 Emmanuel Le Roy Ladurie, "Motionless History," *Social Science History* 1 no. 2 (Winter 1977), p. 135.

47 Le Roy Ladurie, "Motionless History," pp. 120, 121.

48 David S. Landes, "The Statistical Study of French Crises," *Journal of Economic History* 10 no. 2 (November 1950), p. 196.

49 Marc Bloch, "Le salaire et les fluctuations économique à longue periode," *Revue Historique* 173 (January 1934), p. 2.

有预料到的变量。⁵⁰ 当前研究也是如此，它揭示了在面临"市场的恐慌和冲动"以及供需关系严重失调的情况下，1349—1350年工资水平的意外停滞及公职人员的交替流动。"黏性"工资包括雇佣骑兵的工资，至于这类劳动力，正如马基雅维利的著名论断所说，等同于对金钱的贪欲。一般而言，佛罗伦萨对它的雇员存在多样化的安排，他们的工资是根据天、月、半年（六个月）或年发放的。由于这种多样化的模式，因而从单一一种工资数据做出推断就存在问题。就像托马斯·库恩的"常规科学"，当前的经济模型"就其目标而言是极其成功的"，但它们并不能解释矛盾的数据。⁵¹ 正如库恩所言，"理解一种新的事实需要的不仅仅是理论的附加调整"。⁵²

数据给人一种"实证上"保证的感觉，但它们实际上像文本一样可以得到解释。结论的质量取决于证据的质量。有必要对资料进行仔细筛查，从而对所发生的事有更彻底的理解。正如琼·斯科特在一种完全不同的背景下所言，历史学家们"需要审视他们的分析方法，阐明他们的重要假设"，并通过构想出"相互关联、无法被解开的过程"来取代对单一起源的探索。⁵³ "我认为我们不应当放弃档案，"她接着说，"也不应当放

50　哈彻为同时代的英国辩护说，"对内在一致的工资序列的追求"忽视了一个基本事实，从而使这种努力很可能无法实现（参见第 4 章）。John Hatcher, "England in the Aftermath of the Black Death," *Past and Present* 144 (August 1994), pp. 12–19, 21–25.

51　Thomas S. Kuhn, *The Structure of Scientific Revolutions* (Chicago, IL: University of Chicago Press, 1996, 3rd edn.), p. 52.

52　Kuhn, *The Structure of Scientific Revolutions*, p. 53.

53　斯科特引用了人类学家米歇尔·罗萨尔多（Michelle Rosaldo）的著作。Joan Scott, "Gender as a Useful Category of Historical Analysis," *American Historical Review* 91 no. 5 (December 1986), p. 1067.

弃对过去的研究，但是我们应当改变我们长期以来研究一些问题的方式，用有意义的解释取代普遍因果论。"[54]

这里探寻的是"有意义的解释"。对这两年及一场国内冲突的关注是笔者有意引发争论的，并提出修正性观点。这本书遵循微观史学的原则，正如乔万尼·莱维所言，缩小研究规模能够展现出先前没有被注意到的因素。[55] 然而，并不是说这里进行的微观史学研究就是英语学界传统上理解的那种。这项研究并未使用法律文献揭示和探讨一个有趣的人物或事件，也并未试图从"一粒沙看世界"。[56] 套用索罗尔德·罗杰斯的话说，鉴于需要传达"对大众而言没什么吸引力"的"枯燥细节"，这种作品形式"不可避免地令人反感"。[57] 但如果历史学的目的是乔·古尔迪和大卫·阿米蒂奇在《历史学宣言》中声称的那样，是为了回答重大问题，并为现代读者和政府决策者提供"实用的指导"，那么历史学家弄清楚事实就至关重要。[58] 正如科学家、教育家亚伯拉罕·弗莱克斯纳的著名论断所称，

54　Scott, "Gender as a Useful Category," pp. 1066-1067.

55　Giovanni Levi, "On Microhistory" in *New Perspectives on Historical Writing*, edited by Peter Burke (Cambridge: Cambridge University Press, 1991), pp. 95-97; 参见 Francesca Trivellato, "Is There a Future for Italian Microhistory in the Age of Global History?" *California Italian Studies* 2 no. 1 (2011) http://escholarship.org/uc/item/0z94n9hq（上次访问是在 2017 年 2 月）和 "Microstoria/Microhistoire/Microhistory," *French Politics, Culture & Society* 33 no. 1 (2015), pp. 122-134。

56　这是微观史学家对威廉·布莱克（William Blake）的诗歌《天真的预兆》（*Auguries of Innocence*）的套用。参见 Jill Lepore, "Historians Who Love Too Much: Reflections on Microhistory and Biography," *Journal of American History* 88 (June 2011), pp. 129-144。

57　Thorold Rogers, *A History of Agriculture and Prices in England*, vol. 1, p. vi.

58　Jo Guldi and David Armitage, *The History Manifesto* (Cambridge: Cambridge University Press, 2014), p. 19.

知识上的发现不是由那些寻求实用价值的人得出的，而是由那些追随自己的求知欲的人得出的，这之间通常"缺乏一种明显的关联性"。[59] 在公共领域犯下最严重错误的通常是那些对过去采取过于轻率态度的人，正如马克·布洛赫在很多年前警告的那样，这种态度源自于"从对当下并非完美的描述中得来的推测性观点"。[60] 阐明历史情境的必要性显而易见，这总会涉及接受，或者至少尝试接受矛盾的、有问题的证据，恰如即将在这里呈现的证据那样。

将黑死病置于历史情境中，当然不是要贬低它的灾难性质。但是经历过的生活与从历史角度观察的生活是不同的，正如现实中经历过的事情不同于人们隔着几个世纪的距离所观察到的一样。为了理解过去，我们总要增加秩序和结构，准确地说就是历史方法的本质。然而这里想要表达的是，历史学家要像克利福德·格尔茨这样的人种志学者一样，需要仔细分析"重叠或交织在一起，既奇怪、不合常规又含糊不清"的多重层次。[61] 古尔迪和阿米蒂奇发出的用长期主义取代"短期主义"的号召没有切中要点。短期主义既不是一个"幽灵"，也不是一种"疾病"——他们是这样称它的——它与长期主义的对立是人为造成的。[62] 事实上，这里提到的短时段主张旨在为关于佛罗伦萨的制度、经济、文学趋势的长时段研究提供一种方法论。

59　Flexner, "The Usefulness of Useless Knowledge," pp. 544–553.

60　Marc Bloch, "Le salaire et les fluctuations économique à longue period," *Revue Historique* 173 (January 1934), p. 30.

61　据格尔茨称，人种志就像阅读一份"陌生、褪色、充满缺漏、语无伦次的"手稿。Clifford Geertz, "Thick Description: Toward an Interpretive Theory of Culture" in *The Interpretation of Cultures* (New York, NY: Basic Books, 1973), p. 7.

62　也见《美国历史评论》中关于《历史学宣言》的争论。Deborah Cohen and Peter Mandler, "The History Manifesto: A Critique," *American Historical Review* (April 2015), pp. 530–542.

佛罗伦萨尤其需要对可用数据的重新解释。数字在研究中已得到凸显。雅各布·布克哈特早在19世纪就树立了先例,当时他将佛罗伦萨描述为"统计学的故乡",是个用"统计的视角看待事务"的城市。[63] 这位瑞士历史学家引用了乔万尼·维拉尼的编年史,以及他对1338年这座城市的著名统计分析,这些数据出现在之后的无数研究中。大卫·赫利希和克里斯蒂安娜·克拉皮什-祖贝尔在他们的著作《托斯卡纳人及其家庭》(*Tuscans and Their Families*)中,利用取自著名的佛罗伦萨1427年地籍簿(catasto)中的数据重建了15世纪初该城及乡村地区的社会、经济生活。拉·龙西埃在他关于工资和物价的著作《14世纪佛罗伦萨的物价和工资,1280—1380年》(*Prix et salaires à Florence au XIVe siècle, 1280-1380*)的序言中明确地称他的灵感源于年鉴学派。

关于佛罗伦萨的"统计视角"一直伴随着一种目的论的冲动,即把佛罗伦萨置于现代性的框架中。维尔纳·桑巴特和阿尔弗雷德·多伦在佛罗伦萨的纺织业中看到了经济现代性早期萌芽以及与之相伴的"资本主义"概念。[64] 费尔南·布罗代尔在他的《文明与资本主义》中将佛罗伦萨描述为"现代性的先驱"。他指出在乔万尼·维拉尼、韦卢蒂和薄伽丘——这些人在本书中都是关键人物——的作品中都较早地使用了"资本"

---

63 Jacob Burckhardt, *The Civilization of the Renaissance in Italy*, translated by S. G. C. Middlemore (New York, NY: Penguin, 1954), pp. 61, 63.

64 Werner Sombart, *Der Moderne Kapitalismus* (Leipzig: Verlag von Dunker und Homblott, 1920), p. 129; Alfred Doren, *Die Florentiner Wollentuchindustrie* (Stuttgart: Cotta, 1901), pp. 220-234, 259-256. 也见 Charles M. de La Roncière, *Prix et salaires à Florence au XIVe siecle, 1280-1380* (Rome: Palais Farnese, 1982), p. 258, 和 Richard Goldthwaite, *The Economic History of Renaissance Florence* (Baltimore, MD: Johns Hopkins University Press, 2009), p. xii。

这个词。⁶⁵

　　这些倾向仍然存在于著述中，尽管表述得不那么直白。相比之下，本书中的分析接受了卡尔·波兰尼的警告，即数据就像它们充任指标的经济一样，根植于一种特定于某个地点和时间的社会文化之中。⁶⁶ 本书听从了约瑟夫·熊彼特在《经济分析史》中所作的方法论声明："对历史事实没有充分的掌握，没有人能够理解任何经济现象，包括当下这个时代的。"熊彼特接着说，就像期待中世纪研究者的作品一样，拉丁语古文字学"是经济分析的技艺之一"。⁶⁷ 统计数据对经济研究"至关重要"，但"不理解统计数据是如何编制的，就不可能理解它们"。⁶⁸ 数据与现代性之间的隐含联系值得更深入的考察。

III

　　瘟疫与彼特拉克的战争可能要进一步被置于历史情境中。仔细阅读马泰奥·维拉尼关于这场传染病的叙述，你会发现，实际上他对同时期安茹家族中敌对的匈牙利支系和法国支系之间在那不勒斯王国的内战，至少倾注了同样的关注。如果给予

65　Fernand Braudel, *Civilization and Capitalism: The Wheels of Commerce*, translated by Sian Reynold, vol. 2 (New York, NY: Harper and Row, 1979), pp. 232–233.

66　Karl Polanyi, *The Great Transformation* (Boston, MA: Beacon Press, 2nd paperback edn., 2001), p. 46.

67　J. A. Schumpeter, *History of Economic Analysis* (Oxford: Oxford University Press, 1954), pp. 12–13.

68　Schumpeter, *History of Economic Analysis*, p. 14; 哈彻指出，英国的书面记录和档案材料之间往往存在实质性的差异。Hatcher, "England in the Aftermath of the Black Death," pp. 12–19, 21–25.

某个事件的篇幅体现了它的重要性的话,那么需要注意的是,维拉尼的编年史第一卷前25章中有7章是关于这场瘟疫的,但有8章是关于匈牙利人的。历史学家吉恩·布鲁克尔发现佛罗伦萨对匈牙利人的兴趣"很奇怪"。[69]

但是南边的内战对这座城市具有重要影响,因为它在这一地区存在经济利益,并且这里位于军队和雇佣军来往的交通要道上。马泰奥·维拉尼特别提到其兄长乔万尼对那不勒斯所发生事件的叙述,他向读者概括了之前对这一实际上不曾发生变化的局势的描述。[70]在这方面,人们认为马泰奥的作品与乔万尼的作品有着明显区别,展示了作者和他们对瘟疫前后事件的描述之间的连续性。那不勒斯的战争是个不变的主题。乔万尼·维拉尼在其编年史的最后27章中用了13章描述1347年的战争,这是到当时为止他着墨最多的事件。[71]马泰奥甚至模仿乔万尼,在其叙述中插入穆斯林突尼斯正在进行的战争的题外话,乔万尼将它描述为那时在意大利所发生的"肤浅、贪婪、欲望"事件中的一个典型。[72]马泰奥接着将这个特征应用到瘟疫之后的佛罗伦萨。[73]简言之,在瘟疫之前的作品和瘟疫引发灾难性"断裂"之后的作品之间有一种文学上的继承。而且,马泰奥没有将那不勒斯发生的事件与瘟疫联系起来。这场传染病并不像一些学者所宣称的那样是衡量当时所有其他困难的标准。

69　Gene Brucker, *Florentine Politics and Society, 1343-1378* (Princeton, NJ: Princeton University Press, 1962), pp. 144-145.

70　Matteo Villani, *Nuova Cronica*, p. 18.

71　乔万尼·维拉尼抱怨说,内战使从这一地区向佛罗伦萨的粮食运输变得危险,而粮食已经匮乏。Giovanni Villani, *Nuova Cronica*, pp. 526-558.

72　Giovanni Villani, *Nuova Cronica*, p. 518.

73　Matteo Villani, *Nuova Cronica*, pp. 23-24; Giovanni Villani, *Nuova Cronica*, pp. 514-518.

这一点在 1349 年 9 月袭击意大利的地震中表现得尤为明显。它的震中位于拉奎拉，2009 年 4 月 6 日的那场当代毁灭性的地震就发生在这里（距离 2016 年发生地震的阿马特里切也不远）。[74] 地震摧毁了卡西诺山著名本笃修道院的很大一部分，导致罗马的塔楼坍塌，并使计划中的锡耶纳"超级"大教堂中殿的扶壁出现裂痕。[75] 这种破坏实际上使锡耶纳的这个雄心勃勃的项目搁浅，不过它却被完全归因于瘟疫和经济困难。[76] 坎贝尔重申了这一观点，称未完工的锡耶纳大教堂"是黑死病对人类造成的巨大破坏的最有形的纪念碑"。[77] 事实上，地震暴露了隐藏在结构背后的错误的建筑原则，对于它所立足的小山来说，它太庞大了。

这场地震就像彼特拉克的战争一样，被黑死病掩盖了，或者更准确地说，人们只是从黑死病的角度来理解它。但是，同时代人将它看作单独的现象。彼特拉克在《日常熟事书信集》第 11 卷第 7 封信中提到这场地震，这封信是写给路德维希·范肯彭（Ludwig van Kampen）（"苏格拉底"）的，也正是在给这个人的信中，彼特拉克提到他的朋友遭到乌巴尔迪尼家族的袭

---

74 一个科学家团队研究了与地震相关的证据。Paolo Galli and José Alfredo Naso, "Unmasking the 1349 Earthquake Source (Southern Italy): Paleoseismological and Archaeoseismological Indications from the Aquae Iuliae Fault," *Journal of Structural Geology* 31 (2009), pp. 128–149.

75 Matteo Villani, *Nuova Cronica*, p. 70.

76 Agnolo di Tura, "Cronaca senese" in *Rerum Italicarum Scriptores*, edited by Alessandro Lisini and Fabio Iacometti (Bologna: Nicola Zanichelli, 1931–1939), pp. 556–557.

77 Bruce Campbell, *The Great Transition: Climate, Disease and Society in the Late Medieval World* (Cambridge: Cambridge University Press, 2016), pp. 310–311.

序言　历史情境中的瘟疫：佛罗伦萨，1349—1350年

击，以及黑死病的暴发。彼特拉克担心的是，这场地震的发生地距离"神圣和永恒之城"罗马如此之近，会宣告这座城市以及整个意大利的"和平与自由的毁灭"。[78]但是他在信中并没有提到相近的瘟疫，甚至将这封书信置于其《日常熟事书信集》（第11卷）的完全不同的部分中，而不是放在他描述瘟疫的部分中（第8卷）。马泰奥·维拉尼在叙述1347/1348年，即瘟疫之前，意大利北部弗留利和德国南部巴伐利亚的地震时，再次直接而又不协调地引用了他的兄长乔万尼的话。[79]在写到翁布里亚发生的灾难时，马泰奥提到维拉科这座城镇的情况，"这是块靠近斯洛文尼亚的肥沃土地"，乔万尼在对1347/1348年的描述中称它完全被地震摧毁，土地变得荒芜，在中心广场上的裂缝构成十字架的形状。马泰奥告诉他的读者，维拉科现在恢复到以前的美丽，他利用这种方式将自己的叙事与其兄长的联系起来。[80]

IV

本书更广泛的观点和中心思想是强调历史情境的重要性，并承认历史的"边缘"非常重要，而且在历史研究中可以出现矛盾和反常。正如古尔迪和阿米蒂奇所言，如果短时段是一种必然导致细枝末节问题的"疾病"，那么长时段就是一种冒着过度简化的风险并实际上可能使错误具体化的方法。如果严谨的档案研究有"盲目崇拜"档案的风险，那么坚定地遵循年鉴学派的方法和其他对长时段的呼吁则有"盲目崇拜"我们的学术

78　Francesco Petrarch, *Letters on Familiar Matters*, translated by Aldo S. Bernardo (Baltimore, MD: Johns Hopkins University Press, 1982), vol. 2, pp. 99–101.

79　Matteo Villani, *Nuova Cronica*, p. 54.

80　Giovanni Villani, *Nuova Cronica*, pp. 562–566.

前辈或他们中的少部分人的风险——这是个更大的错误。

本书分为五章和一篇结语。第一章考察了彼特拉克和薄伽丘与这场反对乌巴尔迪尼家族的战争的关系，他们与佛罗伦萨的关系，以及在佛罗伦萨建立新大学的过程。该章利用档案证据展示了他们的政治活动，利用文学证据展示了这场冲突是如何成为他们友谊和对话的一个重要部分的，而一般却认为他们的友谊和对话只是在1350年10月见面之后才开始的。该章认为，这场战争是与佛罗伦萨（以及薄伽丘）想要彼特拉克来到这所新大学任教的愿望联系在一起的——这个目标带有很强的经济动机，或许是西方历史上大学招聘最恶劣的例子（它并没有起作用）。该章仔细解读了彼特拉克《日常熟事书信集》中第8卷的书信，它们是这位诗人的书信中被重新编辑和重新修订次数最多的信件，还解读了薄伽丘对彼特拉克发出的前来这所大学的邀请，以及他的《但丁传》和《书信集》第10卷。笔者认为它们构成了一种包含对但丁的呼应和倒置的对话，据说，彼特拉克尚未读过但丁的《神曲》（后来他从薄伽丘那里得到一本）。

第二章论述了佛罗伦萨历史中被研究得最少的方面：战争实践和佛罗伦萨军队的性质。该章考察了佛罗伦萨人如何在亚平宁山脉战斗的细节、公共机构的相互作用、佛罗伦萨军队的组成，以及对大量"无名的"非战斗人员的雇用——正是他们帮助支撑了战场上的军队。该章强调佛罗伦萨的军事领域与和平领域界限不清，并提出这座城市的机构性质问题，这些机构似乎比预期的更具渗透性、私人性和流动性。就连负责军需处（*camera del arme*）——这是维护该城位于执政官宫中军械库的公共部门——的修士也随军出征了。

第三章仔细审视了公共财政，以及佛罗伦萨是如何支付战争费用的。该章评估了这场冲突对佛罗伦萨经济造成的影响，以及从圣米迦勒教堂兄弟会获得的瘟疫遗赠在资助这场战争中发挥的意想不到的作用。该章追踪了这场冲突对商人的影响,以及资金是如何回流到步兵来自的山地社区的。该章还强调了正直（dirittura）税的重要性,这是一种尚未得到研究的税种,人们利用它将公共支出（其中战争开支最大）转向公益,如美化大教堂、资助这所新大学。这些证据可以看出佛罗伦萨公共财政背后的基督教精神,这涉及修士所扮演的重要财政部门总管的角色。

第四章考察士兵的工资,并将其与佛罗伦萨其他公职人员的工资进行比较。证据与当前学术模式不符,该章尝试解释这种差异,则必然涉及重新审视"雇佣兵"一词的含义,这是所有中世纪职业中最被误解的职业。该章突出"职业"工资和实际收入之间通常存在的明显差别,以及佛罗伦萨的众多劳动力在应对瘟疫时的不同表现。

第五章更多关注佛罗伦萨的公职人员,并探讨货币和税收的细节,以及技能、危险性、地位等因素如何超越市场力量,成为工资结构的组成部分。该章将公职人员的证据与佛罗伦萨其他劳动力,尤其是呢绒业劳动力的证据联系起来。该章论证了瘟疫期间佛罗伦萨的职业的多变性质,并探讨这对于城市政治和体制结构的影响。该章强调将中世纪的职业观念移植到今天的固有困难,并阐明,劳动力的减少是如何促使佛罗伦萨使用敲钟人、厨子、执政团仆人前往其最重要的和最不确定的盟友那里开展长期出使活动的。

简短的结语论证了在当下呼吁长时段研究回归的情况下短时段研究的重要性。该部分认为,有必要仔细研究我们的史料以"驱逐神话和推翻错误的规则",古尔迪和阿米蒂奇将之归功于短期主义。该部分论证了以开放的心态进行历史研究的重要性,并自觉地避免不加批判地将信息整合到已有模式的冲动,即便上述做法会使我们的学术生涯获得更大回报。短时段研究和长时段研究并不矛盾,而是必要的共存,这一点就连费尔南·布罗代尔本人也会同意,而古尔迪和阿米蒂奇正是将他作为他们的榜样。[81] 为了进一步说明这一点,这篇结语对工资数据进行了拓展,将其延长至十年。

---

81 Trivellato, "Is There a Future for Italian Microhistory in the Age of Global History?"

第 1 章　彼特拉克的战争

> 看哪，高贵的人，如此残酷的战争是由极其微不足道的原因引起的，高傲、凶狠的玛尔斯使这颗心变得坚硬、封闭……歌声，我要你谦恭地传递出你的信息……你要在那些宽宏大量的少数人中碰碰运气……我将大声疾呼和平、和平、和平。
>
> ——彼特拉克《我的意大利》（1344 年）[1]

> 想想发生的事情……您的一位非常可爱和值得尊敬的公民，也是我的朋友，在从法国回到佛罗伦萨时历经诸多磨难和艰险……实际上就在他自己的门口、在您的门口，可以说是在您的胸中，被残忍地杀害了。
>
> ——彼特拉克《日常熟事书信集》第 8 卷第 10 封信（1349 年）[2]

---

[1] *Petrarch's Lyric Poems*, translated by Robert M. Durling (Cambridge, MA: Harvard University Press, 1976), pp. 256–263.

[2] Francesco Petrarch, *Rerum familiarum libri, I–VIII*, translated and edited by Aldo S. Bernardo, vol. 1 (Albany, NY: State University of New York Press, 1975), p. 429（之后引用时表示为 Petrarch, *Familiares*）。

> 那天天色已晚，夜幕降临，当我从漫长的流放中归来时，你以远超我应得的尊重和崇敬在故土的城墙内迎接我。
>
> ——彼特拉克致薄伽丘《日常熟事书信集》第21卷第15封信（1351年）³

1348年的瘟疫影响了佛罗伦萨的基本功能。官员们在分配粮食和征税时困难重重。⁴ 但是，传染病并未减缓暴力的发展势头。⁵ 1349年，市议会对城市内外的骚乱叫苦不迭。⁶ 内乱的焦点是彼此对立的阿尔比齐（Albizzi）家族和里奇（Ricci）家族之间的长期争斗。外部冲突围绕着农村地区巨家大族的活动和佛罗伦萨的边界而展开。⁷ 缺乏人手用以监管道路、城墙，守卫

3　Francesco Petrarch, *Rerum familiarum libri, XVII-XXIV*, translated and edited by Aldo S. Bernardo, vol. 3 (Ithaca, NY: Italica Press, 2005, 2nd edn.), p. 207.

4　ASF, Provvisioni, registri 36 fol. 20r (October 1348); A. B. Falsini, "Firenze dopo il 1348: Le consequenze della peste nera," *Archivio storico italiano* 129 (1971), pp. 438-439

5　Samuel K. Cohn, "After the Black Death: Labour Legislation and Attitudes towards Labour in Late-Medieval Western Europe," *Economic History Review* 60 no. 3 (2007), p. 467.

6　1349年4月，ASF, Provvisioni, registri 36 fol. 81r。7月，Provvisioni, registri 36 fol. 132v; Provvisioni, registri 36 fol. 95v。1349年5月和6月的立法提到了这场内乱。6月，该城选举一些人来"争取和平、休战及和睦相处"（"circa paces, treguas et concordias"）。ASF, Provvisioni, registri 36 fols. 95v, 105v. 关于城中里奇家族和阿尔比齐家族的长期争斗，参见 Gene Brucker, *Florentine Politics and Society, 1343-1378* (Princeton, NJ: Princeton University Press, 1962), pp. 124-129。

7　关于佛罗伦萨与巨家大族之间的关系，参见 Christiane Klapisch-Zuber, *Ritorno alla politica: I magnati fiorentini, 1340-1440* (Rome: Viella, 2007)。

堡垒，这助长了武装冲突。[8]

最棘手的农村家族是上穆杰洛的乌巴尔迪尼家族。他们的祖传财产坐落在博尔戈圣洛伦佐城和斯卡尔佩里亚镇，沿着佛罗伦萨和博洛尼亚的北部边界蔓延，从锡耶韦河直到圣铁诺河的大峡谷。[9]自奥托时代以来，乌巴尔迪尼家族就统治着这片被称作"乌巴尔迪尼的阿尔卑斯（Alpi Ubaldini）"的地区，并且，它凭借着从霍亨斯陶芬王朝皇帝弗雷德里克二世那里得到的皇家证书要求获得独立地位。[10]他们是吉贝林派，并在佛罗伦

8　ASF, Provvisioni, registri 36 fol. 10r, Falsini, "Firenze dopo il 1348," p. 438; 1349年1月16日，市议会称"由于瘟疫"，缺乏步兵和领薪人员守卫堡垒。Provvisioni, registri 36 fol. 47r.

9　Laura Magna, "Gli Ubaldini del Mugello: una signoria feudale nel contado fiorentino" in *I ceti dirigenti dell'età comunale nei secoli XII e XIII* (Pisa: Pacini, 1982), pp. 13–16, 18–22; Daniele Sterpos, *Comunicazioni stradali attraverso i tempi: Bologna-Firenze* (Novara: De Agostini, 1961), pp. 28–29, 和 "Evoluzione delle comunicazioni transappenniniche attraverso tre passi del Mugello," in *Percorsi e valichi dell'Appenino fra storia e leggenda* (Florence: Arti Grafiche Giorgi e Gambi, 1985)。G. C. Romby, ed., *Una terra nuova nel Mugello: Scarperia: popolazione, insediamenti, ambiente, XIV-XVI secolo* (Scarperia: Comune di Scarperia, 1985); N. Galassi, *Dieci secoli di storia ospitaliera a Imola*, 2 vols. (Imola: Galeati, 1966–1970); *Commissioni di Rinaldo degli Albizzi per il comune di Firenze (1339–1433)*, edited by Cesare Guasti (Florence: Tipi di M. Cellini, 1867–1873), vol. 1, pp. 13–14; Paolo Pirillo, "Tra Signori e città: I castelli dell'Appennino alla fine del Medio Evo" in *Castelli dell'Appennino nel medioevo*, edited by P. Fosci, E. Penoncini, and R. Zagnoni (Pistoia: Società Pistoiese, 2000), pp. 15–29。克拉皮什-祖贝尔利用1352年埃斯蒂莫税的数据称，与其他巨家大族相比，乌巴尔迪尼家族的财力相对来说不那么雄厚；参见 Klapisch-Zuber, *Ritorno alla politica*, p. 88。

10　David Friedman, *Florentine New Towns: Urban Design in the Late Middle Ages* (Cambridge, MA: Harvard University Press, 1989), pp. 39–46; Magna, "Gli Ubaldini del Mugello," p. 27.

萨成为圭尔夫派城市时依然如此。这个家族依靠封建税、草场和林木税、道路通行费过活,有时还会抢劫过往的商人和旅客。[11]乌巴尔迪尼家族的重要性主要源自于这一事实,即他们的土地位于通往博洛尼亚和罗马涅的主要商路上。[12]这些道路用于向佛罗伦萨运送谷物,13世纪末和14世纪,随着佛罗伦萨的扩张,其重要性与日俱增。[13]后来,在米兰与佛罗伦萨之间爆发著名的战争期间(1390—1392年,1402年),它们至关重要。米兰试图切断佛罗伦萨和这些道路的联系,以此来"饿死"这座城市。

佛罗伦萨为保卫这些商路付出了巨大努力。14世纪初,该城建造了所谓的新城,这是一种有意识的城市防御规划,根据大卫·弗里德曼的说法,它揭示出这座城市在建筑上的自我认知。[14]这些"新"城包括前伊特鲁里亚殖民地(距离佛罗伦萨25公里)斯卡尔佩里亚,它是沿着古代罗马法恩蒂纳的道路、在纵贯亚平宁半岛的高山上建造的。这座城市竣工于1306年,人们建造它的明确目的是转移原有道路上的交通,因为原有道路直接穿越乌巴尔迪尼家族土地的心脏地带和位于蒙特奇亚尼科的家族大本营——这座坚固的城堡因但丁在流放后不久和圭尔夫派白党一起在此反抗该城而声名远扬。1332年,佛罗伦萨建造了菲伦佐拉城,它从斯卡尔佩里亚直接穿过亚平宁山脉,

---

11 Magna, "Gli Ubaldini del Mugello," p. 32.

12 John Larner, "Crossing the Romagnol Appennines in the Renaissance" in *City and Countryside in Late Medieval and Renaissance Italy: Essays Presented to Philip Jones*, edited by Trevor Dean and Chris Wickham (London: Bloomsbury, 1990), pp. 147–170.

13 乔万尼·维拉尼强调了瘟疫暴发前罗马涅地区谷物贸易的重要性。Giovanni Villani, *Nuova Cronica*, edited by Giuseppe Porta, vol. 2 (Parma: Fondazione Pietro Bembo, 1991, 1995), p. 558.

14 Friedman, *Florentine New Towns*, p. 41.

越过乔戈山口，进一步保证了货物进出博洛尼亚的安全性。[15] 菲伦佐拉位于佛罗伦萨-博洛尼亚轴线上。它的主干道朝着这两座城市，南边的佛罗伦萨门指向佛罗伦萨，北边的博洛尼亚门指向博洛尼亚。

彼特拉克的战争

1349年春是乌巴尔迪尼家族发难的大好时机。3月，佛罗伦萨的官员们称他们无法找到要塞司令来保卫农村的要塞，4月，官员们抱怨说他们没钱付给步兵和骑兵，这些人"已有好几个月没有发工资了"。[16]

市政官员在市政会议记录中的商议清楚地表明，乌巴尔迪尼家族在4月开始制造麻烦。行政会议的一员、著名日记《家乡编年史》(cronica domestica)的作者多纳托·韦卢蒂（Donato Velluti）公开反对该家族对佛罗伦萨市民犯下的"严重暴力和抢劫"罪行。[17] 他呼吁这座城市采取"果断"行动对抗该家族。[18] 编年史家马泰奥·维拉尼讥刺地叙述了乌巴尔迪尼家族是如何"先是白天抢劫并杀害旅客"，然后晚上"赔礼道歉"的。[19] 马尔基翁内·迪·科波·斯特凡尼证实了维拉尼的说法。他强调了乌巴尔迪尼家族的罪行所带来的经济影响，指出乌巴尔迪尼家

15　Magna, "Gli Ubaldini del Mugello," pp. 32, 52–53.

16　ASF, Provvisioni, registri 36 fol. 81r.

17　ASF, Consulte e Pratiche (CP) 1 fol. 1r (18 April 1349). 关于乌巴尔迪尼家族的问题，也见 Provvisioni, registri 36 fol. 82r (24 April)。

18　ASF, CP 1 fol. 4r; *La cronica domestica di Messer Donato Velluti*, edited by Isidoro del Lungo and Guglielmo Volpi (Florence: G. C. Sansoni, 1914).

19　Matteo Villani, *Nuova Cronica*, edited by Giuseppe Porta, vol. 1 (Parma: Fondazione Pietro Bembo, 1995), pp. 48–49.

族对商人的袭击行为导致国外，即"在法国、伦巴第和德国"，对佛罗伦萨商人的报复。[20]

　　这种犯罪行为对当时在意大利的弗朗切斯科·彼特拉克有着深远影响，他在1348年瘟疫暴发后不久来到这里。就在韦卢蒂首次公开反对乌巴尔迪尼家族的同一天（4月24日），彼特拉克在帕多瓦得到一个薪酬丰厚的有俸圣职，这使他在亚平宁半岛站稳了脚跟。[21] 5月，彼特拉克期盼两位密友从阿维翁过来，其中一人是马伊纳尔多·阿库尔西奥（Mainardo Accursio），他称其为西姆普利齐亚努斯（Simplicianus）；另一人是卢卡·克里斯蒂亚尼（Luca Cristiani），他称其为奥林皮乌斯（Olimpius）。这三人曾在博洛尼亚一起上过大学，并在教皇法庭受到过科隆纳红衣主教的保护。面对瘟疫和诸多朋友的离世，彼特拉克想和他们以及另一个密友路德维希·范肯彭生活在一起，后者是佛兰德的一位吟唱者，彼特拉克称其为苏格拉底。

　　乌巴尔迪尼家族的暴行破坏了这个计划。当马伊纳尔多和卢卡从阿维翁出发行经乌巴尔迪尼家族在亚平宁山脉的领地时遇袭。这两人遭到抢劫和殴打。马伊纳尔多因伤死亡。为了保护马伊纳尔多，卢卡顶住无数袭击者的攻击，并摇摇晃晃地向前行进。[22]

20　Marchionne di Coppo Stefani, *Cronaca Fiorentina*, edited by N. Rodolico. In *Rerum Italicarum scriptores: Raccolta di Storici Italiani dal cinquecento al millecinquecento*, edited by L. A. Muratori, tomo XXX (Città di Castello: S. Lapi, 1910), p. 234.

21　Ernest H. Wilkins, *The Life of Petrarch* (Chicago, IL: University of Chicago Press, 1961), pp. 82–84.

22　Petrarch, *Familiares* Ⅷ, 9, vol. 1, pp. 412, 425; Ernest H. Wilkins "Petrarch's Last Return to Provence," *Speculum* 39, no. 1 (January 1964), p. 78. 关于彼特拉克的传记，也见 Aldo Foresti, *Annedoti della vita di Francesco Petrarca* (Padua: Antenore, 1977, originally published in 1928).

这件事可以被看作乌巴尔迪尼家族土匪行径的一个典型例子,这样的例子还有很多。但这种无耻行为让彼特拉克深感震惊。他在其现存于安布罗西亚纳图书馆的维吉尔作品的抄本中记述了马伊纳尔多之死,同样是在这份手稿中,他在一年前(1348年4月)记录了他挚爱的劳拉死于瘟疫。[23] 彼特拉克在《日常熟事书信集》第8卷第9封信中叙述了对他朋友的袭击,这封信是写给肯彭(苏格拉底)的,他把整部书信集也献给了此人[24]:"我们四人心心相印",但"我们似乎过于幸福……最残酷的命运妒忌我们,因为她还没有把世界上的悲剧的所有受害者统统打倒,所以她愤愤不平"。[25]

对共享友谊和共同生活的渴望构成了《日常熟事书信集》第8卷的主旋律,这一卷也包含彼特拉克叙述黑死病的著名信件。十封信中的七封都和这个主题相关:四封是直接写给卢卡·克里斯蒂亚尼的,两封是写给苏格拉底(肯彭)的,一封是写给佛罗伦萨城的。[26] 彼特拉克讲述了他们的原定会面:他的朋友如何从阿维尼翁翻越阿尔卑斯山,"路上备尝艰辛,"并在帕尔马停留以会见彼特拉克,但却发现他不在那里。他们搜寻了房屋和花园,留宿一夜,并留下一封信。接着,他们开启了穿越亚平宁山脉进入佛罗伦萨穆杰洛地区的决定命运的旅行。阿库尔西奥打算前往佛罗伦萨;克里斯蒂亚尼打算前往罗马。由于他们在路线上的不幸选择以及他们的死,彼特拉克为自己

---

23 Wilkins, *The Life of Petrarch*, p. 96.

24 肯彭在普罗旺斯。1349年5月26日彼特拉克得知马伊纳尔多遇害的消息。Giuseppe Billanovich, *Petrarca Letterato: Lo scrittoio del Petrarca* (Rome: Edizioni di Storia e letteratura, 1947), pp. 92–93.

25 Petrarch, *Familiares* VIII, 9, vol. 1, pp. 422–423.

26 Petrarch, *Familiares* VIII, 1–10, vol. 1, pp. 396–412; Vittorio Rossi, *Le familiari*, 4 vols. (Florence: G. C. Sansoni, 1933–1942).

不在帕尔马深感自责——他在此逗留不足一年。这次绕路而行使得阿库尔西奥和克里斯蒂亚尼改变了他们的行程,接着穿越乌巴尔迪尼家族的土地,走向"亚平宁山脉的顶峰"——正如彼特拉克所言——"通往毁灭的笔直道路"。[27]

这些信件表达了一种明显的扣人心弦的紧张感。在写给克里斯蒂亚尼的信中(《日常熟事书信集》第8卷,第2—5封信,5月5日至5月19日),彼特拉克思考了他们未来共同生活的细节。他仔细地权衡了要住在哪里,认为帕尔马最为合适,因为它通向博洛尼亚(他们曾在此求学)和其他"值得去的地方",包括威尼斯、特雷维索、米兰、热那亚和帕多瓦。彼特拉克讲述了(第3封信)他在法国南部沃克吕兹地区索尔格河岸边隐居生活的惬意之处,这里有宁静的高山和森林,有意大利的那些事物,有"开阔的山谷和引人入胜的清泉"、"人们富有才智、彬彬有礼","城市魅力十足、一片繁华"。彼特拉克毫不谦虚地说,沃克吕兹"因我的名声和其非凡的清泉"而为人所知。[28]在《日常熟事书信集》第8卷第4封信中,这是一封写给克里斯蒂亚尼的最长的信,彼特拉克对友谊和生命这种更广阔的问题进行了思考:"我们必须毫不犹豫地抓住幸福……当我们身处一地时:有什么能阻止我们享受未来?"[29]

文学评论家古尔·察克强调了彼特拉克是如何利用他的朋友的故事作为"关于眷恋世俗的危险例证"。[30]朱塞佩·马佐塔

---

27 Petrarch *Familiares* Ⅷ, 9, vol. 1, pp. 423-424.

28 Petrarch, *Familiares* Ⅷ, 3, vol. 1, pp. 399-400. *Familiares* Ⅷ, 5, vol. 1, 这封信比第三封信短(在贝纳尔多编译的版本中第五封信长达四页,见第409—412页)。它再次表达了想要一起生活的愿望。

29 这封信长达七页(在贝纳尔多编译的版本中),未注明日期。Petrarch, *Familiares* Ⅷ, 4, vol. 1, pp. 401-408.

30 Gur Zak, *Petrarch's Humanism and the Care of the Self* (Cambridge: Cambridge University Press, 2010), pp. 102-104.

指出，彼特拉克的"自我政治观"和多数道德观嵌入在这些信件中，包括彼特拉克对身份重要性的思考。[31] 汉斯·巴龙将这些信件解读为彼特拉克整体思想演变中的早熟时刻，在这一时刻，彼特拉克表现出其首要兴趣在于"积极"生活，而非隐居生活，这种转变将在彼特拉克之后的人生中发生，并对人文主义的历史产生重大影响。[32]

不过，《日常熟事书信集》第 8 卷也展现出彼特拉克好斗的一面。在彼特拉克写给肯彭描述针对其朋友所犯下罪行的第 9 封信中，他附上了另一封信的副本，这封信写于 6 月 2 日，是寄给佛罗伦萨执政官的。[33] 在这封信中，彼特拉克强烈要求该城要因这起袭击事件惩罚乌巴尔迪尼家族。彼特拉克用最激烈的言辞谴责该家族是"一群应处以绞刑的人、杀人犯和野人。"[34] "正如卢坎（Lucan）所言，一个从不惹是生非之人曾安全地穿行于罗纳河岸上未开化之人中间，并穿过阿尔勒省的荒漠……却于光天化日之下在佛罗伦萨的领土上被杀，后人对此将作何感想？"[35] 彼特拉克称马伊纳尔多·阿库尔西奥"神

---

31 Giuseppe Mazzotta, *The Worlds of Petrarch* (Durham, NC: Duke University Press, 1993), p. 90.

32 Hans Baron, "Franciscan Poverty and Civic Wealth in the Shaping of 'Trecento' Thought: The Role of Petrarch," in *In Search of Civic Humanism*, vol. 1 (Princeton, NJ: Princeton University Press, 1988), p. 172, 和 "The Evolution of Petrarch's Thought: Reflections on the State of Petrarch Studies," in *From Petrarch to Leonardo Bruni in Studies in Humanistic and Political Literature* (Chicago, IL: University of Chicago Press, 1968), pp. 7–50; Craig Kallendorf, "The Historical Petrarch," *American Historical Review*, 101 no. 1 (February 1996), pp. 130–141。

33 Petrarch, *Familiares* VIII, 10, vol. 1, pp. 429–435; 关于这封信的日期是如何确定的，参见 Roberta Antognini, *Il progetto autobiografico delle Familiares di Petrarca* (Milan: Edizioni Universitarie di lettere economica diritto, 2008), p. 331。

34 Petrarch, *Familiares* VIII, 10, vol. 1, p. 433.

35 Petrarch, *Familiares* VIII, 10, vol. 1, p. 431.

圣""近乎上帝",是"一只注定献祭于邪恶的羔羊"。他劝告佛罗伦萨人清除亚平宁山脉的不法之徒,向乌巴尔迪尼家族开战。他的措辞咄咄逼人。彼特拉克想要"惩罚"乌巴尔迪尼家族。若非如此的话,他写道,"将摧毁你[佛罗伦萨]凭借其才跃起得如星辰一般高的根基",并使这座城市蒙上"永恒的耻辱"这种污点。[36]

彼特拉克的态度值得注意,因为这位诗人之前在1344年旅居意大利面对暴力时,曾写下著名的爱国诗篇《我的意大利》。彼特拉克谴责战争的残酷("残酷的战争",第11行),并三次呼吁整个亚平宁半岛上的和平("和平、和平、和平",第122行)。[37]在《日常熟事书信集》第11卷第8封信中,这封信写于他朋友遇袭仅一年后,彼特拉克强烈谴责热那亚和威尼斯之间的战争(1350年)。[38]他要求年轻的威尼斯总督安德烈亚·丹多洛(Andrea Dandolo)不要打仗,并责备他犯下了年轻人的罪恶:"以温和待人,以愤怒待野兽"。[39]彼特拉克补充道,他视自己为"和平使者","唯一的武器"是手中的笔。[40]

彼特拉克的矛盾态度可以当作他多变天性的证据,这是

36　Petrarch, *Familiares* VIII, 10, vol. 1, p. 433.

37　*Petrarch's Lyric Poems*, pp. 256–263.

38　这就是1350年8月爆发的所谓的第三次热那亚-威尼斯战争。关于这场战争,参见 Frederic C Lane, *Venice: A Maritime Republic* (Baltimore, MD: Johns Hopkins Press, 1973), pp. 175–176; Mario Brunetti, "La Battaglia di Castro, 1350," *Rivista marittima* 43 (1910), 269–282, 和 "Contributo alla storia delle relazioni veneto-genovesi 1348–50," *Miscellanea di storia veneta*, 3rd series IX (Venice: Viella, 1916)。

39　Petrarch, *Familiares* XI, 8, edited and trans. by Aldo S. Bernardo, vol. 2 (Baltimore, MD: Johns Hopkins University Press, 1982), p. 108.

40　Petrarch, *Familiares* XI, 8, vol. 2, pp. 14, 15, 105.

诗人自己在《日常熟事书信集》致肯彭的献辞中提到的性格。彼特拉克写道，他在整部作品中"似乎始终处在矛盾之中"。[41] 马佐塔观察到彼特拉克的言辞和战争之间有基本的相似之处。他认为，彼特拉克把自己想象为一个在多条战线上展开"战争"的孤独的、被围困的英雄。[42] 战争是生活的隐喻。事实上，在第8卷第1封信中，这封信是写给军人老斯特凡诺·科隆纳（Stefano Colonna）的，此人是教会显贵中一个颇具影响力的罗马家族的族长，彼特拉克将战争等同于人的生命周期："人类在世上的生活不仅像兵役，更像真实的战争。"[43] 他提到科隆纳对人们指责他"本不应"参加这么多战斗的忧虑之情，并为其遗产辩护，理由是他参加战争是出于对"和平的热爱"。[44]

然而，彼特拉克在《日常熟事书信集》中其他地方的言论使得他那向乌巴尔迪尼家族开战的呼吁让人感到吃惊。那些写给热那亚人和威尼斯人的信件明确谴责战争给亚平宁半岛带来了毁灭性破坏，并敦促两国对抗外部敌人，如拜占庭和伊斯兰国家。此外，彼特拉克在信中敦促对乌巴尔迪尼家族采取行动时情绪异常激动且咄咄逼人。彼特拉克自己似乎也被这种语气吓了一跳。他坦承，"煽动佛罗伦萨开展血腥报复"与"他的职业和身份"不符。他为自己做了辩解，理由是他的好斗反映出他的痛苦程度。[45]

41　Petrarch, *Familiares* I, 1, vol. 2, p. 9.

42　Giuseppe Mazzotta, "Petrarch's Epistolary Epic: The Letters on Familiar Matters" in *Petrarch: A Critical Guide to the Complete Works*, edited by Victoria Kirkham and Armando Maggi (Chicago, IL: University of Chicago Press, 2009), p. 312.

43　Petrarch, *Familiares* I, vol. 2, pp. 8-9.

44　Petrarch, *Familiares* I, vol. 1, p. 9.

45　Petrarch, *Familiares* VIII, 10, vol. 1, p. 434.

然而，对我们来说最重要的是，佛罗伦萨的官员回应了彼特拉克的请求。在收到他的来信的几天后，佛罗伦萨的市政办公室，即该国最重要的财政机构，为"新近派来对付乌巴尔迪尼家族的军队"拨了款。[46] 这座城市向那一地区派出多名使节。一周之内，佛罗伦萨的 25 名使节就到达案发地附近的穆杰洛和罗马涅。[47]

彼特拉克的信显然受到人们的欢迎，并激起这座城市采取行动。它重振了针对这一家族的军事努力，实际上把看起来非常有限的行动变成了更为彻底的行动。[48] 1349 年 7 月，官员们通过了正式立法，谴责乌巴尔迪尼家族为"不法之徒"。该法令规定，没收他们的土地和财产，包括所有动产和不动产（beni mobile et immobili）。[49] 对于乌巴尔迪尼家族的依附者而言，如果他们放弃对该家族效忠并定居在佛罗伦萨的土地上，这座城市将免除他们的债务并使他们获得十年免税权。佛罗伦萨禁止自己的市民向该家族提供援助或支持（违者受 500 弗罗林处罚）。它分别悬赏 1000 弗罗林和 500 弗罗林用于捉拿和杀死——"不管合法与否"——乌巴尔迪尼家族的任一成员。此外，它不允许佛罗伦萨农村或城区中的任何人，同直接来自于乌巴尔迪尼家族父系的男性或女性，以及居住在乌巴尔迪尼家族土地上

46　"esercito *nuovamente* mandato contro i Ubaldini." ASF, Camera del comune, Scrivano di camera uscita 6 fol. 4v; ASF, Camera del comune, Scrivano di camera entrata, 8 fols. 50r–50v.

47　ASF, Camera del comune, Camarlenghi di uscita 56 fol. 548r; Scrivano di camera uscita 7 fol. 3v.

48　Petrarch, *Familiares* VIII, 10, vol. 1, p. 435, 这其中也暗示了一个初步的局部行动："快快开心地回到你开始的地方，在上天的帮助下摧毁不法分子肮脏的藏身之处"；Rossi, *Le familiari*, p. 193, 第 33—35 行。

49　*I Capitoli del Comune di Firenze, inventario e regesto*, edited by C. Guasti and A. Gherardi, vol. 1 (Florence: Cellini, 1866–1893), pp. 88–89; ASF, Provvisioni, registri 36 fol. 151r.

的人订立"亲属关系或联姻"。佛罗伦萨任命一个由平民和圭尔夫派等八名好人(buoni uomini, popolari e Guelfi)组成的委员会,来监管乌巴尔迪尼家族及其土地上居民财产的重新分配。[50]

编年史家马泰奥·维拉尼强化了这场战争和彼特拉克之间的直接联系。他对战争起因做了直截了当而又十分具体的解释:"佛罗伦萨的马吉纳尔多 [Maghinardo,即马伊纳尔多·阿库尔西奥] 带着 2000 弗罗林从阿维尼翁回来时,遭到乌巴尔迪尼家族的跟踪和杀害,他们在佛罗伦萨的郊区抢劫了他。佛罗伦萨人不同意市民的赔偿要求,把步兵和骑兵派到阿尔卑斯山。"[51]

维拉尼叙述了一次短暂而成功的进攻。佛罗伦萨军队在进军对抗乌巴尔迪尼家族时"势如破竹",并使他们遭受"惩罚",几天后凯旋。[52] 然而,记载显示,战斗一直持续至 1349 年 12 月,当时双方签订了一份靠不住的停战协定。[53] 事实上,维拉尼自己也承认乌巴尔迪尼家族仍在坚持其暴力行为(latrocinia superba)。编年史家斯特凡尼写道,乌巴尔迪尼家族起初抢劫"外国人"(gli strani),现在则通过抢劫"当地人"(sottoposti)来弥补错误。

第二次战役很快继第一次而来。1349 年 7 月出台的谴责乌巴尔迪尼家族的法令要求这座城市每年的 1 月至 6 月都要对该家族发动战争,直至将它"消灭"。这一方案是多纳托·韦卢蒂在执政官会议上提出的。[54] 佛罗伦萨的官员们听从了韦卢蒂的建

---

50 ASF, Provvisioni, registri 36 fols. 141r–141v.

51 Villani, *Nuova Cronica*, p. 40. 一封使节的信件(1350 年 6 月)表明,"Maghinardo"是"Mainardo"的变体。Demetrio Marzi, *La Cancelleria della Repubblica Fiorentina* (Rocca San Casciano: Cappelli, 1909), p. 681.

52 Villani, *Nuova Cronica*, p. 40.

53 ASF, CP 1 fols. 9r–9v; Signori, Missive I Cancelleria 10 #111.

54 ASF, CP 1 fol. 3r.

议。1350年1月底（新历），佛罗伦萨出于责任感成立巴利亚（balia），这是个由八人组成的委员会，以管理这项新的对抗该家族持续的"傲慢和鲁莽"的工作。这座城市还重新颁布谴责乌巴尔迪尼家族的法律。[55]

第二次战役在规模上比第一次大。如今，针对乌巴尔迪尼家族的战争在罗马涅被卷入一场更大的危机中，因为当地反对教皇权威的叛乱正在蔓延。至1349—1350年冬，罗马涅的大部分地区已公开反对教会。[56]1350年3月，佛罗伦萨派遣强烈支持战争的韦卢蒂出使博洛尼亚以寻求其帮助来对付乌巴尔迪尼家族。[57]博洛尼亚人迫于自身的军事紧急状况，拒绝施以援手。

尽管如此，对佛罗伦萨来说，战事进展顺利。佛罗伦萨军队占领圣铁诺河和塞尼奥河沿岸高山上乌巴尔迪尼家族的一些重要城堡。然而，这座城市无法拿下该家族位于苏西纳纳的大本营。9月28日，也就是巴利亚记录中的最后一天，与乌巴尔迪尼家族之间的这场战争结束。不过，罗马涅的暴力和武装冲突仍在继续。10月，博洛尼亚的统治者佩波利兄弟（Pepoli Brothers）将该城卖给米兰，从而引发一场规模更大的冲突。如今，佛罗伦萨和教会都反对米兰。乌巴尔迪尼家族则携手米兰对抗佛罗伦萨。

彼特拉克的战争、薄伽丘和大学

这场战争或许是在彼特拉克的要求下爆发的，但佛罗伦萨

---

55 ASF, Provvisioni, registri 37 fol. 81r.

56 Albano Sorbelli, *La Signoria di Giovanni Visconti a Bologna e le sue relazioni con la Toscana* (Bologna: Forni, 1902), p. 4.

57 *La cronica domestica di Messer Donato Velluti*, pp. 193-196.

的官员为什么要听这位诗人的话呢？彼特拉克尽管是个有影响力的名人，但当彼特拉克还是个孩子时，他的父亲就遭到流放，自此他和佛罗伦萨几乎脱离了关系。1348年，在写给佛罗伦萨的一位朋友扎诺比·德拉·斯特拉达（Zanobi della Strada）的韵律信（"Dulce iter"）中，彼特拉克愤愤不平地抱怨道，他在哪里都受到欢迎，除了佛罗伦萨。[58]

然而，佛罗伦萨的利益和彼特拉克的利益却十分一致。正如市政会议的记录显示，乌巴尔迪尼家族的恶行已成为佛罗伦萨执政官们广泛讨论的主题，他们全神贯注于此，以至于没有提及瘟疫或任何其他同时代事件。此外，彼特拉克和这座城市里的人存在联系。他曾和当地的几位仰慕者通过信，其中包括两个亲戚：乔万尼·德·因奇萨和弗兰切斯基诺·德利·阿尔比齐。就在这位诗人动身前往意大利之前，后者曾和彼特拉克一起待在法国，并于1348年成为瘟疫的牺牲品。[59] 据欧内斯特·威尔金斯的说法，当彼特拉克回到意大利时，他的朋友们

---

58 *Francisci Petrarchae Poemata minora quae extant Omnia*, 或者 *Poesia minori del Petrarca*, edited by D. Rossetti (Milan: Societas Tipografica, 1831-4), vol. 3 (letter III, 9 to Zanobi), pp. 72-73。也见 Ernest H. Wilkins, *The "epistolae metricae" of Petrarch* (Rome: Edizioni di Storia e Letteratura, 1956)。

59 彼特拉克给德·因奇萨写了三封信 (*Familiares* VII, 10-12, vol. 1)，给布鲁诺·卡西尼写了一封信 (未标注日期，*Familiares* VII, 14, vol. 1)。Petrarch, *Familiares*, vol. 1, pp. 356-366, 373-374. *Familiares* VII, 10, vol. 1 这封信是彼特拉克对1348年3月24日德·因奇萨写给自己的那封信的回信。彼特拉克也收到卡西尼和扎诺比·德拉·斯特拉达写的韵律信。参见 Ugo Dotti, *Vita di Petrarca* (Bari: Laterza, 1987), pp. 194-202, 222; Daniele Piccini, "Franceschino degli Albizzi, uno e due," *Studi petrarcheschi*, 15 (2002) in *La rassegna della Letteratura Italiana* 108 (2004), n. 1, p. 150.

期待他去佛罗伦萨。⁶⁰在《日常熟事书信集》第7卷第10封信中，这是写给德·因奇萨的，落款为1348年4月7日，彼特拉克说，他曾考虑过穿越"博洛尼亚的阿尔卑斯山"，并前往佛罗伦萨，但想起那里依然存在的法律纠纷。他为辜负"诸多等着我的人的期盼和渴望"而道歉。⁶¹

在彼特拉克的那些身在佛罗伦萨的朋友中，扮演主角的却是乔万尼·薄伽丘。薄伽丘正在城里写作《十日谈》。虽然他未曾与彼特拉克谋面，但当他在那不勒斯时，就很崇拜彼特拉克，并写过一部彼特拉克的早期传记（1342—1343年）。⁶²朱塞佩·比拉诺维奇称薄伽丘是彼特拉克"最伟大的门徒"，还断言薄伽丘曾"得到该城行政当局的信任"，并在从弗利（1346—1347年）——他在当地贵族弗朗切斯科·奥德拉菲的府邸中待过一小段时间——返回该城后获得其首个政府职务。⁶³维托雷·布兰卡强调薄伽丘对外交事务的参与，特别是有关罗马涅和那不勒斯的事务，薄伽丘之前在这两个地方生活过，并对它

---

60 Wilkins, *Life of Petrarch*, pp. 74–76; Billanovich, *Petrarca Letterato*, p. 98; 关于第7卷，参见 Antognini, *Il progetto autobiografico delle Familiares*, pp. 159–167。Wilkins, *The "epistolae metricae" of Petrarch*, pp. 9–17; Dotti, *Vita*, p. 134.

61 Petrarch, *Familiares* VII, 10, vol. 1, p. 357.

62 关于薄伽丘和彼特拉克之间通信性质的讨论以及信件的年代，参见 Gabriella Albanese, "La corrispondenza fra Petrarca e Boccaccio" in *Motivi e forme delle 'Familiari' di Francesco Petrarca*, edited by Claudia Berra (Milan: Cisalpino, 2003), pp. 39–99。

63 "aquistato la fiduccia dei maggiorenti di Firenze." Billanovich, *Petrarca Letterato*, p. 92; Vittore Branca, *Giovanni Boccaccio: profilo biografico* (Florence: Sansoni, 1997), pp. 82–91. 克里斯蒂娜·奥尔松指出薄伽丘在弗朗切斯科·奥德拉菲的府邸中是如何对但丁产生兴趣的。Kristina M. Olson, *Courtesy Lost: Dante, Boccaccio and the Literature of History* (Toronto: University of Toronto Press, 2014), p. 19.

们十分了解。⁶⁴

薄伽丘以公职人员身份直接给彼特拉克提供了支持。他从佛罗伦萨的国务厅（chancellery）得到彼特拉克那封要求向乌巴尔迪尼家族开战的信件（《日常熟事书信集》第 8 卷第 10 封信）的副本，并将之抄写下来。⁶⁵ 用乌戈·多蒂的话说，对彼特拉克信件的抄写把薄伽丘从彼特拉克的一名"单纯崇拜者"变成彼特拉克在佛罗伦萨的"热情"支持者。⁶⁶ 作为回应，薄伽丘给彼特拉克写了一首诗歌，这是他与这位诗人的首次通信，现在这封信已遗失。⁶⁷ 布兰卡宣称，当薄伽丘于 1341—1342 年在佛罗伦萨时，他本人和乌巴尔迪尼家族袭击的受害者马伊纳尔多·阿库尔西奥是朋友。⁶⁸ 这或许增加了额外的动力。

无论如何，薄伽丘支持战争，同时支持彼特拉克回到他的故乡佛罗伦萨。薄伽丘的努力与佛罗伦萨大学的建立以及希望彼特拉克在那里担任教授有关。1348 年 8 月，该城官员首次提出建立这所大学（studio）。1349 年 5 月 31 日，就在彼特拉克给该城寄去他写的《日常熟事书信集》第 8 卷第 10 封信的几天前，教皇批准了这项计划。⁶⁹ 佛罗伦萨既希望在瘟疫之后提高人

64　Branca, *Profilo*, p. 83.
65　据比拉诺维奇称，薄伽丘还转录了彼特拉克给克里斯蒂亚尼的信，信中概述了与朋友们一起生活的计划。Billanovich, *Petrarca Letterato*, pp. 91-92.
66　Dotti, *Vita*, p. 222.
67　Dotti, *Vita*, p. 221; Wilkins, *Life of Petrarch*, p. 93.
68　Branca, *Profilo*, pp. 64, 67; Roberto Mercuri, "Genesi della tradizione letteraria italiana in Dante, Petrarca e Boccaccio." In *Letteratura italiana. Storia e geografia.* Vol 1: *L'Età medievale*, edited by Roberto Antonelli, Angelo Cicchetti, and Giorgio Inglese (Turin: Einaudi, 1987), pp. 229-455.
69　佛罗伦萨在 1348 年 8 月底开始筹建这所大学。Alessandro Gherardi, ed., *Statuti dell'Università e Studio fiorentino dell'anno MCCCLXXXVII* (Florence: Forni, 1881), pp. 111-113, 116-118.

力资源素质,又希望吸引学生及其钱财来到这座城市。[70] 用于这所大学的首笔拨款(支付教授工资)和用于乌巴尔迪尼战争的首笔拨款是在同一天发放的。[71]

薄伽丘带头努力说服彼特拉克接受这所大学的教授职位。据乌戈·多蒂所言,为说服彼特拉克,在教皇把涉及大学的权利让与佛罗伦萨后,薄伽丘迅速行动。[72] 然而,直到1351年彼特拉克才收到正式邀请,这种延迟极有可能是战争本身造成的,它最终吸走了用于这所大学的资金(第3章)。据称,薄伽丘亲笔写下这封邀请信(Movit iam diu,1351年3月),并于1351年春亲自把它寄给彼特拉克。[73] 他在其中对彼特拉克大加赞扬,并敦促他结束漂泊,回到故土。薄伽丘明确地说,彼特拉克的加入将确保佛罗伦萨大学的成功。[74] 这并非夸大之词。面临人口缩减状况以及和其他学校,特别是著名的博洛尼亚大学,以及当时在临近的锡耶纳建立的新大学的竞争,这所大学的命运充满不确定性。

因而,乌巴尔迪尼战争和薄伽丘请求彼特拉克回到佛罗伦萨担任教授存在关联。事实上,薄伽丘的邀请信被称作与彼特拉克著作的"组合体",意在通过模仿来吸引这位诗人。[75] 但这

---

70 Jonathan Davies, *Florence and Its University during the Early Renaissance* (Leiden: Brill, 1998), p. 10; Falsini, "Firenze dopo il 1348," pp. 484–485.

71 ASF, Camera del comune, Scrivano di camera uscita 7 fol. 2v. 8月19日又给该大学拨款700弗罗林。ASF, Camera del comune, Scrivano di camera uscita 7 fol. 7v. 也见 Billanovich, *Petrarca Letterato*, p. 93 和 Dotti, *Vita*, p. 221。

72 Dotti, *Vita*, p. 232.

73 威尔金斯说薄伽丘"肯定是在1351年3月发出邀请的"。Wilkins, *Life of Petrarch*, p. 99.

74 Wilkins, *Life of Petrarch*, pp. 99–100. 关于薄伽丘的这封信,参见 Gherardi, ed., *Statuti*, part Ⅱ, appendix Ⅹ, pp. 283–285.

75 G. Auzzas, "Studi sulle epistole: l'invito della signoria fiorentina al Petrarca," *Studi sul Boccaccio* 4 (1967), pp. 203–240.

封邀请信也带有《日常熟事书信集》第 8 卷第 10 封信的印记，薄伽丘曾将它抄写下来。这封邀请信和《日常熟事书信集》第 8 卷第 10 封信存在诸多共同的指代对象，以至于它们之间的这种相似之处成为把薄伽丘作为这封邀请信作者的学术努力的根源。如果我们认同与乌巴尔迪尼家族的战争是对彼特拉克呼吁的回应，那么我们或许可以将此看作一所大学（和一座城市）为吸引学术人才所做的最疯狂的事情！

  档案证据为文学资料做了补充，并将乌巴尔迪尼战争与彼特拉克和薄伽丘紧密地联系在一起。市政会议记录暴露了人们与乌巴尔迪尼家族之间的政治联系。[76] 在那些在行政会议上呼吁战争的佛罗伦萨的领导人中，有薄伽丘的朋友皮诺·代·罗西（Pino dei Rossi），此人在 1349 年 6 月是圭尔夫派的首领之一。罗西谴责了乌巴尔迪尼家族，并宣称军队应"以上帝之名"对他们进行有力打击。[77] 薄伽丘为罗西写下《安慰书信集》(*Epistola consolatoria*)（1360 年），并在书中提到弗朗切斯科·德·本尼诺（Francesco del Bennino），此人是佛罗伦萨的著名商人，还是薄伽丘的赞助人，正如我们将在第三章中所见，他在这场战争的开展过程中起到主要作用。[78] 本尼诺和那不勒斯的尼科洛·阿齐亚约利（Niccolò Acciaiuoli）的兄弟雅各布·迪·多纳托·阿齐亚约利（Jacopo di Donato Acciaiuoli）一起为战场上的军队筹集物资提供了帮助，后者同彼特拉克和薄伽丘的关系为人熟知。[79] 战争爆发时，他在穆杰洛担任使节。

---

76 Dotti, *Vita*, p. 92.

77 ASF, CP 1 fols. 2r, 4r–4v.

78 ASF, CP 1 fols. 3r, 4v. Pier Giorgio Ricci, "Studi sulle opera latine e volgari del Boccaccio," *Rinascimento* 10 (1959), pp. 29–32; Branca, *Profilo*, p. 83.

79 ASF, balie 6 fol. 58v.

1349年6月，他的名字还作为向市民兜售丝绸的商贩而出现，因为这个月举行了礼赞佛罗伦萨的守护神施洗者圣约翰的赛马盛会。[80]

文献资料揭示了诗人圈子中其他人的活动。在官员们收到彼特拉克的信件后不久，尼科洛·迪·巴尔托洛·德·博诺（Niccolò di Bartolo del Buono）——薄伽丘把《佛罗伦萨女神们的喜剧》(Comedia delle Ninfe fiorentine, 1341—1342年)献给他——被派往罗马涅担任使节。当阿库尔西奥和克里斯蒂亚尼遇袭时，他已是交战地区的使节。[81] 虽然我们并不知晓德·博诺外交活动的确切性质，但当时他与佛罗伦萨财政的关系极为密切，并在预算上被列为该城主要收入来源盐税的购买者。[82] 他是那时最大的公司之一乌扎诺银行的合伙人（socio），这家银行通过预付该城雇用雇佣骑兵的费用，在战争费用方面提供帮助。[83]

与此同时，1349年，彼特拉克的著名通信人、两位诗人的朋友弗朗切斯科·布鲁尼（Francesco Bruni）在负责雇用和支付士兵薪水的契约办公室（condotta）担任公证人。他亲自起草佛罗伦萨在战争初期筹集用于支付开销的7500弗罗林贷款的条

80　ASF, Camera del comune, Scrivano di camera uscita 6 fol. 9r.

81　薄伽丘也给德·博诺写了一封信，即 epistle 5。参见 Branca, *Profilo*, pp. 60, 121。1349年5月，德·博诺在穆杰洛。ASF, Camera del comune, camarlenghi uscita 53 fol. 119. 6月，他在罗马涅。ASF, Camera del comune, camarlenghi uscita 56 fol. 548r. 与此同时，佛罗伦萨派贝尔纳多·阿尔丁杰利（Bernardo Ardinghelli）前往穆杰洛（1349年6月13日）。之后，阿尔丁杰利携多纳托·韦卢蒂于1350年3月前往博洛尼亚处理战争相关事务。

82　ASF, Camera del comune, camarlinghi entrata 34 fols. 198r–202r; Camera del comune, entrata 35 fols. 220r–220v.

83　ASF, Camera del comune, Scrivano di camera entrata 6 fol. 33r.

款。[84] 在二手资料中，布鲁尼职业生涯的第一份官方告示出现在1352年，当时他被认为是薄伽丘和彼特拉克的朋友。然而，文献显示，布鲁尼只是在1351年夏佛罗伦萨向米兰开战之前担任该城契约办公室的公证人。[85] 彼特拉克随后给在1360年代成为教皇乌尔班五世秘书的布鲁尼写了大量信件。与彼特拉克不同的是，布鲁尼接下来在佛罗伦萨大学担任修辞学教授。[86]

彼特拉克的另一位密友弗朗切斯科·内利（Francesco Nelli）是个身份不那么确定的人。内利的名字出现在1349年5/6月佛罗伦萨的预算上，他是该城最重要的财政部门市政办公室的总管。内利的这项任职在时间上和彼特拉克呼吁战争的信件的到来以及该城决定派出军队是一致的。[87] 彼特拉克称内利为"西莫尼德斯（Simonides）"，并于1361年把《晚年书信集》（*Seniles*）献给他。然而，人们并非完全了解我们所说的内利的身份。关于彼特拉克的内利的生平资料的主要来源，是亨利·科钦基于内利写给彼特拉克的信，于19世纪末写下的那篇过时的、有所不足的介绍性论文。[88] 我们掌握的文献称内利来自圣乔万尼区，科钦也认为彼特拉克的内利来自该

84　ASF, Camera del comune, Scrivano di camera uscita 5 fol. 19v; Camera del comune, camarlinghi uscita 64 fol. 507v. 战争期间，布鲁尼多次代表该城开展出使活动，包括前往比萨（1349年6月19日）。ASF, Camera del comune Scrivano di camera uscita 6 fol. 7r; Camera di comune camarlinghi uscita 56 fol. 550r.

85　彼特拉克写给布鲁尼的信是《日常熟事书信集》第23卷第20封信和《晚年书信集》第1卷第6封信、第6卷第2、6封信。ASF, Camera del comune, Scrivano di camera uscita 8 fol. 7r; Scrivano di camera uscita duplicato 6 fol. 8r.

86　关于布鲁尼的早期生平，参见G. Brucker, "An Unpublished Source on the Avignonese Papacy: The Letters of Francesco Bruni," *Traditio* 19 (1963), pp. 351-370。

87　ASF, Camera del comune, Scrivano di camera uscita 5 fol. 40v.

88　Henri Cochin, *Un amico del Petrarca: lettere del Nelli al Petrarca* (Florence: Le Monnier, 1901, originally published in French in 1896), p. xii. 也见Paolo Garbini, "Francesco Nelli" in *Dizionario Biografico degli Italiani* (Milan: Treccani, 2013), pp. 173-183。

城的这个区。但是，我们掌握的文献表明内利的职业是布商（*mercario*），而彼特拉克的内利则被认为是神父。[89] 的确，彼特拉克使用的绰号西莫尼德让人想起内利的神父身份，他只是于 1361 年在那不勒斯为尼科洛·阿齐亚约利效劳后才引起人们注意的。

尽管内利的身份存在模糊性，但负责建立新大学的委员会与乌巴尔迪尼家族的战争之间有着紧密联系。[90] 该委员会的一员菲利波·迪·杜乔·马加洛蒂同罗西和本尼诺一起，是支持向该家族开战的行政会议的成员。战争期间，他是负责雇用军队的契约办公室的总管。[91] 该委员会的另一名成员阿尔贝塔乔·里卡索利是彼特拉克的朋友尼科洛·阿齐亚约利的妹夫。阿尔贝塔乔是 1350 年带领佛罗伦萨军队进行战斗的战争统帅的一名顾问（*consigliare*）。该委员会的另一名成员托马索·科尔西尼，成为佛罗伦萨大学的首位法学教授，也是其密友阿齐亚约利圈子里的一员。

从与乌巴尔迪尼家族的战争这个角度来看，该大学委员会中最引人注目的成员是乔万尼·孔特·德·美第奇（Giovanni Conte de Medici）。没有证据表明乔万尼是那些诗人或阿齐亚约利圈子里的一员，但他在实际作战中扮演了主要角色。他是一支从北方向乌巴尔迪尼家族挺进的小分队的队长，这支小分队在蒙特盖莫利要塞与主力部队会合。[92] 据称，乔万尼痛恨乌巴

89　ASF, Camera del comune, Scrivano di camera uscita 5 fol. 40v; Camera del comune, Scrivano di camera entrata 8 fol. 2r.

90　Gherardi, ed., *Statuti*, pp. 111–112.

91　ASF, CP 1 fol. 14v; Camera del comune, Scrivano di camera uscita 8 fol. 7r.

92　这个委员会的成员包括乔万尼·孔特·德·美第奇、托马索·科尔西尼、宾多·迪·阿尔托维蒂（Bindo di Altoviti）、雅各布·阿尔贝蒂（Jacopo Alberti）、内罗·利皮（Nero Lippi）、尼古拉·拉皮（Nicola Lapi）和菲利波·马加洛蒂。Gherardi, ed., *Statuti*, pp. 111–112.

尔迪尼家族，就像美第奇家族通常持此态度一样。事实上，这种不和是弗兰克·萨凯蒂的《短篇故事集》（#180）中一个故事的主题。萨凯蒂讲述了 1360 年乌巴尔迪尼家族的族长奥塔维亚诺·乌巴尔迪尼来到这座城市是为了完成护送执政官们参加行政会议那项让人意想不到的工作时，乔万尼是如何嘲讽他的。萨凯蒂指出，"美第奇家族和乌巴尔迪尼家族之间从未有过和平与善意"。[93]

"三杰"：彼特拉克、薄伽丘和但丁

需要强调的是，乌巴尔迪尼战争不仅是对彼特拉克的回应，也是他和薄伽丘之间早期友谊的历史背景的重要组成部分。[94] 文学研究者就此主题著述颇丰，但都未提及这场战争。乌戈·多蒂详述了彼特拉克的一生，强调了黑死病给这位诗人带来的痛苦和损失（anni di dolore）。欧内斯特·威尔金斯逐章详述了这场瘟疫对彼特拉克生活的影响、他在帕尔马和帕多瓦的居住情况，以及他前往罗马朝圣，并在朝圣途中于佛罗伦萨逗留且与薄伽丘首次会面。[95] 1350 年 10 月彼特拉克和薄伽丘在佛罗伦萨的晤面已被视为他们友谊的起点，而且这场瘟疫起到推动作用。[96]

---

93 Franco Sacchetti, *Novelle* (Turin: Einaudi, 1970), p. 206 (#180).

94 William Caferro, "'Le tre corone fiorentine' and War with the Ubaldini, 1349–50," in *Boccaccio, 1313–2013*, edited by Francesco Ciabattoni, Elsa Filosa, and Kristina Olson (Ravenna: Longo Editore, 2014), pp. 43–55.

95 章节顺序为"黑死病时期""帕尔马、帕多瓦、曼图亚 1349—1350 年""罗马朝圣"。

96 詹森·休斯顿强调 1350 年 10 月两人在佛罗伦萨的会面是他们之间关系的起点。Houston, *Boccaccio at Play*, S47–S53.

然而，在彼特拉克与薄伽丘会面前，对其朋友的那次袭击造成的后果显而易见。这从彼特拉克对那些信件的关注中可以明显看出。《日常熟事书信集》第 8 卷在彼特拉克的全部书信中得到修订次数最多。在最接近原作的、所谓的伽马（γ）版本中，它最初只有五封信。[97] 写给受害者卢卡·克里斯蒂亚尼的信（现在是第 2 至第 5 封）原先只是一封长信，并且，写给路德维希·范·肯彭的第 7 至第 9 封信也是一封长信。[98] 如前所述，第 7 封信——彼特拉克在其中对黑死病做出著名的描述——最初是一封信的部分内容，那封信包含对彼特拉克的两位朋友遇袭的叙述。这位诗人没有像现代学者那样把这两件事分开。事实上，与彼特拉克在提及他朋友的遭遇时表露出的愤怒和悲痛语气相比，他在叙述这场瘟疫时缺乏某种强烈的感情。在第 8 卷末尾，彼特拉克发出战争呼吁时，用的是最强烈的语气。[99]

---

[97] 据这部著作的现代编者罗西称，从寄给收信人的这些信件的形式上看，γ 版本最接近原作。β 版本包含前八卷（1356 年），α 版本是最终版。Rossi, *Le familiari*, vol. 1, p. xiii; Aldo S. Bernardo, "Letter-Splitting in Petrarch's Familiares," *Speculum* 33, no. 2 (April 1958), pp. 236–241.

[98] 写给卢卡·克里斯蒂亚尼的原信长达 10 页，之后被拆为四封信并被大幅修改，有些段落或被删掉、或被加上、或遭改动。Rossi, *Le familiari*, vol. 1, p. xiii; vol. 2, pp. 194–209. 参见 Bernardo, "Letter-Splitting," pp. 236–241。

[99] 在 *Edizione nazionale delle opere di Francesco Petrarca* (1933–1942) 中，罗西出版的《日常熟事书信集》第 8 卷包含 10 封信，他在附录中加上那些"被分割的"原信。第 10 封信较早时候发表在由朱塞佩·弗拉卡西蒂编辑（1859—1863）的 *Familiares as varie #53* 的附录中。*Francisci Petrarcae epistolae de rebus familiares et varie*, edited by Giuseppe Fracassetti (Florence: Le Monnier, 1859–1863). 这些信件的意大利文版本参见 Fracassetti, *Lettere di Francesco Petrarca delle cose familiari* (Florence: le Monnier, 1863–1867). 参见 Ernest H. Wilkins, *The Prose Letters of Petrarch: A Manual* (New York, NY: S. F. Vanni, 1951), p. 6。

历史学家汉斯·巴龙称，第 8 卷中的改动之处是如此之多以至于"几乎没有一句原文保持原样。彼特拉克删了原语句的 1/5，并补了两倍的新材料"。[100] 阿尔多·贝尔纳多认为《日常熟事书信集》第 8 卷中"被分割的信件"是"整部书信集中最引人注目的地方之一"[101]。罗伯塔·安托尼尼指出，第 8 卷是作者生命中的一个"重要转折点"，既是结束又是一个新时代的开端。[102]

不管怎样，乌巴尔迪尼战争简要地勾勒出诗人们的行为。在收到彼特拉克的信件后，佛罗伦萨直接步入战争。战争结束后，彼特拉克马上去到佛罗伦萨，他在这里见到薄伽丘，后者刚从探望身在拉韦纳圣斯特凡诺·德利·乌利维（St. Stefano degli Ulivi）女修道院的但丁女儿比阿特丽丝（Beatrice）的短暂出访中归来。[103] 接着，彼特拉克前往罗马参加教皇大赦年活动。

文学证据和档案证据汇聚于一点。它们清楚地表明，乌巴尔迪尼战争不仅是彼特拉克和薄伽丘首次直接对话的一部分，还是他们之间关于佛罗伦萨最伟大的诗人但丁对话的一部分。彼特拉克和薄伽丘之间关于但丁的交流为人熟知。彼特拉克对

100　Baron, "The Evolution of Petrarch's Thought," p. 10.

101　Bernardo, "Letter-Splitting," pp. 237–238.

102　Antognini, *Il progetto autobiografico*, p. 169.

103　关于这次代表圣米迦勒教堂兄弟会对但丁女儿的探望，参见 Saverio La Sorsa, *La Compagnia d'or San Michele, ovvero una pagina della beneficenza in Toscana nel secolo XIV* (Trani: Vecchi, 1902), p. 90。拉·索尔萨指出，有关这次探望的原始档案已丢失。朱塞佩·佩里在第 30 页称，圣米迦勒教堂兄弟会首领的"收入和支出"簿中包含对原始档案的引用。Giuseppe Pelli, *Memorie per servire alla vita di Dante Aligheri* (Florence: Guglielmo Piatti, 1823), p. 30.

但丁使用方言和他作为诗人的职业持批评态度。薄伽丘试图让彼特拉克相信但丁的伟大功绩。学者们强调1351年两人在帕多瓦会面的重要性，当时薄伽丘把去大学任教的邀请函带给彼特拉克。这被视为两人第一次直接讨论但丁，至于但丁的作品，薄伽丘在那不勒斯时就已在抄写和收集。[104]

但仔细阅读《日常熟事书信集》第8卷第10封信就会发现，彼特拉克和薄伽丘之间关于但丁的对话开始得更早。在敦促佛罗伦萨向乌巴尔迪尼家族开战时，彼特拉克提到古希腊法学家梭伦这个"明智的立法者"，此人教导说，一个真正共和国的基础是"奖励和惩罚"，它们就像人的双脚。缺失任何一个，国家将"蹒跚而行"。这个提法对彼特拉克来说是独特的，它源自西塞罗致布鲁图的信，这封信是彼特拉克在维罗纳盖皮托雷瑞图书馆（Biblioteca Capitolare）发现的（1345年）。[105] 彼特拉克强调惩罚的重要性，特别是在佛罗伦萨需要向乌巴尔迪尼家族复仇的时候："如果你们让这种罪行免受惩罚，这将意味着你们的普遍声誉、你们的正义，以及最终你们的安全、你们的自由和你们的荣耀的终结。"[106]

104　现存的三份《神曲》手稿是薄伽丘在1350年代初至1370年代初抄写的。薄伽丘试图编一部但丁的作品集，将他的作品抄录在他的 *Zibaldone Laurenziano* 29, 8，它包含但丁的拉丁语田园诗以及但丁书信的第3卷、11卷、12卷。Dotti, *Vita*, p. 232; Simon Gilson, *Dante and Renaissance Florence* (Cambridge: Cambridge University Press, 2005), pp. 26–32.

105　它来自 *Ad brutum* 1:15:3, "ut Solonis dictum usurpem, qui et sapientissimus fuit ex septem et legume scriptor solus ex septem: is rem publicam contineri duabus rebus dixit, praemio et poena." Cicero, *Epistulae ad Quintum Fratrem et M. Brutum*, edited by D. R. Schackleton-Bailey (Cambridge: Cambridge University Press, 2004), p. 105。

106　Petrarch, *Familiares* Ⅷ, 10, vol. 1, p. 433.

薄伽丘在其《但丁传》(Trattatello in laude di Dante)——这部作品的最初版本很有可能创作于1351年至1355年——的开篇同样提到梭伦和要有两只脚的共和国:"梭伦,他的内心被认为是一座充满神圣智慧的人类殿堂……经常说,就像我们自己一样,每个共和国都是靠两只脚行走和站立的。"[107]薄伽丘改变了彼特拉克的侧重点。他强调奖励,而非惩罚的重要性,特别是在佛罗伦萨需要奖励像但丁这样的英勇公民的时候。在彼特拉克看来,若不惩罚乌巴尔迪尼家族,佛罗伦萨将无法比肩罗马这个榜样。在薄伽丘看来,若不奖励但丁,佛罗伦萨将无法与罗马这个榜样(及其他古代文明,包括亚述、马其顿和希腊)比肩。薄伽丘写道:"如今,这些卓越榜样留下的足迹……其继承者已无法追随,特别是佛罗伦萨人。"[108]

对梭伦和跛足共和国的共同引用将薄伽丘及其《但丁传》

---

107 "Solone, il cui petto uno umano tempio di divina sapienza fu reputato, ... era, ... spesse volte usato di dire ogni repubblica, sì come noi, andare e stare sopra due piedi." 关于意大利文原作,参见 G. Boccaccio, *Trattatello in laude di Dante*, edited by Pier Giorgio Ricci, in *Tutte le opere di Giovanni Boccaccio*, edited by Vittore Branca, vol. 3 (Milan, Mondadori, 1974) (first redaction, *Trattatello*, pp. 437–496; second redaction or *Compendio*, pp. 497–538)。关于英文版,参见 G. Boccaccio, *The Life of Dante*, translated by Vincenzo Zin Bollettino (New York, NY: Garland, 1990)。也见 M. Eisner, *Boccaccio, and the Invention of Italian Literature: Dante, Petrarch, Cavalcanti and the Authority of the Vernacular* (Cambridge: Cambridge University Press, 2013), pp. 31–35; Elsa Filosa, "To Praise Dante, To Please Petrarch ('Trattatello in laude di Dante')" in *Boccaccio: A Critical Guide to the Complete Works*, edited by Victoria Kirkham, Michael Sherberg, and Janet Smarr (Chicago, IL: University of Chicago Press, 2013), pp. 213–220.

108 "Le vestigie de' quali in così alti esempli, non solamente da' successori presenti, ma massimamente da' miei Fiorentini, sono male seguite." Boccaccio, *Trattatello in laude di Dante*, p. 437.

与彼特拉克联系到一起，并使两人与乌巴尔迪尼战争联系到一起。由于对历史背景的模糊认识以及学术界对战争研究普遍缺乏兴趣，这一联系已为人所忽视。然而，这种迹象与托德·波利和西蒙·吉尔松的研究相契合，他们强调薄伽丘如何使《但丁传》"符合""彼特拉克的标准"，从而让彼特拉克更能"接受"但丁。[109] 波利指出《但丁传》中与《日常熟事书信集》第10卷第4封信（时间为1349年12月2日）相互呼应的地方，后者是彼特拉克致其弟弟盖拉尔多（Gherardo）的信，它详述了诗歌如何与神学相调和。《日常熟事书信集》第8卷第10封信的写作和为薄伽丘所知的时间比这封致盖拉尔多的信早七个月。

跛足共和国的形象在薄伽丘呼吁彼特拉克前来佛罗伦萨担任教授的邀请信中也表现得很突出。薄伽丘将佛罗伦萨缺少大学和人文科学研究等同于跛足，称该城"右足跛行"。[110] 彼特拉克加入这所大学不仅将确保人文科学的成功，还将使佛罗伦萨像罗马那样成为"全意大利之母"。[111]

很明显，如果薄伽丘和彼特拉克之间不断发展的友谊是以但丁为媒介的，那么可以断言，乌巴尔迪尼战争是这场讨论的一部分。[112] 其实，《日常熟事书信集》第8卷第10封信中包含

109　Todd Boli, "Boccaccio's 'Trattatello in laude di Dante,' Or Dante Resartus," *Renaissance Quarterly* 41 (1988), pp. 395–398, 410; Gilson, *Dante and Renaissance Florence*, pp. 26–32.

110　"cum nuper civitatem nostrum velut dextro pede claudicantem liberis carere studiis videremus." Gherardi, ed., *Statuti*, p. 284. 艾斯纳谈到一个隐喻性转义，从跛足作为城市软弱的标志到作为道德疲软的标志。Eisner, *Boccaccio, and the Invention of Italian Literature*, p. 33.

111　"... ut Res nostra pubblica fulta consilio inter alias, ut Roma parens, omnis Ausonie sedes sibi principatum accipiat ..." Gherardi, ed., *Statuti*, p. 284.

112　Gilson, *Dante and Renaissance Florence*, p. 27.

对但丁，特别是《神曲》的回应，尽管彼特拉克在给薄伽丘的信中宣称，他还没有这部著作的副本。[113] 这种回应使得《日常熟事书信集》第 8 卷第 10 封信或许实际上可以被解读为对但丁的批评，因为《神曲》中有对基本概念的颠覆。

《日常熟事书信集》第 8 卷第 10 封信的主题是正义的重要性以及佛罗伦萨需要如何依照其行事。彼特拉克解释了正义是如何来自天堂的，以及它如何在古罗马人身上找到其在尘世的化身，这使得他们得以统治全世界。对《神曲》的读者来说，把正义、天堂、罗马和世俗统治放在一起并不陌生，这是该著作的一个重要的政治主题，在《天堂篇》第六歌查士丁尼的演讲中和在但丁的《帝制论》(Monarchia) 整部作品中，表现得最为明显。正如在《天堂篇》第六歌中一样，"正义"一词在彼特拉克的信中反复出现，以在修辞上进一步强调该主题。但在《日常熟事书信集》第 8 卷第 10 封信中，彼特拉克称佛罗伦萨是"正义的女主人"，并把"正义""天堂""佛罗伦萨"等词用在同一句话中，这种并用或许会让但丁感到震惊。[114] 彼特拉克特别将佛罗伦萨崛起为一座伟大城市——尽管它缺乏地理优势和自然资源——归因于它对"正义的喜爱"。[115] 他甚至说，"当还是个孩子时"，他就听说过佛罗伦萨"卓越的正义"。[116]

这句话不仅与但丁形成尖锐对立，还十分荒谬——鉴于当彼特拉克还是个孩子时，其父和但丁一起被逐出佛罗伦萨（阿

113　Gilson, *Dante and Renaissance Florence*, pp. 38-40.

114　Petrarch, *Familiares* VIII, 10, vol. 1, pp. 431-432.

115　Petrarch, *Familiares* VIII, 10, vol. 1, p. 432.

116　"Ego quidem puer audiebam maiores natu narrare solitos populi illius virtutes omni-modas eximiamque iustitiam." Rossi, *Le familiari*, vol. 2, p. 15.

雷佐），而对于这次放逐，彼特拉克曾痛苦而又频繁地抱怨过。1348 年，在写给扎诺比·德拉·斯特拉达的一封韵律信中，彼特拉克提到这种"无穷无尽的、年代久远的抱怨"，它再次出现在《日常熟事书信集》第 7 卷第 10 封信中，这是他寄给佛罗伦萨的朋友乔万尼·德·因奇萨的信，刚好写于乌巴尔迪尼战争之前（1348 年 4 月）。[117] 他还在《日常熟事书信集》第 6 卷第 5 封信中提到它，这封信是 1351 年他对佛罗伦萨请他担任教授的答复。[118]

彼特拉克的话和但丁及《神曲》形成鲜明对比。在《日常熟事书信集》第 8 卷第 10 封信中，彼特拉克特别地称赞了佛罗伦萨的物质和人口的增长，及其对外邦人的友善。他将这座城市比作养育子女的"母亲"，"世界上的每个角落都有其子民"。[119] 但丁在《天堂篇》中假借他的远亲卡恰圭达（Cacciaguida）之口对佛罗伦萨的扩张及其人口"混杂"的谴责为人所知（《天堂篇》第 15 歌，第 109—111 行；《天堂篇》第 16 歌，第 46—154 行）。但丁没有将佛罗伦萨比作养育子女的母亲，而是将它比作一个"生病的女人"，辗转反侧（《炼狱篇》第 6 歌，第 147—151 行）。但丁在《炼狱篇》第 6 歌中抱怨说，尽管许多佛罗伦萨人"心存正义"，并"张口待言"（第 130—132

---

117 Petrarch, *Familiares* Ⅶ, 10, vol. 1, p. 356："愿我们的城市多一些不被流放的人"(quales utinam multos haberet civitas nostra, si tamen non esset in exilium missura)。

118 Petrarch, *Familiares* Ⅺ, 5, vol. 2, pp. 94-95. 休斯顿认为，彼特拉克因佛罗伦萨将其父流放而对它的不满"贯穿整封信"。Houston, *Boccaccio at Play*, S49.

119 Petrarch, *Familiares* Ⅷ, 10, vol. 1, p. 432 "et ipsa etiam felix prole virum et in hoc quoque matri similis ac tante sobolis iam non capax, disseminatis toto orbe civibus, omne mundi latus impleverit."

行),但这座城市缺乏决心。结果是,官员们不断地在"变换法律、钱币、官职和风俗"(第145—146行)。[120]

彼特拉克对《炼狱篇》第 6 歌的相反叙述尤其值得注意,因为但丁对佛罗伦萨直言不讳的描写在彼特拉克同代人中很流行。佛罗伦萨编年史家、马泰奥的前辈和兄长乔万尼·维拉尼在乌巴尔迪尼战争前夕描述这座城市所发生的事情时,分别于 1347 年和 1348 年两次直接引用《炼狱篇》第 6 歌的话。维拉尼尖锐地指责佛罗伦萨缺乏决心,并频繁变更政策。[121]

无论如何,彼特拉克与但丁的密切关系显而易见,即使他还未从薄伽丘那里得到《神曲》的副本。《日常熟事书信集》第 8 卷第 10 封信中的回应十分强烈,证实了文学批评家指出的关于彼特拉克其他作品——包括 1352 年创作的《胜利》(*Trionfi*)——的一种模式。来自《日常熟事书信集》第 8 卷第 10 封信的证据很独特,因为它早于彼特拉克与薄伽丘在佛罗伦萨的会面,以及学者们传统上将之与人们谈论但丁联系在一起的时代。[122]

在抄写《日常熟事书信集》第 8 卷第 10 封信时,薄伽丘无疑注意到这种回应,以及彼特拉克对乌巴尔迪尼家族袭击行为受害者的同情。尽管彼特拉克在这封信中显得很好斗,但当他在其

---

120 "Molti han giustizia in cuore" (v. 128); "il popol tuo l'ha in sommo de la bocca" (v. 132); "legge, moneta, officio e costume / hai tu mutato" (vv. 146-147); "quella inferma" (v. 149). Dante Alighieri, *La Divina Commedia: Purgatorio*, edited by Tommaso di Salvo (Bologna: Zanichelli, 1985). John Najemy, "Dante and Florence" in *The Cambridge Companion to Dante*, edited by Rachel Jacoff (Cambridge: Cambridge University Press, 2nd edn. 2007), pp. 245-253.

121 Giovanni Villani, *Nuova Cronica*, edited by G. Porta (Parma: Fondazione Pietro Bembo, 1991), vol. 2, pp. 508-510, 559.

122 Gilson, *Dante and Renaissance Florence*, pp. 24, 38-39.

中哀叹他的朋友马伊纳尔多·阿库尔西奥返回佛罗伦萨"就像一个少小离开的老人回到那片小时候让你感到害怕的土地"时,他似乎是在说他自己。[123] 这种情感——疲倦、奔波、年老——对《日常熟事书信集》的读者来说并不陌生,它贯穿于彼特拉克的作品中。在彼特拉克回复佛罗伦萨邀请他回去的信中,它表现得很明显(《日常熟事书信集》第6卷第5封信,1351年4月),他在其中写道:"如今多亏你的倡议,在我流浪良久最后感到疲倦时,你给了我或许可以飞回去的我的青春之巢。"[124]

《日常熟事书信集》第8卷第10封信给薄伽丘把彼特拉克带回佛罗伦萨这个"家"的切实希望。就这样,乌巴尔迪尼战争起到双重作用。它不仅是佛罗伦萨除掉一个顽固敌人的手段,也是迁就彼特拉克的一种方式、一个引诱他回到该城在新建的大学担任教授的前兆。这种叙述使薄伽丘看起来在佛罗伦萨的政治世界中是个"强有力的人"。但彼特拉克对佛罗伦萨至为有用。正如薄伽丘在邀请信中指出的那样,他来到该大学任职会使它声名远播,这将为佛罗伦萨带来学生及其钱财,而这正是成立这所大学的根本目的。彼特拉克有可能明白这封邀请信的自私性和经济性,这给他拒绝邀请带来额外刺激。

在讨论薄伽丘不顾但丁而迁就彼特拉克时,乌巴尔迪尼战争显然应占据一席之地。这种迁就与佛罗伦萨城中对但丁日益增长的崇拜同时发生。学者们注意到,这位诗人正在获得一种"令人赞叹的地位",并在商人阶层中越来越受欢迎。[125] 小说家

---

123 Petrarch, *Familiares* VIII, 10, vol. 1, p. 430.

124 Petrarch, *Familiares* XI, 5, vol. 2, p. 96.

125 Gilson, *Dante and Renaissance Florence*, pp. 4, 27; Gianfranco Folena, "La tradizione delle opera di Dante Alighieri" in *Atti del Congresso Internazionale di Studi Danteschi* 1 (1965), pp. 54–56.

萨凯蒂和用方言创作的诗人安东尼奥·普奇在他们的作品中都曾照搬照抄《神曲》。[126]

1349—1350年的乌巴尔迪尼战争或许可以被看作一种回应以及但丁自身经历的倒置。彼特拉克呼吁向其开战的这个家族,也是但丁在1302年被逐出佛罗伦萨后不久,他和圭尔夫派白党一起与之联合的家族。[127]1302年的战争和1349—1350年的战争是在同一个地方进行的:上穆杰洛的圣洛伦佐镇和斯卡尔佩里亚镇。1350年发生在蒙特盖莫利的决定性战役与著名的蒙特奇亚尼科城堡相毗邻,这座城堡是此前较量中的争夺焦点,1306年被佛罗伦萨摧毁。[128]然而,1349—1350年战争的主要敌人是乌戈利诺·达·森纳·乌巴尔迪尼——事实上,此人在1302年反对但丁、圭尔夫派白党和其他乌巴尔迪尼族人[129]——的孙子马吉纳尔多·乌巴尔迪尼。1311年,当亨利七世、但丁的亨利来到意大利时,就是这个马吉纳尔多反对他。

1349—1350年时佛罗伦萨复杂的政局仍有待厘清。例如,市政办公室预算和供应记录显示,负责恢复罗马涅秩序的教皇

126　Antonio Lanza, *Polemiche e berte* (Rome: Bulzoni, 1989), pp. 267–320; Vittorio Rossi, "Dante nel Trecento e nel Quattrocento" in *Scritti di critica letteraria, Saggi e discorsi su Dante* vol. 1 (Florence: G. C. Sansoni, 1930), pp. 198–227; Aldo Rossi, "Dante nelle Prospettiva del Boccaccio," *Studi Danteschi* 39 (1960), pp. 63–139. 参见 Pucci, *Centiloquio*, lines 289–294。

127　John A. Scott, *Dante's Political Purgatory* (Philadelphia, PA: University of Pennsylvania Press, 1996), p. 21; Robert Hollander, *Dante: A Life in Works* (New Haven, CT: Yale University Press, 2001), p. xiii.

128　Robert Davidsohn, *Storia di Firenze: Le ultime lotte contro l'impero*, vol. 3 (Florence: Sansoni, 1960), pp. 322–324.

129　同但丁和圭尔夫派白党并肩作战的是乌戈利诺·费利乔内·乌巴尔迪尼(Ugolino Feliccione Ubaldini)这个族系。

使节阿斯托焦·杜拉福特（Astorgio Duraforte）在 1349 年 6 月 13 日来到佛罗伦萨，这一时间稍晚于彼特拉克信件到达和动员佛罗伦萨军队对抗乌巴尔迪尼家族的时间。在编年史和二手资料中，杜拉福特的来访并未被提及。[130] 由于缺乏足够详细的文献资料，我们无法弄清楚这次访问的目的：是支持佛罗伦萨对乌巴尔迪尼家族的政策，还是与罗马涅有关，或是其他什么。然而，这次访问似乎是一场盛大的公共事件，耗费了该城 250 弗罗林巨款。[131]

同时，如果薄伽丘持拥护彼特拉克和向乌巴尔迪尼家族开战的立场，那么，即使是他的前赞助人、弗利领主弗朗切斯科二世（伟大的）·德利·奥德拉菲（1300—1374 年）与乌巴尔迪尼家族通婚，他还是这么做了。弗朗切斯科是苏西纳纳的万尼·乌巴尔迪尼——他和马吉纳尔多联合对抗佛罗伦萨——的女儿马尔齐亚·乌巴尔迪尼的丈夫。奥德拉菲本人于 1350 年卷入亚平宁半岛反对教会的战争。5 月，他袭击了贝尔蒂诺罗，与此同时，佛罗伦萨正在蒙特盖莫利和乌巴尔迪尼家族作战。[132] 1351 年春，当米兰占领博洛尼亚后，奥德拉菲和法恩扎统治者曼弗雷迪（Manfredi）家族同乌巴尔迪尼家族一起，与米兰人联合。

当彼特拉克不仅拒绝了佛罗伦萨提供的教授职位，还在 1353 年回到意大利后选择住在维斯孔蒂家族的土地上时，这

---

130 布鲁克尔概述了教皇对佛罗伦萨外交政策的重要性。Gene Brucker, *Florentine Politics and Society, 1343-1378* (Princeton, NJ: Princeton University Press, 1962), pp. 141-142.

131 ASF, Camera del comune, Camarlinghi di camera uscita 56 fol. 549r (16 June 1349); Provvisioni, registri 36 fol. 107v (13 June 1349).

132 Sorbelli, *La Signoria di Giovanni Visconti*, p. 4.

种情形无疑加剧了薄伽丘个人的失落感。[133] 薄伽丘在一封信中（《书信集》第 10 封信）指责彼特拉克，这封信是他在 1353 年 7 月 18 日写给这位诗人的。詹森·休斯顿把此信称作对"彼特拉克政治观和诗学观的批判性讽刺"，并将它与薄伽丘的其他类似作品包括《但丁传》归为一类。[134]

我们还可以更进一步。薄伽丘这封饱含愤怒之情的信也包含对《日常熟事书信集》第 8 卷第 10 封信和乌巴尔迪尼战争的回应。它们的重合点在于共同引用维吉尔《埃涅阿斯纪》第 3 卷第 56—67 行的那句名言："可诅咒的黄金欲，人心在你的驱使下什么事干不出来呢？"（quid non mortalia pectora cogis | auri sacra fames?）彼特拉克在《日常熟事书信集》第 8 卷第 10 封信中对这句话改述后使之与乌巴尔迪尼家族对其朋友马伊纳尔多和克里斯蒂亚尼的袭击相联："如果黄金欲是你们作恶的真正原因，那么一旦你们那可恶的欲望得到满足，你们将带着战利品回到老巢，去见热切地等着你们的主子？"[135] 薄伽丘在《书信集》第 10 封信中直接引用这句话，并借西莫尼德——彼特拉克的朋友内利的化名——之口谴责彼特拉克要和维斯孔蒂家族共居一处的决定。西莫尼德/内利谴责彼特拉克的虚伪，不明白一个崇尚"清贫""钟爱孤独"的人怎会让自己享用维斯孔蒂家族的"脏钱"。薄伽丘说，彼特拉克只能对此"感到羞愧"，并"对自己大声吟诵维吉尔的诗句：'可诅咒的黄金欲，人心在你

133　E. H. Wilkins, *Petrarch's Eight Years in Milan* (Cambridge, MA: Medieval Academy of America), 1958, pp. 9-15.

134　Houston, *Boccaccio at Play*, S48-S50.

135　"si auri fames vera sceleris causa est, redite iam nefarii voti compotes, ac pred graves, speluncas criminum officinas et, qui illic avide vos extpectant, hospites vestros inviste." Petrarch, *Familiares* VIII, 10, p. 430; Rossi, lines 44-46, pp. 187-188.

的驱使下什么事干不出来呢？'"[136]

这一引用再次将两位诗人和但丁联系起来，在《炼狱篇》第20歌中，当斯塔提乌斯（Statius）讲述自己挥霍无度时，但丁援引维吉尔的名句（"对黄金的可恶的渴慕啊／你为什么不限制人类的贪欲"，第82—83行）；在《炼狱篇》第22歌中，当法国统治者、但丁鄙视的休·卡佩（Hugh Capet）讲述自己家族的罪孽时，他援引维吉尔的名句写道："贪婪啊，你对我们再能做出什么呢？"（第40—41行）。

历史情境中的彼特拉克和在佛罗伦萨的会面

《日常熟事书信集》第8卷第10封信显然值得文学评论家更仔细地审视，正如薄伽丘与彼特拉克第一次会面的历史背景也值得这么做一样。本章旨在表明，在那些年，瘟疫的同义词战争很重要，即便是一场小规模的城市内部战争。"佛罗伦萨三杰"和乌巴尔迪尼战争之间存在着联系，尽管这种联系没有得到充分重视，但却不可否认它是真实存在的。

这些证据有助于彼特拉克的历史化。事实上，尽管《日常熟事书信集》第8卷第10封信与但丁的叙述相悖，但它还是反

---

[136] "Hic solitudinum commendator egregius atque cultor, quid multitudine circumseptus aget? quid tam sublimi preconio liberam vitam atque paupertatem honestam extollere consuetus, iugo alieno subditus et inhonestis ornatus divitiis faciet? quid virtutum exortator clarissimus, vitiorum sectator effectus, decantabit ulterius? Ego nil aliud nosco quam erubescere et opus suum dampnare, et virgilianum illud aut coram aut secus cantare carmen: 'Quid non mortalia pectora cogis | auri sacra fames?" (*Epistola*, 10, 27-28). 参见 G. Boccaccio, *Epistole*, edited by Ginetta Auzzas in *Tutte le opere di Giovanni Boccaccio*, edited by Vittore Branca vol. 5/1 (Milan: Mondadori, 1965)。

映了同时代的影响。它认同多纳托·韦卢蒂把乌巴尔迪尼战争视为一种"仇杀"的描述，并重复韦卢蒂在行政会议上发出的呼吁，即佛罗伦萨需要"捍卫自身荣誉"以"避免耻辱"。[137] 荣誉和耻辱的二元对立在当时是战争的典型表现。[138] 彼特拉克在《日常熟事书信集》第8卷第10封信中恳请佛罗伦萨维护自身荣誉，因为"如果置之不理，这座城市将蒙受永远的耻辱"。[139] 同时，彼特拉克将佛罗伦萨描述为"罗马的孩子"，这与同时代编年史家马泰奥·维拉尼的说法是一样的。在叙述1351年与米兰的战争时，维拉尼称佛罗伦萨是罗马的孩子。不过，维拉尼更多是将这一说法用于托斯卡纳。罗马的后代还包括佩鲁贾和锡耶纳，它们当时与佛罗伦萨联合对抗米兰。它们都是"罗马的孩子"，它们的"自由"源自其罗马遗产。[140]

鉴于彼特拉克似乎付出了大量努力才使自己的历史情境模糊化，因而我们更需要将其历史情境澄清。阿尔伯特·阿斯科利和乌恩·法尔克雷德已弄清楚彼特拉克在其作品中隐藏时间和地点问题的程度。[141] 这位诗人几乎没有透露1349—1350年

---

137 关于佛罗伦萨对韦卢蒂的出使所作的指示，参见 Marzi, *Cancelleria*, p. 674; ASF, CP fols. 1r–3v。

138 William Caferro, "Honor and Insult: Military Rituals in Late Medieval Tuscany" in *Ritual and Symbol in Late Medieval and Early Modern Italy*, edited by Samuel K. Cohn Jr., Marcello Fantoni, and Franco Franceschi (Turnhout: Brepols, 2013), pp. 125–143.

139 Petrarch, *Familiares* VIII, 10, pp. 434–435.

140 Matteo Villani, *Nuova Cronica* (book 3 chapter 1), p. 205. 马泰奥还在 book 4, chapter 77, p. 380 将罗马的自由用于托斯卡纳 (libertá del popolo romano)。也见 Nicolai Rubinstein, "Florence and the Despots: Some Aspects of Florentine Diplomacy in the Fourteenth Century." *Transactions of the Royal Historical Society* 2 (1952), p. 32。

141 Albert Russell Ascoli and Unn Falkeid, "Introduction" in *The Cambridge Companion to Petrarch* (Cambridge: Cambridge University Press, 2015), pp. 1–2.

他与意大利的城市事务的接触和联系。仔细阅读《日常熟事书信集》第 8 卷，人们会发现彼特拉克是在多么有意地模糊其政治/市政的一面。阿尔多·贝尔纳多和汉斯·巴龙认为，彼特拉克把这些信件编辑在第 8 卷中是为了提高其艺术品质和哲学内涵。[142] 彼特拉克本人说，他是带着使这部作品更具连贯性的目的进行编辑的。[143] 这两点无疑都正确。但彼特拉克更进一步。

在《日常熟事书信集》第 8 卷第 9 封信的最初版本中，它留存下来并由维托利奥·罗西（Vittorio Rossi）出版，彼特拉克提供了关于他的朋友这次决定命运的旅行的更多信息，以及他发狂般地试图弄清楚他们遭遇了什么。这封信中最大的改动与彼特拉克的朋友圈和他向他们打听消息的联系人有关。在最初的版本中，彼特拉克讲述了他派往皮亚琴察、佛罗伦萨、罗马以弄清关于其朋友状况的信使。他讲述自己与来自佛罗伦萨的一位"高贵市民"——彼特拉克是在阿维尼翁认识此人的，这个人如今亲自到帕尔马来见他——的谈话。彼特拉克还叙述了他与一位米兰商人的交谈，他说自己熟知此人，并且在他的朋友遇袭时，这个人就身在佛罗伦萨。[144] 这位商人证实了亚平宁山路的危险，他诉苦道，为躲避危险自己不得不穿越森林。彼特拉克还提到一位年老的神父，此人是其仆人，从托斯卡纳的另一位信使那里得知，马伊纳尔多确已死亡，他是在乌巴尔迪尼家族的伏击中被杀的几个人之一。在第 9 封信最初版本的最

---

142 Bernardo, "Letter-Splitting," pp. 237–238; Baron, "The Evolution of Petrarch's Thought," p. 10.

143 Lynn Lara Westwater, "The Uncollected Poet" in Victoria Kirkham and Armando Maggi, eds., *Petrarch: A Critical Guide to the Complete Works* (Chicago, IL: University of Chicago Press, 2009), pp. 302–303.

144 Rossi, *Le familiari*, vol. 2, p. 207.

后，彼特拉克表达了对未收到苏格拉底（范肯彭）的来信的忧虑之情，而这封信正是写给他的。彼特拉克又加了一段长长的附言，告诉苏格拉底向他在法国的朋友问好。[145]

所有这些都未出现在《日常熟事书信集》第8卷第9封信中。彼特拉克删掉了他朋友的真实姓名，以及提到的具体地点，特别是他朋友的出发地、教皇驻地阿维尼翁，以及他的居住地帕尔马。[146]正如巴龙所言，这些改动使最后的成品变得更为抽象和永恒。但它们也把彼特拉克从他所处环境中抽离，使他置身于意大利政治之外——其中，他呼吁向乌巴尔迪尼家族开战是最异乎寻常的例子。彼特拉克略去教皇驻地阿维尼翁的原因与阿斯科利的观点相一致，即他试图淡化那种恼人的关系。原信传达了一种真正的时空感，人们甚至可以据此推测，彼特拉克在他的朋友遇袭后见到的那位"高贵的"佛罗伦萨市民有可能是个声名远播之人，也许就是薄伽丘的朋友尼科洛·迪·巴尔托洛·德·博诺，此人刚好于这一时期在这个地方担任使节。

无论如何，证据表明，彼特拉克过着一种积极的生活，但他却倡导沉思的生活，并把自己描述为乡村隐士。他和薄伽丘两人都是政治力量。当针对乌巴尔迪尼家族的战争于1350年9月底结束时，彼特拉克动身前往佛罗伦萨，这是他自其家人被流放以来首次这么做。1350年10月1日，维托雷·布兰卡称这一天非常寒冷，他抵达该城。他与刚从探视身在拉韦纳的但丁女儿的行程中回到佛罗伦萨的薄伽丘会面。与薄伽丘同来的有扎诺比·德拉·斯特拉达、内利和拉波·达·卡斯蒂廖基奥（Lapo da Castiglionchio）。[147]彼特拉克朗诵了几首诗；拉波送

145　Dotti, *Vita*, pp. 209–210.

146　Rossi, *Le familiari*, vol. 2, p. 187 (line 19).

147　Branca, *Profilo*; Billanovich, *Petrarca Letterato*, p. 99.

给彼特拉克一部昆体良《雄辩术原理》(Istituzioni oratorie)的抄本和西塞罗的三篇演说。薄伽丘则送给彼特拉克一枚戒指。[148]同一天,佛罗伦萨划拨300弗罗林作为新建大学的"薪水和其他费用"。[149]接着,彼特拉克前往罗马参加教皇大赦年活动。途中,他被马踢伤左小腿。[150]由于伤口疼痛,彼特拉克走路时一瘸一拐——他对佛罗伦萨和乌巴尔迪尼家族战争的比喻如今变成身体上伤痛的现实。

几天后,博洛尼亚的佩波利兄弟将他们的城市卖给米兰大主教乔万尼·维斯孔蒂。这个举措引发米兰和佛罗伦萨之间的战争,这场战争一直持续到1353年。[151]薄伽丘被任命为佛罗伦萨最重要的财政机构市政办公室的总管。彼特拉克回到法国,并于1353年重返意大利并落脚米兰,这让薄伽丘深感不快。

148　Dotti, *Vita*, p. 223.

149　ASF, Camera del comune, Scrivano di camera uscita 8 fol. 6v.

150　Petrarch, *Familiares* XI, 1, 2 (November 1350) letter 5 (6 April 1351), vol. 2, pp. 94-96.

151　ASF, balie 7 bis fol. 1r.

第 2 章　战争实践和佛罗伦萨军队

> 首先，我要说，意大利被一分为二，左边和右边。若是有人问分界线在哪里，我的简短回答是亚平宁山脉……这些水通过长长的沟渠，从一边到另一边，一直流到对岸，灌溉着整个国家。
>
> ——但丁《论俗语》第 1 卷第 10 章[1]

穿越乌巴尔迪尼家族土地的亚平宁山路出了名的不好走。彼特拉克在致佛罗伦萨的信中称它"崎岖坎坷"，并曾奉劝他的朋友们不要从那里过。[2]16 世纪的威尼斯使节马尔科·福斯卡里（Marco Foscari）抱怨道，道路延伸在"最陡峭的山峰和最狭窄、最难走的山谷"，[3] 米歇尔·蒙田在他的《旅行日记》（1580

1　Dante, *De Vulgari Eloquentia*, edited and translated by Steven Botterill (Cambridge: University Press, 1996), p. 25.

2　Petrarch, *Familiares* VIII, 10, vol. 1, p. 435.

3　John Larner, "Crossing the Romagnol Appenines in the Renaissance" in *City and Countryside in Late Medieval and Renaissance Italy: Essays Presented to Philip Jones*, edited by Trevor Dean and Chris Wickham (London: Hambleton Press, 1990), p. 147; Paolo Pirillo, *Costruzione di un contado: I fiorentini e il loro territorio nel Basso Medioevo* (Florence: Casa Editrice le Lettere, 2001); Daniele Sterpos, "Evoluzione delle comuni-cazioni transappenniniche attraverso tre passi del Mugello" in *Percorsi e valichi dell'Appenino fra storia e leggenda* (Florence: Arti grafiche Giorgi & Gambi, 1985).

年）中说，他认为亚平宁山路是他在意大利的整个行程中经过的最"惹人讨厌和荆棘丛生"的道路。4

　　1349—1350年针对乌巴尔迪尼家族的战争就是在这一地区，在上穆杰洛，在斯卡尔佩里亚镇和博尔戈圣洛伦佐镇的地盘上进行的。佛罗伦萨军队兵分两路向罗马涅挺进：一路穿过圣铁诺河谷，即编年史家迪诺·孔帕尼（Dino Compagni）所称的"乌巴尔迪尼家族的菜园"，向菲伦佐拉进发（沿着今天通往伊莫拉的"伊莫拉山路"），再往东，另一路沿着塞尼奥河向塞尼奥河畔帕拉佐洛、巴迪亚迪苏西纳纳和博洛尼亚边境的博洛尼亚堡进发（地图2.1）。5 佛罗伦萨攻击了博尔戈圣洛伦佐以北的位于洛佐尔的乌巴尔迪尼家族的坚固堡垒（海拔796米），以及菲伦佐拉东北、俯瞰圣铁诺河左岸的勒皮亚尼奥尔（海拔548米），和俯瞰圣铁诺河右岸的蒂尔利（海拔361米）。然而，1349年和1350年的战役的焦点是斯卡尔佩里亚以北的乌巴尔迪尼家族的城堡蒙特盖莫利（海拔606米），它正好处在圣阿加塔修道院和科尔纳基亚亚镇中间。这座城堡是因他的暴行而引发这场战争的马吉纳尔多·乌巴尔迪尼的府邸。佛罗伦萨的最终目标是拿下位于巴迪亚迪苏西纳纳的城堡（海拔370米），这里一直是该家族的大本营，生活着马吉纳尔多的儿子奥塔维亚诺和孙子卡内洛。6

4　Daniele Sterpos, *Comunicazioni stradali attraverso i tempi: Bologna-Firenze* (Novara: De Agostini, 1961), p. 110; Michel Montaigne, *Journal de voyage*, edited by Louis Lautrey (Paris: Publisher, 1906), pp. 184-185. Samuel K. Cohn, *Creating the Florentine State* (Cambridge: Cambridge University Press, 1999), pp. 21-23.

5　圣铁诺河流经蒙特盖莫利附近的科尔纳基亚亚镇，并向东流经菲伦佐拉，然后向北流经勒皮亚尼奥尔和蒂尔利。

6　洛佐尔、勒皮亚尼奥尔、蒂尔利等城镇被明确地列为进攻目标。ASF, CP 1 fols. 4r-4v, 9r. 预算显示骑兵在这些地方折损了一些马匹。ASF, Camera del comune, Scrivano di camera uscita 7 fols. 48r, 56v.

第 2 章　战争实践和佛罗伦萨军队

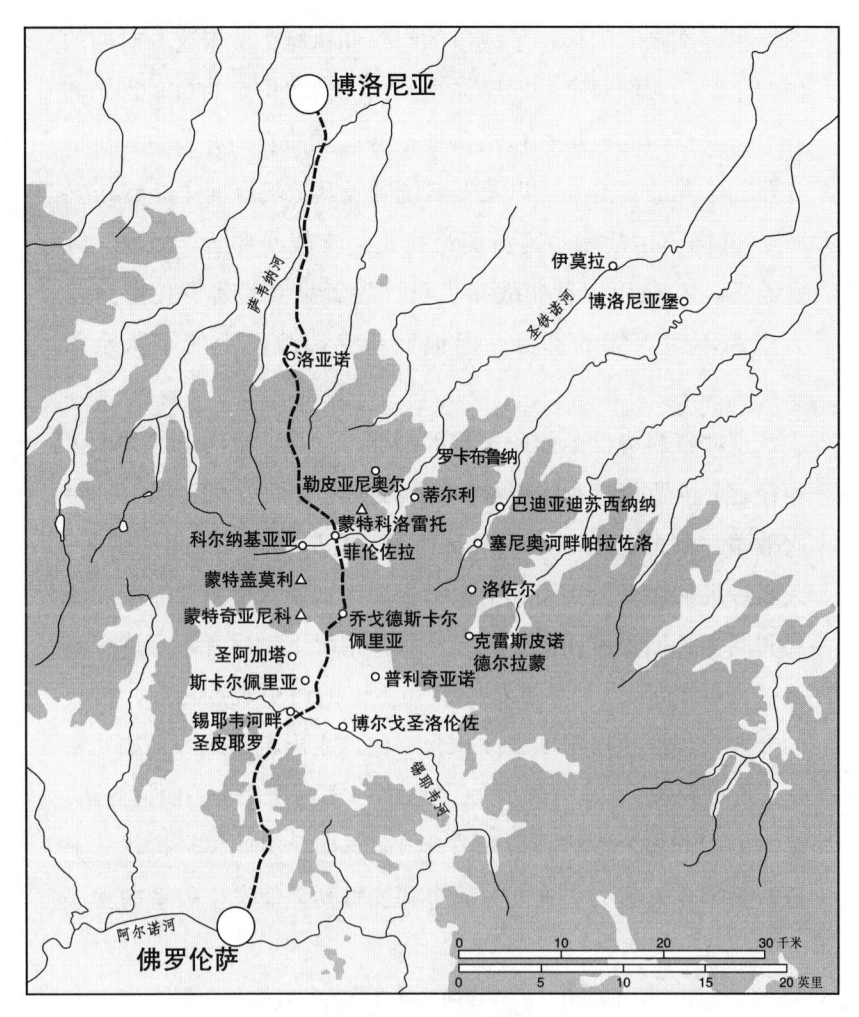

地图 2.1　冲突地区

现存文献专门揭示了战争的组织和执行，关于这一时期的佛罗伦萨，人们对这些问题知之甚少。佛罗伦萨的执政官们和各个公共部门的成员，包括负责招募军队的契约办公室、负责武器和给养的军需处，以及军队统帅及其战场顾问（consiglieri），共同商讨战略。官员们组建了一支战斗部队，领取、分发给养，并雇用大量非战斗人员，后者虽然是佛罗伦萨劳动力中最不为人知的部分，但他们对支援战场上的军队至关重要。

这些资料提供了前所未有的细节，这与通常的学术共识大相径庭。佛罗伦萨军队不是一支临时而"落后"的军队——每次战争后解散并缺乏本土人员构成，而是拥有一批值得信赖、久经沙场的中坚士兵，其中包括长期为这座城市效劳的雇佣骑兵和同样长期被雇佣的步兵，在某些情况下，后者甚至持有该城的金融股份。[7] 与马基雅维利和主流的历史观点相反，步兵的专业化程度超出预期，并包含一些本土出色的统帅，如"塞尔·梅斯托拉"，或"傻瓜"（雅各布·凯西斯来自帕西尼亚诺，著名的瓦朗布罗萨修道院所在地），薄伽丘用此绰号指代《十日谈》第 4 天第 2 个故事中那个和加百列天使发生关系的女人

7　关于佛罗伦萨军队相对于其他同时代军队的临时性和"落后"性，参见 Michael Mallett, *Mercenaries and Their Masters* (Totowa, NJ: Rowman and Littlefield, 1974), pp. 82-83; Giuseppe Canestrini, "Documenti per servire della milizia italiana del secolo XIII al XVI," *Archivio Storico Italiano*, ser. 1, 15 (1851), p. cvii. 学术讨论见 William Caferro, *Mercenary Companies and the Decline of Siena* (Baltimore, MD: Johns Hopkins University Press, 1998), pp. xiv-xv, 1-14, 和 "Continuity, Long-Term Service and Permanent Forces," *The Journal of Modern History* 80 no. 2 (June 2008), pp. 303-322。也见 Jean-Claude Maire Vigueur, *Comuni e Signorie in Umbria, Marche e Lazio* (Turin: UTET, 1987), pp. 175-226。

（donna Mestola）。⁸ 总之，我们掌握的证据清楚地表明，佛罗伦萨社会和平部门与军事部门之间的界限模糊不清，这种区分是人为的、不合时宜的，并对理解整个佛罗伦萨的公职人员有重要影响。

亚平宁山脉的战争

1349 年，多纳托·韦卢蒂在向该城执政官们发表的讲话中，呼吁佛罗伦萨军队以"男子汉的方式"对付乌巴尔迪尼家族，使用"纵火和一切可用手段"根除他们。⁹ 这支军队在 1349 年的确切行程难以得到追溯。马泰奥·维拉尼只是说，最初的战斗持续了几天，在这之后军队"完好无损"地回到佛罗伦萨。文献显示，乌巴尔迪尼家族进行了更为顽强的抵抗，佛罗伦萨则付出更为持久、但成效不大的努力。佛罗伦萨开始围攻洛佐尔城堡，并在这座壮观的堡垒附近建造高塔（bastita）。¹⁰ 乌巴尔迪尼家族则通过破坏道路、突袭斯卡尔佩里亚镇、偷盗牲畜、四处纵火予以反击。¹¹

佛罗伦萨未能发出致命一击。但在 1349 年 7 月底，佛罗伦萨军队在塞尼奥河畔的帕拉佐洛（海拔 536 米）以南、马拉迪城附近的克雷斯皮诺德拉莫内取得一场大胜。¹² 他们通过内

8　ASF, Camera del Comune, Scrivano di camera uscita 7 fol. 47r; Giovanni Boccaccio, *Decameron*, edited by Vittore Branca (Turin: UTET, 1956), p. 336. 薄伽丘在《大鸦》中使用了"塞尔·梅斯托拉"一词。

9　ASF, CP 1 fols. 1r–v.

10　ASF, CP 1 fol. 3r. 关于使用攻城塔，参见 William Caferro, *John Hawkwood, An English Mercenary in Fourteenth Century Italy* (Baltimore, MD: Johns Hopkins University Press, 2006), pp. 83–84。

11　ASF, CP 1 fol. 9r; Signoria, Missive Cancelleria 10 #148.

12　ASF, Provvisioni, registri 36 fol. 144r; Cohn, *Florentine State*, p. 43.

应,拿下这座要塞。佛罗伦萨的一名流亡者安布罗焦·扬博内利打开了敌人的大门。作为奖励,佛罗伦萨废除了对他的刑罚,并允许他回来。然而,乌巴尔迪尼家族发起反击,重创斯卡尔佩里亚。1349 年 10 月,佛罗伦萨被迫向该城中"居住和建造住房的人"提供税收优惠。它申明这样做的目的是让这座因瘟疫和"乌巴尔迪尼家族的傲慢和放肆"而元气大伤的城市恢复活力。[13]

第二次战役的规模比第一次大得多。它与 1349/1350 年冬附近的罗马涅地区愈演愈烈的反教会权威的叛乱是同步的。[14]1350 年 2 月,伊莫拉人的首领乔万尼·曼弗雷迪从教会手中夺取法恩扎城。当年春,薄伽丘的前赞助人、弗利的弗朗切斯科·德利·奥德拉菲攻击了教会的另一处领地贝尔蒂诺罗(1350 年 5 月)。[15]这种就发生在佛罗伦萨边界上的动乱给佛罗伦萨反对乌巴尔迪尼家族的战役带来新的紧迫感。佛罗伦萨派多纳托·韦卢蒂及其他人一起出使博洛尼亚(1350 年 3 月),以便在反对乌巴尔迪尼家族持续的"罪行"时得到它的支持。[16]

第二次战役的目标与第一次一致。佛罗伦萨旨在将马吉纳尔多及其家人从他们沿圣铁诺河和塞尼奥河分布的要塞中逐出。佛罗伦萨任命一个由八人组成的临时特别委员会巴利亚,以监督战事的开展。斯卡尔佩里亚镇——位于著名的圣阿

13　ASF, Provvisioni, registri 37 fol. 12r.

14　Albano Sorbelli, *La Signoria di Giovanni Visconti a Bologna e le sue relazioni con la Toscana* (Bologna: Forni, 1902), p. 4.

15　Sorbelli, *La Signoria*, pp. 2–11.

16　Demetrio Marzi, *La cancelleria della repubblica fiorentina* (Rocca San Casciano: Cappelli, 1910), pp. 673–674.

加塔修道院以南，在向北通往乔戈的道路上，以及通往乌巴尔迪尼家族地盘的山口（佛罗伦萨东北25公里）——是佛罗伦萨军队的大本营。佛罗伦萨在此地囤积给养并建造抛石机和攻城塔。[17]

佛罗伦萨再次攻击位于塞尼奥河上游高山上的洛佐尔，接着转攻位于勒皮亚尼奥尔和蒂尔利的堡垒。[18] 马泰奥·维拉尼重点叙述蒙特盖莫利要塞，双方在此发生一场恶战。这个如今已不复存在的要塞临近科尔纳基亚亚镇，位于斯卡尔佩里亚东北以及通往博洛尼亚的旧干道旁、从乔戈穿过高山前往菲伦佐拉的西侧。它是通向乌巴尔迪尼家族祖传财产心脏地带的大门。它坐落在乌巴尔迪尼家族著名的蒙塔恰尼科城堡的北边，这座城堡是1302年佛罗伦萨和但丁、圭尔夫派白党及乌巴尔迪尼家族之间鏖战的地方。1306年，该要塞被佛罗伦萨摧毁。[19]

维拉尼称坐落在山顶的蒙特盖莫利城堡是一个"几乎坚不可摧的山头"。[20] 马吉纳尔多·乌巴尔迪尼派一批由"剽悍的匪徒"构成的士兵守卫这座堡垒。他曾建造一座"坚固而又武装

---

17 斯卡尔佩里亚位于从瓦格利亚到锡耶韦河畔的圣皮耶罗的路上，穿过乔戈可达菲伦佐拉，并最终可达伊莫拉。

18 对勒皮亚尼奥尔的关注参见 ASF, CP 1 fols. 14r-14v。

19 David Friedman, *Florentine New Towns: Urban Design in the Late Middle Ages* (Cambridge, MA: Harvard University Press, 1989), p. 45; Emanuele Repetti, *Dizionario Geografico Fisico e Storico della Toscana*, vol. 3 (Florence: Firenze libri, 1839), pp. 395-396; Paolo Pirillo, *Forme e strutture del popolamento nel contado fiorentino: gli insediamenti fortificati* (1280-1380), vol. 2 (Florence: Olschki, 2005), pp. 131-132.

20 Matteo Villani, *Nuova Cronica*, edited by Giuseppe Porta, vol. 1 (Parma: Fondazione Pietro Bembo, 1995), pp. 50-53.

完备的"高塔,用以监视通往该城堡——它的前方挖有一道壕沟,辅助有士兵把守的路障——的道路。[21] 佛罗伦萨人打算围攻该堡垒,并带来抛石机和大炮装置(*dificii*)。佛罗伦萨军队试图通过对周围地区的突袭把乌巴尔迪尼士兵从中诱出。[22] 这个策略奏效了。据维拉尼称,那帮乌巴尔迪尼匪徒由于"过于冒失",离开防守位置,越过壕沟,并直接冲向佛罗伦萨人。佛罗伦萨骑兵下马步行,加入步兵。

骑兵从马上下来让人想起三年前发生在法国的著名克雷西战役。但做出这个决定可能是因为乌巴尔迪尼城堡附近地形狭隘,影响机动性。战斗很激烈。在弩兵射出的箭雨中,佛罗伦萨人迫使乌巴尔迪尼士兵后退。接着,军队向防守严密的那座堡垒挺近。据维拉尼称,被围困者食物充足,可以支撑很长一段时间。但由于马吉纳尔多·乌巴尔迪尼对这次包围感到震惊,并与家族其他成员的关系不确定,让他寻求达成一项协议。他把这座堡垒交给佛罗伦萨,作为回报,他获得公民身份和一份对抗家族其他成员的、关于军事服役的优厚和约。[23]

文献资料揭露出某种战略感。就在攻击蒙特盖莫利之前,佛罗伦萨已与巴尔贝里诺以北的蒙特卡雷利的领主塔诺·德利·阿尔贝蒂伯爵谈妥,让他允许乔万尼·孔特·德·美第奇和一小股军队(40至60人)加强蒙特维瓦尼城(位于蒙特卡雷利和富塔山口之间)的防御,以保护佛罗伦萨的西北翼。[24] 乔万

21　Matteo Villani, *Nuova Cronica*, pp. 51-52.

22　Matteo Villani, *Nuova Cronica*, pp. 51-52.

23　5月29日已开始谈判。Marzi, *La cancelleria*, pp. 678-679; ASF Provvisioni, registri 38 fol. 69v.

24　ASF, Provvisioni, registri 38 fol. 36v. 这是1350年2月28日谈妥的。ASF, balie 6 fol. 78r; Signori Missive I Cancelleria 10 #145.

尼就是从这里加入主力部队对蒙特盖莫利的攻击的。

文献资料还表明，佛罗伦萨在蒙特盖莫利布置的攻城塔由骑兵和步兵共同护卫。前者包含德国队长约翰·多尔尼克和阿里盖托·德甘；后者包含来自附近蒂尔利的步兵队长桑蒂·基亚鲁奇和来自附近蒙特卡雷利的弗朗切斯科·巴鲁法尔迪。[25] 我们不清楚这个塔在这场胜利中起到了什么作用，但塔中的士兵在两次战役中都扮演了重要角色，或许，他们正是由于英勇善战才被选中的。同时，骂阵人（*barattieri* 或 ribalds）被派往战场做出"羞辱"举措以嘲弄敌人，这是当时战争的一个基本特色。[26] 他们还烧毁房屋，捡拾散落在地的弩箭，然后送回工匠那里重新制作。[27] 在14世纪的佛罗伦萨，武器是重复利用的。

夺取蒙特盖莫利鼓舞了佛罗伦萨军队的士气。1350年6月3日，佛罗伦萨与马吉纳尔多及乌巴尔迪尼家族的其他11名成员达成协议。马吉纳尔多正式将蒙特盖莫利和其他几座要塞，以及沿博洛尼亚、伊莫拉边界的土地割让给佛罗伦萨。[28] 佛罗伦萨官员接着给军队写了一封信，指示统帅"采取一切必要措施"使军队积极而又成功地向前推进。这项计划意在夺取乌巴尔迪尼家族的大本营苏西纳纳要塞，进而——用信中的话来说——

---

25 ASF, balie 7 fol. 32v.

26 William Caferro, "Honor and Insult: Military Rituals in Late Medieval Tuscany" in *Ritual and Symbol in Late Medieval and Early Modern Italy*, edited by Samuel K. Cohn Jr., Marcello Fantoni, and Franco Franceschi (Turnhout: Brepols, 2013), pp. 125–143.

27 ASF, balie 7 fols. 29r–30r.

28 ASF, Provvisioni, registri 38 fols. 69v–70r (3 June 1350).

"消灭"该家族。²⁹ 佛罗伦萨得到一名当地贵族乔万尼·迪·阿尔贝盖蒂诺·曼弗雷迪和严格来说持中立立场的教皇使节、罗马涅伯爵的后勤支援。³⁰

马泰奥·维拉尼对接下来发生的事情做出了一种模糊的,但总体来说准确的叙述。他说,佛罗伦萨军队通过围攻占领了蒙特科洛雷托(海拔 970 米)和罗卡布鲁纳(海拔 765 米)要塞,并通过"缔约"夺得洛佐尔和维吉亚诺(就在博尔戈圣洛伦佐边上)。然而,这支军队并未成功拿下苏西纳纳或附近的塞尼奥河畔的帕拉佐洛城。³¹

维拉尼的叙述表明,佛罗伦萨军队是有序地向北/东推进的。但从文献中可以看出,这支军队并未沿直线前进,而是呈扇形展开,进行突袭,并对乌巴尔迪尼家族的反击予以回应。对蒙特盖莫利的攻击发生在 5 月 23 日至 28 日。对罗卡布鲁纳和洛佐尔的占领分别发生在 5 月 31 日和 6 月 2 日。³² 洛佐尔是由于遭遇背叛而屈服的;被视作内应的那两个人,卡尔沃和贝尔纳多·迪·努奇因此获得 150 弗罗林的报酬。³³ 6 月 3 日,佛罗伦萨军队,或者说至少是其中一部分,抵达蒙特科洛雷托和苏西纳纳城堡,并焚毁了附近的田地。³⁴ 在抵御乌巴尔迪尼家族的反击时,佛罗伦萨骑兵似乎在苏西纳纳和斯卡尔佩里亚遭遇

---

29 Marzi, *La cancelleria*, p. 682.

30 ASF, balie 7 fols. 34r, 35v. 关于佛罗伦萨派遣使节一事,参见 Marzi, *La cancelleria*, p. 679. 这封信说,如果军队需要给养,它可向罗马涅伯爵和乔万尼·迪·阿尔贝盖蒂诺寻求帮助。

31 ASF, Signori Missive I Cancelleria 10 #159.

32 ASF, balie 7 fols. 29v, 34r–36v, 64r; Camera del comune, Scrivano di camera uscita 10, fols. 51v–53r; Paolo Pirillo, *Forme e strutture*, pp. 146–147.

33 ASF, balie 6 fol. 84v.

34 ASF, balie 7 fols. 29v–30v, 34r; Marzi, *La cancelleria*, p. 679.

重大损失。[35] 佛罗伦萨军队把攻城塔布置在蒙特科洛雷托要塞以及通往帕拉佐洛的路上、菲伦佐拉东北的勒皮亚尼奥尔和蒂尔利。[36] 6月中旬，蒙特科洛雷托投降。它那坚固无比的城墙，据说有141/142米高，被佛罗伦萨的抛石机射出的石弹击倒。[37] 附近的勒皮亚尼奥尔和蒂尔利拒不投降。[38]

尽管它们拒不投降，但1350年6月中旬佛罗伦萨一片乐观情绪。在拿下蒙特科洛雷托后，佛罗伦萨为当时在战场上的"快乐的军队"（*felicie esercito*）举行了一场盛大的庆祝活动。[39] 该城派乐手、街头公告员和一些市政官员参加这场欢庆。与此同时，佛罗伦萨的执政官们召开三次行政会议（6月12日、6月19日、6月22日）以对"最后击败"乌巴尔迪尼家族做出安排。[40] 在6月12日的会议上，菲利波·马加洛蒂敦促该城继续攻击勒皮亚尼奥尔和蒂尔利，并再次进攻苏西纳纳。[41] 乔万尼·盖里提议，该城应和盘踞在苏西纳纳的奥塔维亚诺·乌巴尔迪尼及其儿子（Cavarnello, 卡瓦尔内洛）进行谈判。为使军队向前推进，佛罗伦萨支出庞大的战费（第3章）。[42] 这些拨款（6月4日至24日）不仅用于支付薪水和购买给养，而且也用于

35　ASF, Camera del comune, camerlinghi uscita 70 fol. 34r; Scrivano di camera uscita 10 fols. 51v, 53r.

36　ASF, CP 1 fols. 14v, 19r; balie 7 fol. 33r.

37　Paolo Pirillo, "Tra Signori e città: I castelli dell'Appenino alla fine del Medio Evo" in *Castelli dell'Apennino nel medioevo*, edited by P. Fosci, E. Penoncini, and R. Zagnoni (Pistoia: Società Pistoiese, 2000), pp. 26-28.

38　Pirillo, *Forme e strutture*, pp. 123-129, 160.

39　ASF, Camera del comune, Scrivano di camera uscita 9 fols. 3v-4v.

40　ASF, CP 1 fols. 14r-19r.

41　ASF, CP 1 fol. 14r.

42　ASF, balie 6 fols. 81v-83v.

修复被该城占领的要塞。佛罗伦萨派出自己的要塞司令来掌管蒙特盖莫利和罗卡布鲁纳。[43]

7月初,佛罗伦萨终于攻下勒皮亚尼奥尔。它派一批石匠去毁掉这座城堡的高墙。[44] 与此同时,官员们和奥塔维亚诺·乌巴尔迪尼及其儿子展开谈判。[45] 7月下旬,双方达成一项临时协定。像之前的马吉纳尔多一样,奥塔维亚诺和卡瓦尔内洛同意停火,条件是佛罗伦萨军队以优厚的和约条款雇用他们。[46]

佛罗伦萨的官员们当时觉得大功告成,于是他们把上穆杰洛这个名字从数百年来一直为人熟知的"乌巴尔迪尼的阿尔卑斯"改为"佛罗伦萨的阿尔卑斯"(alpi Fiorentine)。[47] 然而,佛罗伦萨军队的势头事实上正在减缓。文献资料表明,在高山地带的行军受制于驮畜的缺乏。苏西纳纳的防御极为完备,无法攻破。[48] 佛罗伦萨和奥塔维亚诺之间的协定也饱受争议。行政当局之间的讨论显示,奥塔维亚诺未能信守承诺,并对佛罗伦萨骂阵人的羞辱和奚落行为耿耿于怀。9月11日,佛罗伦萨官员为奥塔维亚诺举行一场宴会,11天后,该城释放了乌巴尔迪尼家族的两名俘虏,他们或许是这场争端的一部分。[49] 与此同时,附近的罗马涅的局势持续恶化,这使事态变得更为

43　ASF, Signori Missive Cancelleria 10 #161.

44　ASF, balie 6 fols. 24r, 74v.

45　6月19日,乌古乔内·德·里奇(Uguccione de Ricci)提议,关于与奥塔维亚诺的协定,佛罗伦萨应提出于己最有利的条件。ASF, CP fol. 19r.

46　7月28日,他们出现在该城军事服役人员的聘用名单上。ASF, Camera del comune, Scrivano di camera uscita 10 fol. 35v.

47　*I Capitoli del Comune di Firenze*, edited by C. Guasti, I, p. 91.

48　ASF, CP 1 fol. 4r; balie 7 fol. 34r.

49　ASF, balie 6 fols. 107v, 117r.

复杂。1350年9月，佛罗伦萨力图雇用更多军队。⁵⁰ 但在当月的最后一周（9月27日），巴利亚解散，这场冲突实际上结束了。⁵¹

马泰奥·维拉尼宣称获胜。他说佛罗伦萨军队"安然无恙"地回到佛罗伦萨。该城已占领上穆杰洛的蒙特盖莫利、洛佐尔、罗卡布鲁纳、勒皮亚尼奥尔等重要堡垒，并在马吉纳尔多的同意下，获得乌巴尔迪尼家族在沿博洛尼亚边界的19个小镇，如卡布拉乔、卡马约雷、波迪纳诺和拉佩佐等征收的通行费和税款的"支配权"。⁵²

但佛罗伦萨军队未能"根除"乌巴尔迪尼家族，如果这确实是一个切实目标的话。编年史家马尔基翁内·斯特凡尼对这场战争做出更为谨慎又或许是更为符合实际的评价。他说这是一场暂时的胜利，声称当乌巴尔迪尼家族的一些成员向该城宣誓效忠时，另一些人却倒向米兰，后者当时与博洛尼亚的事务纠葛颇深，并将很快买下这座城（1350年10月）。对博洛尼亚的购买导致米兰与佛罗伦萨和教皇之间的战争。乌巴尔迪尼家族和米兰人并肩作战，并重新占领他们之前失去的大多数堡垒。

佛罗伦萨军队

这场战争最终未能分出胜负。但战争动员给佛罗伦萨带来重大挑战。面临黑死病的持续影响，该城官员对招募人员、采买物资心存忧虑。他们抱怨资金匮乏（第3章），以及城中政

50　ASF, balie 6 fols. 105r–106v.

51　文件中提到的最后日期是1350年9月28日。ASF, balie 6 fol. 2r.

52　ASF, Provvisioni, registri 38 fols. 69v–70r.

治分歧严重（第 1 章）。[53] 1349 年战争爆发时，该城正好赶上谷物和"其他必需品"的"短缺"。[54] 山区的后勤工作总是难做的。

战争的沉重负担落到佛罗伦萨的官僚机构的肩上，它们比中央集权体制更混乱、更缺乏持久性（第 3 章）。该城"在政治上的最高财政机构"市政办公室负责征集和分配公共收入。[55] 但它的职责与负责城市军械库的军需处和负责招募士兵的契约办公室的职责重叠。1350 年初由佛罗伦萨官员任命的巴利亚拥有绕开该城冗杂的官僚机制、在紧急情况面前做出快速反应的特殊权力。[56] 但它和其他与战争有关的部门之间的确切关系并不清晰。[57] 同契约办公室一样，巴利亚也招募士兵；同军需处一样，它也采购物资。它从市政办公室那里获取大量资金，但正如我

53　ASF, Provvisioni, registri 36 fol. 82v; Provvisioni, registri 36 fol. 145v, July 31 1349; CP 1 fols. 4v, 6r; Provvisioni, registri 36 fol. 105r. 这种抱怨在整个战争期间一直存在。ASF, Provvisioni, registri 36 fol. 132r; balie 7 fol. 32v; CP 1 fols. 4v, 6r–June; Provvisioni, registri 36 fol. 105r.

54　ASF, Provvisioni, registri 36 fols. 82v, 145v (July 31 1349).

55　圭迪称，the camera "il organo preeminente nella politica finanziaria." Guidubaldo Guidi, *Il governo della città-repubblica di Firenze del primo Quattrocento*, vol. 2 (Florence: Leo S. Olschki, 1981), p. 277。也见 A. Gherardi, "L'Antica camera del comune di Firenze," *Archivio Storico Italiano* 43 (1885), pp. 313–361。

56　ASF, Provvisioni, registri 36 fols. 141v–142r; balie 6 fols. 2v–119v. 巴利亚自 1350 年 1 月 28 日（balie 6 fols. 2r, 17r）开始运转，直至 1350 年 9 月 27 日（balie 6 fol. 34r）。首页是 2r，文件在 17r 重新开始，并再次在 19r、34r 重新开始。日期并不连续。该卷前半部分的公证人是西蒙尼·兰迪·迪·莱乔（Ser Simone Landi di Leccio）(2r)，后半部分的公证人是普契尼·塞尔·拉皮（Ser Puccini Ser Lapi）(34r)。对这一时期的巴利亚记录的利用，参见 William Caferro, *Mercenary Companies and the Decline of Siena* (Baltimore, MD: Johns Hopkins University Press, 1998), pp. xviii, 186。

57　ASF, Provvisioni, registri 37 fol. 81r.

第 2 章 战争实践和佛罗伦萨军队

们将在第 3 章所见，它的所有资金并非都来源于此。

在挑战面前，佛罗伦萨首先采取行动，集结了一支对抗乌巴尔迪尼家族的军队。这支军队的确切规模尚不明确。正如迈克尔·马莱特所言，把纸面上的军队转变成实际作战的军队是不可能的。[58] 在 1349 年战争发起前所举行的行政会议的讨论中，菲利波·马基雅维利（Filippo Machiavelli）指出，佛罗伦萨至少需要 150 名骑兵和 400 名步兵围攻蒙特盖莫利这一个要塞。他的判断建立在以下认知：受瘟疫的影响，士兵市场严重缩水，想要增加更多兵员变得十分困难。[59] 1350 年的巴利亚记录提供了更为准确的数字。这些记录表明，当年在向蒙特盖莫利发起攻击前，佛罗伦萨雇用了 185 名德国骑兵和 909 名步兵（2 月至 4 月）。该城在整个战役中不断地招募士兵，在 6 月至 9 月，又增加 400 名骑兵和 790 名步兵。总的来看，佛罗伦萨在第二次战役期间雇用了 2284 名士兵。[60]

然而，这并非整支军队的构成。佛罗伦萨还有作为基础的现有兵力。在《共和国杂记》（Miscellanea repubblicana）的散乱、残破的文件中，一份留存至今的军队名单表明，虽然受到瘟疫的影响，但在 1348 年底，佛罗伦萨已有 400 名骑兵和 600 名步兵出现在工资单上。[61] 此外，1349 年佛罗伦萨任命古比奥的尼科洛·迪·里努乔·德拉·塞拉为军队指挥官，领有 25 名

58　Michael Mallett, *Mercenaries and Their Masters* (Totowa, NJ: Rowman and Littlefield, 1974), pp. 115-116. 关于同时期军队的规模，也见 Caferro, *John Hawkwood*, pp. 88-91。

59　ASF, CP 1 fol. 3v.

60　ASF, balie 6 fols. 38v-39r, 45v, 52v-55r, 60v-62v, 83r, 97v-98r, 105r-106v, 118r, 119r.

61　ASF, Miscellanea repubblicana 120.

骑兵和100名步兵。[62] 1350年，为进行第二次战役，该城雇用切科·迪·拉涅里·法尔内塞担任统帅，领有50名骑兵和100名步兵。[63] 并且，该城在第二次战役期间还配备一支由本土弩兵组成的、被称作金属弩（*balestrieri della ghiera*）的分队。这个特种部队创建于13世纪。他们是从城市和农村招募而来的，在1350年时有474人。[64] 这使得1350年佛罗伦萨的士兵服役人数超过3000人。在人口缩减的这段时期，这一人数相对于佛罗伦萨的其余劳动力数量而言是庞大的。

流行的假设和充分研究的缺乏制约着学者们对14世纪佛罗伦萨军队的正确理解。[65] 他们已把14世纪描述为一段存在"军事危机"的时期，它导致公民兵的消失和"雇佣兵群体的高级组织和技术"的出现。在论著中，"雇佣兵制的兴起"与"市镇的衰落"存在着密不可分的联系。[66] 丹尼尔·韦利将

62　ASF, Provvisioni, registri 36 fols. 66r–66v; Camera del comune, Scrivano di camera uscita 6 fols. 2v–9v. 在罗马服役期间，塞拉似乎被任命为这里的元老。ASF, Provvisioni, registri 36 fol. 70r.

63　ASF, balie 6 fols. 63r–63v.

64　ASF, balie 6 fols. 69r, 82r–v, 89r. 关于 *balestrieri*，参见 Giuseppe Canestrini, "Documenti per servire alla storia della milizia Italiana dal XIII secolo al XVI," *Archivio Storico Italiano*, ser. 1, 15 (1851), pp. xxii–xiii。ASF, balie 6 fol. 41r 中有提及。他们也出现在1350年的预算中，Camera del comune, Scrivano di camera uscita 10 fol. 41r。

65　关于较早时期，参见 Daniel Waley, "The Army of the Florentine Republic from the Twelfth to the Fourteenth Century" in *Florentine Studies*, edited by Nicolai Rubinstein (Evanston, IL: Northwestern University Press, 1968) and "Condotte and Condottieri in the Thirteenth Century," *Proceedings of the British Academy* 61 (1975), pp. 337–371。

66　Ercole Ricotti, *Storia dell compagnie di ventura in Italia*, vol. 1 (Turin: Pomba, 1893), p. 92; Waley, "The Army of the Florentine Republic," p. 70; Vigueur, *Comuni e Signorie in Umbria*, pp. 175–226.

第 2 章 战争实践和佛罗伦萨军队

佛罗伦萨雇佣兵服务的正规化追溯到 1320 年代反对卡斯特鲁乔·卡斯特拉卡尼的战争。[67] C. C. 贝利指出，1337 年佛罗伦萨颁布的军事法是向非本土、临时性军队的决定性转变的明证。[68] 迈克尔·马莱特称，相对于同期威尼斯和米兰等国的军队而言，佛罗伦萨军队"落后"且与时代脱节。[69]

与此同时，一些基本问题如佛罗伦萨军队的实际构成仍需仔细研究。1349—1350 年的佛罗伦萨军队由骑兵和步兵组成。步兵又被细分为盾牌兵（*pavesari*）分队、弩兵（*balestrieri*）分队和由盾牌兵、弩兵组成的"混合分队"。每个分队都由其队长（*conestabile*）率领。

在第一次战役中，单个分队的人数比第二次战役少，这反映出第一次战役的规模更为有限，以及极为可能的是，军队人数更少。在第一次战役中由尼科洛·迪·里努乔·德·塞拉担任军队总指挥为这一结论提供了支持。当时，他是一名普通的市政官员，即护卫队长兼和平状态守护人（*capitano della guardia e conservatore dello stato pacifico*），在和平时期肩负司法职责，其中包括监视贵族。相比之下，1350 年的战争统帅是被特别任命以统领军队的。

---

67 Waley, "The Army of the Florentine Republic," p. 106; Paolo Grillo, *Cavalieri e popoli in armi: Le istitutioni military nell'Italia medievale* (Bari: Editori Laterza, 2008), p. 150. 保利的那篇关于 1302 年公共军队的古老但依然有用的文章称，当时它仍然主要由佛罗伦萨人组成。Cesare Paoli, "Rendiconto e approvazioni di spese occorse nell'esercito fiorentino contro Pistoia nel Maggio 1302," *Archivio Storico Italiano*, ser. 3, vol. 6 (1867), pp. 3–16.

68 C. C. Bayley, *War and Society in Renaissance Florence: The De Militia of Leonardo Bruni* (Toronto: University of Toronto Press, 1961), p. 9; Waley, "The Army of the Florentine Republic," p. 97.

69 Mallett, *Mercenaries and Their Masters*, pp. 82–83.

通过对公共（市政办公室的）预算的仔细审视可以看出，1349年6月，佛罗伦萨骑兵分队的人数为13—20人。盾牌兵分队主要由4—12人组成，一少部分分队的人数会更多些。混合分队（盾牌兵和弩兵）由10—23人组成。1349年，军中最大的步兵分队拥有50名盾牌兵，由来自卡森蒂诺山区圣戈登佐城的两名队长率领。[70] 在第二次战役中，佛罗伦萨主要使用由骑兵和步兵组成的"旗帜"分队，即由20—25人组成的分队。这是当时意大利大部分地区使用的标准分队。现存的使节的快信和1350年的巴利亚记录表明，佛罗伦萨专门招募了旗帜分队。[71] 然而，预算显示，尽管如此，差异还是存在的。一些分队少于20人，一些则多于20人。[72]

佛罗伦萨的骑兵全部由雇佣兵组成，尽管彼特拉克鄙视他们。因为他们之中大部分是德国人，也即彼特拉克在他的著名诗篇《我的意大利》中所抨击的"德国的愤怒"。然而，佛罗伦萨的文献资料尊称他们为"德国勇士军"（probos viros teotonicos）。该城还雇有被称作"真正的圭尔夫派"——这显然是与吉贝林派的乌巴尔迪尼家族作战的必备条件——的意大利雇佣骑兵。在佛罗伦萨雇用的意大利圭尔夫派中，有尼诺·德利·奥比兹和安德烈亚·萨尔蒙切利，他们是来自卢卡的著名流亡者。[73]

70　ASF, Camera del comune, Scrivano di camera uscita 7 fol. 59v.

71　在1350年4月3日的一封信中，该城专门寻求25人组成的"旗帜分队"。ASF, Signori Missive I Cancelleria 10 #145。1350年2月26—27日，佛罗伦萨首次招募的人员中，包含7个由23—26人组成的盾牌兵分队。ASF, balie 6 fols. 36r, 38v, 39v, 60v, 98r.

72　ASF, Camera del comune, Scrivano di camera uscita 9 fol. 19r; balie 6 fol. 97v.

73　关于奥比兹和萨尔蒙切利，参见 Christine Meek, *Lucca 1369-1400: Politics and Society in the Early Renaissance State* (Oxford: Oxford University Press, 1978), pp. 183-184。ASF, balie 6 fol. 91r.

第二次战役期间，佛罗伦萨雇用了来自附近城市卡斯特罗福科尼亚诺和博尔戈圣塞波尔克罗的圭尔夫派贵族。[74] 佛罗伦萨利用德国雇佣兵队长直接招募其他德国雇佣兵队长。[75]

城市官员明确地根据语言（lingua）来部署骑兵。德国雇佣兵在德国分队作战；意大利雇佣兵在意大利分队作战。[76] 通过语言——文件中为"条顿语"（lingua teotonica）——来划定德国人有些令人费解，因为中世纪德语还不是一种标准化的语言，区域差异非常大。[77] 受雇于佛罗伦萨的队长似乎来自神圣罗马帝国的不同地方，和他们分队中的普通士兵一样，这些信息是可以找得到的。

尽管关于这些骑兵来源地的证据显得支离破碎，但也具有启发意义。德国队长约翰·冯·斯特拉斯堡（Johann von Strassburgh，绰号"Strozza"）的名字可能源自他出生的城市斯特拉斯堡。但他手下的两名士兵（他们出现在预算中只是由于他们犯下的罪行）却是"科隆的勒德利希"和"维也纳的鲁尔斯基诺"。[78] 他们来自神圣罗马帝国完全不同的地区，而非来自约翰的家乡。另一位德国队长戈特弗里德·罗埃尔——被认为来自布拉班特，即今天的比利时——和出现在预算上的他手下的几名士兵来自同一个地方。在出生地不详的布尔克哈德·迪·托罗率领的分队中，有一名士兵来自梅斯，另一名来

74　ASF, balie 6 fol. 62r; Cancellaria Missive 10 #117.

75　ASF, balie 6 fols. 52r, 55v.

76　ASF, balie 6 fol. 118r.

77　Lorenz Böninger, *Die Deutsche Einwanderung Nach Florenz Im Spatmittelalter* (Leiden: Brill, 2006).

78　ASF, Camera del comune, camerlenghi uscita 66 fol. 619r; Camera del comune, camer-lenghi entrata 37 fol. 26r.

自科隆。[79] 因而，佛罗伦萨军队中的德国人在构成上是多样的。

虽然佛罗伦萨的雇佣骑兵来自各地，但盾牌兵队长主要来自佛罗伦萨境内（表2.1）。[80] 这个证据很重要，因为步兵依然是佛罗伦萨军中受到误解最多的部分。市政办公室预算给出的是队长的来源地，而非其分队中普通士兵的来源地。这些队长来自佛罗伦萨境内的东西南北各地。许多人被认为来自佛罗伦萨，或该城中的某个教区、某个区，或只是"来自佛罗伦萨"。还有一些人来自市郊，如加卢佐、莱纳亚、佩雷托拉。总之，佛罗伦萨军队中存在本土步兵成分，不管马基雅维利和现代学术的论著多么激烈地反对这一点。[81]

大多数盾牌兵队长来自佛罗伦萨境内的山区地带：皮斯托亚（库蒂利亚诺、卡尔米尼亚诺、佩蒂利奥、拉尔恰诺）和佩夏附近（庞蒂托、梅迪奇纳、维拉巴西利卡、科洛迪）；来自卡森蒂诺（迪科马诺、塞蒂卡、加尔利亚诺、波比、圣戈登佐、罗梅纳、普拉托韦基奥、斯蒂亚、戈雷萨、奥蒂尼亚诺）；以及最主要的是来自上穆杰洛（菲伦佐拉、蒂尔利、维基奥、洛佐尔、蒙特卡雷利、科韦基利奥、巴尔贝利诺）。佛罗伦萨也从卢卡附近地势起伏的加尔法尼亚纳（巴尔加、卡斯蒂廖内、蒙特加鲁洛）招募士兵。

79　ASF, Camera del comune, camerlenghi uscita 70 fol. 42r–42v; Camera del comune, camerlenghi uscita 54 fol. 701v; Scrivano di camer uscita 8 fol. 25r Camera del comune, camerlenghi uscita 37 fol. 25r.

80　ASF, balie 6 fols. 14v–15v; Camera del comune, Scrivano di camera uscita 10 fols. 24v, 58v.

81　William Caferro, "Continuity, Long-Term Service and Permanent Forces: A Reassessment of the Florentine Army in the Fourteenth Century," *Journal of Modern History* 80 (2008), pp. 303–322.

佛罗伦萨似乎有意地寻找那些适宜在亚平宁山区同乌巴尔迪尼家族作战的士兵。从穆杰洛招募士兵似乎也是有意地不让乌巴尔迪尼家族获得兵力。这些证据支持了克里斯·威克姆的论断，即这些高山融入了托斯卡纳城更大的社会-政治世界中。在这里，它们是佛罗伦萨军事-经济部门的一部分。[82] 文献还显示，佛罗伦萨从卢卡和阿雷佐城的周围地区招募一些队长，这使人们思考他们是否是职业士兵，不仅向佛罗伦萨出卖他们的服务，还可能对其他市镇也这么做。我们将在本章后面讨论这一点。

表 2.1　盾牌兵队长来源地，1349—1350 年

（按字母顺序排列）

阿雷佐（Arezzo）	卡斯泰洛城（Città di Castello）
巴尔贝里诺（Barberino）	科洛迪（Collodi）
巴尔加（Barga）	科韦基利奥（Covigliao）
博尔戈·圣洛伦佐（Borgo San Lorenzo）	库蒂利亚诺（Cutigliano）
博尔戈·圣塞波尔克罗（Borgo San Sepolcro）	迪科马诺（Dicomano）
布贾诺（Buggiano）	恩波利（Empoli）
卡马约雷·达·卢卡（Camaiore da Lucca）	卢尼贾纳的菲拉蒂耶拉（Filattiera di Lunigiana）
卡普雷塞（Caprese）	
卡雷吉（Careggi）	菲莱托（Filetto）
卡尔米尼亚诺（Carmignano）	菲伦佐拉（Firenzuola）
卡尔米尼亚诺（Carmignano）	佛罗伦萨（Florence）
加尔法尼亚纳的卡斯蒂廖内（Castiglione di Garfagnana）	富切基奥（Fuccecchio）
	加卢佐（Galuzzo）
塞鲁廖（Cerruglio）	加尔法尼亚纳（Garfagnana）
丘西（Chiusi）	加尔利亚诺（Garliano）
塞蒂卡（Cietica）	戈雷萨（Gressa）

82　Chris Wickham, *The Mountains and the City: The Tuscan Apennines in the Early Middle Ages* (Oxford: Clarendon Press, 1988), pp. 4-6.

续表

伊莫拉（Imola）	普拉托韦基奥（Pratovecchio）
皮斯托亚的拉尔恰诺（Larciano di Pistoia）	罗梅纳（Romena）
莱纳亚（Legnaia）	圣卡夏诺（San Casciano）
洛佐尔（Lozzole）	圣戈登佐（San Godenzo）
卢奇尼亚诺（Lucignano）	佛罗伦萨的圣洛伦佐（San Lorenzo di Firenze）
梅迪奇纳（Medicina）	
格罗塞托的米利亚乔（Migliaccio di Grosseto）	圣米尼亚托阿尔特德斯科（San Miniato al Tedescho）
蒙特卡雷利（Montecarelli）	佛罗伦萨的谢拉吉奥河畔圣皮耶罗（San Piero a Scheraggio di Firenze）
蒙特卡蒂尼（Montecatini）	
蒙特加鲁洛（Montegarullo）	
蒙特瓦尔基（Montevarchi）	锡耶韦河畔圣皮耶罗（San Piero a Sieve）
蒙蒂菲卡利（Montificalli）	
蒙托波利（Montopoli）	坎波的圣皮耶罗（San Piero in Campo）
奥蒂尼亚诺（Ortignano）	
帕西尼亚诺（Passignano）	佛罗伦萨的大圣母堂（Santa Maria Maggiore di Firenze）
佩拉戈（Pelago）	
佩雷托拉（Peretola）	斯蒂亚（Stia）
佩夏（Pescia）	托里格利亚（Torriglia）
佩蒂利奥（Petiglio）	蒂尔利（Tirlì）
皮斯托亚（Pistoia）	乌扎诺（Uzzano）
波比（Poppi）	维基奥（Vicchio）
普拉托（Prato）	维拉巴西利卡（Villa Basilica）

来源：ASF, Camera del comune, Scrivano di camera di uscita 6 fols. 17r–41v; Scrivano di uscita 7 fols. 26v–45v; Scrivano di camera uscita 9 fols. 17r–45r; Scrivano di camera uscita 10 fols. 19r–37r.

佛罗伦萨军中的弩兵队长来自佛罗伦萨境内外。城市官员从卡森蒂诺的比别纳镇雇用了士兵，据安德烈亚·巴卢基的最新研究，这里制造战争用具的金属加工业比较发达。[83] 官员

---

[83] Andrea Barlucchi, "I centri minori delle conche Appenniniche (Casentino e Alta Valtinertina)" in *I centri minori della Toscana nel medioevo*, edited by Giuliano Pinto and Paolo Pirillo (Florence: Leo S. Olschki 2013), pp. 67–74.

们也从摩德纳——位于佛罗伦萨境内的北部地区——和马尔凯东部的卡斯特杜兰特以及东南部的阿雷佐招募弩兵。然而，佛罗伦萨钟爱来自利古里亚（热那亚、萨尔扎纳、斯培西亚）和卢尼贾纳（菲莱托、蓬特雷莫利、卡拉拉）的弩兵。[84] 这些士兵因技艺高超而负有盛名，佛罗伦萨招募他们的方式与招募雇佣骑兵的方式相差无几。该城派出中间人直接招募他们，并支付预付金。在文件中被视为"佛罗伦萨公民"的一名官员保罗·德·内罗在整个第二次战役期间，一直在该地区招募弩兵。[85]

没有证据表明佛罗伦萨像在一个半世纪前（1289年）著名的坎帕尔迪诺战役中所做的那样，在战场上将它的弩兵和盾牌兵仔细地混编在一起。佛罗伦萨雇佣军中有弩兵和盾牌兵组成的"混合"分队，但两者之间似乎没有固定的比例。例如，1349年，在来自卡斯泰洛城的南尼·迪·乔万尼率领的混合分队中，有7名盾牌兵和4名弩兵；在比别纳的阿尼奥洛·万尼率领的分队中，有8名盾牌兵和2名弩兵。[86]

此外，混合分队的规模和形态常常会发生变化。1349年在第一次战役期间，蒂尔利的桑蒂·基亚鲁奇——此人在1350年攻打蒙特盖莫利时负责把守攻城塔——担任一支由12名盾牌兵和3名弩兵构成的混合分队的队长。[87] 然而，在第二次战役之初，基亚鲁奇担任一支由12名盾牌兵并没有弩兵构成的分队的队长。1350年夏，基亚鲁奇再次担任一支混合分队的队长，这

84　ASF, Camera del comune, Scrivano di camera uscita 8 fols. 27v, 33r.

85　ASF, balie 6 fols. 40v, 59r, 76r.

86　ASF, Camera del comune, Scrivano di camera uscita 6 fol. 22v.

87　ASF, Camera del comune, Scrivano di camera uscita 6 fol. 37r.

一次，该分队共有 18 人，其中 6 人是弩兵。[88]

基亚鲁奇本人似乎是个盾牌兵，他把弩兵带到自己的分队。相反，亚科米诺·布拉利是个弩兵，他把盾牌兵带到自己的分队。1349 年第一次战役期间，布拉利率领着一支由 15 人组成的弩兵分队。一年后，1350 年，他的分队成为"混合分队"，其中有 2 名盾牌兵和 14 名弩兵。

连续性、职业军和作为投资者的士兵

关于佛罗伦萨军队的一幅独特景象——正如它事实上出现在反对乌巴尔迪尼家族的战场上那样——出自第二次战役，就在 1350 年 5 月向蒙特盖莫利要塞发起进攻前。[89]

巴利亚记录提供了准备和组织的细节。佛罗伦萨官员把德国雇佣军布置在军队的前列，凭借敢死队（*feditori* 或 wounders）这支突击力量，意欲使他们在战场上一马当先。13 世纪，这一荣耀位置是留给本土士兵的，据说在坎帕尔迪诺战役中，但丁就是他们中的一员。[90] 利用德国人作为敢死队进一步证明了外国雇佣军对佛罗伦萨军队的重要性。其实，巴利亚记录还补充了一句有意思的话：自 1341 年与比萨的战争以来，敢死队一直处在一位勃艮第人乔万尼·德拉·瓦利纳队长的指挥下。[91]

88　ASF, Camera del comune, Scrivano di camera uscita 7 fol. 27v; Scrivano di camera uscita 10 fol. 39v.

89　ASF, balie 6 fols. 68v–69v.

90　ASF, balie 6 fols. 68v, 97v. Caferro, "Continuity, Long-Term Service and Permanent Forces," pp. 230, 303–322. 威利讨论了本土士兵充当敢死队的情形。Waley, "The Army of the Florentine Republic," p. 105.

91　ASF, balie 6 fol. 68v.

1350年，德国队长布尔克哈德·迪·托罗被任命为敢死队队长，并获赠百合花旗（banderia del giglio），这是该城的象征。[92]德国队长雅各布·达·菲奥雷被任命为军队典礼官（marescallo，5月13日），这一职位涉及照看马匹。

巴利亚记录显示，在佛罗伦萨军队中有一支由带"铲子和锄头"的人组成的独立分队，他们的任务是修复和破坏道路。[93]它还有一支由石匠组成的所谓的毁灭者分队（打着毁灭旗，即banderia del guasto），他们负责操作抛石机向乌巴尔迪尼家族的堡垒抛射石弹。[94]这两支分队的规模不得而知。如前所述，这支军队中有一支由474人组成的本土弩兵分队。它还雇有50名骂阵人，他们对敌人做出羞辱和仪式性的侮辱行为。罗伯特·达维德松称，骂阵人是佛罗伦萨社会中最卑微的群体，他们开设妓院、清扫厕所。亚历山德罗·盖拉尔迪指出，14世纪初，这个词更多地用在佛罗伦萨的那些遭受肉刑和劫掠他人的雇工身上。[95]

1350年3月31日，切科·迪·拉涅里·法尔内塞当选战争统帅指挥军队。[96]法尔内塞由三名平民顾问襄助，这三人于4月份得到任命，他们在战略上为他提供建议，并促进军队和城中的巴利亚及执政官之间的沟通。[97]这三名顾问分别是阿尔贝塔

---

92 ASF, balie 6 fols. 68v, 97v.

93 ASF, balie 6 fol. 5v; balie 6 fol. 74r.

94 ASF, balie 6 fol. 69r.

95 Robert Davidsohn, *Storia di Firenze IV I Primordi della civilta fiorentina, part 1 impulsi interni, influssi esterni e cultura politica Florence* (Florence: G. C. Sansoni, 1977), p. 326; Gherardi, "L'Antica camera," pp. 347–348.

96 ASF, balie 6 fols. 63r–63v.

97 对里卡索利、阿尔托维蒂、拉法卡尼的任命是在1350年4月22日。ASF, balie 6 fol. 65r.

乔·迪·梅塞尔·宾达乔·里卡索利、保罗·巴尔迪·德·阿尔托维蒂、乔万尼·马萨伊·拉法卡尼，他们都来自佛罗伦萨与政治存在联系的显赫家族。里卡索利是负责筹建佛罗伦萨大学（想要延揽彼特拉克）委员会中的一员。1349 年 7 月，他还担任圭尔夫派的一名首领，并被小说家弗兰克·萨凯蒂称赞为"一名英勇而有道德的骑士"。[98] 乔万尼·拉法卡尼在 1349 年也是圭尔夫派的一名首领，并担任过几个重要的政府职位，包括圣吉米尼亚诺镇的和平状态守护人。阿尔托维蒂则是沃迪尼沃的牧师。[99]

值得注意的是，佛罗伦萨在 1350 年任命其战争统帅之前，已雇用大部分的骑兵和步兵。因而，统帅在全军中权力很小。他的作用更像是如今的棒球经理，仅限于统领他所获的人马。

此外，1350 年，就在行动前，佛罗伦萨任命军中各个分队的队长。该城保有对这些军官和步兵分队成员的直接控制权，步兵分队的普通士兵会因表现糟糕而被解雇。[100] 然而，骑兵队长握有对其分队成员的直接控制权。

就在行动前，佛罗伦萨解雇铲子队队长巴尔图乔·德利·奥比兹，取代他的是来自博洛尼亚的兰恰洛托·卡恰内米西。战争后期，该城用帕塞罗·旺蒂尔取代骂阵人队长约翰内斯·德·洛亚诺。这或许是因为骂阵人的不当行为，有资料显示，他们在羞辱敌人时做得太过火。[101]

---

98 ASF, Camera del comune, camarlenghi entrata #34 fol. 201v. 由于在 1349 年战争中服役，富豪里卡索利似乎成为"平民"。ASF, Provvisioni, registri 37 fol. 106r. 在萨凯蒂的残缺不全的 novella CCLV 中提到了里卡索利。

99 ASF, Camera del comune, Scrivano di camera entrata 8 fol. 14r; Marzi, *La cancelleria*. p. 680. Camera del comune, camarlenghi entrata 34 fol. 201v.

100 ASF, balie 6 fols. 5v–15v.

101 ASF, CP 1 fol. 17r; balie 6 fol. 74r.

文献资料使得我们可以更进一步地审视这支军队。虽然1349—1350年佛罗伦萨军队的规模和形态发生变化,但它在人员方面有着令人吃惊的连续性——尽管发生瘟疫和人口危机。佛罗伦萨一直存有一个由久经沙场的队长构成的核心群体,并围绕着这些人组建了自己的军队。[102] 许多雇佣骑兵队长先后参加1349年和1350年的战役,包括一些忠诚分子,如敢死队队长、德国人布尔克哈德·迪·托罗;军队典礼官雅各布·达·菲奥雷;攻打蒙特盖莫利时负责把守攻城塔的约翰·多尔尼克;来自卢卡的"圭尔夫派"队长尼诺·德利·奥比兹和安德烈亚·萨尔蒙切利(表2.2)。

表2.2 参加过两次战役的骑兵队长,1349—1350年

士兵	分队类型
雅各布·达·菲奥雷	德国雇佣军
戈特弗里德·罗埃尔	德国雇佣军
布尔克哈德·迪·托罗	德国雇佣军
约翰·斯特拉斯堡	德国雇佣军
约翰·多尔尼克	德国雇佣军
威廉·贝尔蒙特	德国雇佣军
兰贝西翁·德斯特尔	德国雇佣军
爱德华·宾赫尔	德国雇佣军
赫尔曼·韦斯特尼希	德国雇佣军
乌贝托·莫雷斯塔	德国雇佣军
路易吉·布斯西	德国雇佣军
尼科莱托·格兰德	德国雇佣军
阿斯蒂尼乔·莫斯丁布鲁赫骑士	德国雇佣军
格斯基诺·达维沙奇	德国雇佣军
科拉多·因吉尔斯普尔	德国雇佣军
盖拉尔多·夸尔塔罗	德国雇佣军

102　Caferro "Continuity, Long-Term Service and Permanent Forces," pp. 303–322.

续表

士兵	分队类型
尼诺·德利·奥比兹	意大利雇佣军
安德烈亚·萨尔蒙切利	意大利雇佣军

来源：ASF, Camera del comune, Scrivano di camera di uscita 6 fols. 17r–41v; Scrivano di uscita 7 fols. 26v–45v; Scrivano di camera uscita 9 fols. 17r–45r; Scrivano di camera uscita 10 fols. 19r–37r.

  佛罗伦萨没有像学者们宣称的那样在战役结束后解散士兵，而往往是依靠同一批人，并在两次战役中对他们的分队的规模进行调整。约翰·斯特拉斯堡的分队在1349年时有14名骑兵，1350年时增加到20名，这是个足员的旗帜分队。[103] 布尔克哈德·迪·托罗在1349年时率领17名骑兵，之后在1350年时率领一支由20人组成的旗帜分队；乌贝托·莫雷斯塔的手下先是有14人，后来变为25人；盖拉尔多·夸尔塔罗的手下先是有13人，后来变为20人。[104] 雅各布·达·菲奥雷、戈特弗里德·罗埃尔、威廉·贝尔蒙特和阿斯蒂尼乔·莫斯丁布鲁赫的分队在两次战役期间都拥有20名骑兵，来自卢卡的队长奥比兹和萨尔蒙切利率领的分队同样如此。[105]

  这种情况也出现在据说是军中最短命群体的步兵队长身上（表2.3）。利古里亚人、弩兵队长巴尔托洛梅奥·盖拉尔杜奇、阿尼基诺·安德烈奥蒂、弗兰卡雷洛·普奇——他们都来自萨尔扎纳镇——参加了这两次战役。摩德纳的亚科米诺·达·布拉利、比别纳的皮耶罗·贝拉尔迪（Piero Berardi）和其他弩兵队长也是如此。蒂尔利的桑蒂·基亚鲁奇、帕西尼亚诺的雅各

---

103 ASF, Camera del comune, Scrivano di camera uscita 6 fols. 19r, 22r, 24r; Scrivano di camera uscita 7 fols. 26v–45v; Scrivano di camera uscita 10 fols. 19r–37r.

104 ASF, Camera del comune, Scrivano di camera uscita 7 fol. 29r.

105 ASF, Camera del comune, Scrivano di camera uscita 6 fols. 17v, 19r, 25v, 26r; Scrivano di camera uscita 7 fols. 24r–v; Scrivano di camera uscita 8 fols. 17r, 18r, 23v, 18r.

布·"塞尔·梅斯托拉"·凯西斯、佛罗伦萨的弗朗切斯科·"马拉马马"·巴尔托利、皮斯托亚的"普雷特"·福尔蒂尼、佛罗伦萨的桑德罗·德尔·科尔索、格雷萨的弗朗切斯科·斯卡莱、蒙特卡雷利的弗朗切斯科·巴鲁法尔迪、皮斯托亚的菲利波·科尔西尼、莱纳亚的万尼·纳奇、加尔法尼亚纳的托恩·莱米和其他盾牌兵队长一起参加了这两次战役。

68

表 2.3　参加过两次战役的步兵队长，1349—1350 年

士兵 / 来源地	分队类型
阿尔皮努乔·努蒂 / 比别纳	弩兵
巴尔托洛梅奥·盖拉尔杜奇 / 萨尔扎纳	弩兵
阿尼基诺·安德烈奥蒂 / 萨尔扎纳	弩兵
弗兰卡雷洛·普奇 / 萨尔扎纳	弩兵
亚科米诺·达·布拉利 / 摩德纳	弩兵
马泽托·盖拉尔迪尼 / 摩德纳	弩兵
弗朗切斯科·"马拉马马"·巴尔托利 / 佛罗伦萨	盾牌兵
皮耶罗·贝拉尔迪 / 阿雷佐	盾牌兵
托恩·莱米 / 卡斯蒂廖内迪加尔法尼亚纳	盾牌兵
菲利波·科尔西尼 / 皮斯托亚	盾牌兵
万尼·纳奇 / 莱纳亚	盾牌兵
弗朗切斯科·斯卡莱 / 格雷萨	盾牌兵
弗朗切斯科·巴鲁法尔迪 / 蒙特卡雷利	盾牌兵
桑德罗·德尔·科尔索 / 佛罗伦萨	盾牌兵
兰多·瓜斯科尼 / 普拉托韦基奥	盾牌兵
巴尔托洛梅奥·琴尼斯 / 佛罗伦萨	盾牌兵
帕加努乔·佩科尼 / 卢卡	盾牌兵
巴尔杜乔·古乔 / 科洛迪	盾牌兵
科卢乔·瓜尔蒂耶里 / 卡马约雷	盾牌兵
邦多·奥尔苏西 / 佩拉戈	盾牌兵
桑蒂·基亚鲁奇 / 蒂尔利	盾牌兵 / 混合
弗朗切斯科·"普雷特"·福尔蒂尼 / 皮斯托亚	混合

来源：见表 2.2

和骑兵一样，这些队长所率领分队的规模在两场战役中发生了变化。比别纳的阿尔皮努乔·努蒂的弩兵分队在1349年有15名弩兵，之后在1350年变为24名。卡斯蒂廖内的托恩·莱米的盾牌兵分队在1349年由7人构成，在1350年变为10人。[106]

对佛罗伦萨军队的长时段研究不属于本书的内容。但有充分的证据表明，这些队长连续服役的时长远远超出上述的两年时间。[107] 1349—1350年在佛罗伦萨军中服役的雇佣骑兵队长被认为是已为该城效力良久。1350年，身为处于军队前列的敢死队队长布尔克哈德·迪·托罗在1341年首次为佛罗伦萨效力，并继续受雇于佛罗伦萨至少达11年之久。1351年，在与米兰战争期间，他担任佛罗伦萨军队的总司令。[108] 1350年，身为军队典礼官的雅各布·达·菲奥雷也是在1341年开始为佛罗伦萨效力的，约翰·多尔尼克、戈特弗里德·罗埃尔、爱德华·宾赫尔同样如此。他们都参加了1351年佛罗伦萨对米兰的战争。雅各布·达·菲奥雷出现在佛罗伦萨工资单上的时间为14年（1341年，1345—1357年）；戈特弗里德·罗埃尔为18年（1334—1351年）；多尔尼克和宾赫尔至少为10年（1341—1351年）。意大利队长尼诺·德利·奥比兹为佛罗伦萨至少战斗了12年（1347—1358年），德国人赫尔曼·韦斯特尼希为该城效力的时长超过了20年——他一直效力至1380年。[109]

---

106 ASF, Camera del comune, Scrivano di camera uscita 6 fols. 17v, 25v, 26r; Scrivano di camera uscita 7 fol. 24r-v; Scrivano di camera uscita 8 fol. 17r; Scrivano di camera uscita 10 fol. 30v.

107 关于14世纪佛罗伦萨军队的连续性，参见 Caferro "Continuity, Long-Term Service and Permanent Forces," pp. 303-322。

108 ASF, Signori Missive I Cancelleria 10 #2, 3.

109 Caferro, "Continuity, Long-Term Service and Permanent Forces," pp. 229-230.

第 2 章 战争实践和佛罗伦萨军队

盾牌兵队长和弩兵队长同样如此。弗朗切斯科·"马拉马马"·巴尔托利为佛罗伦萨至少效力了 15 年（1348—1369 年），在此期间，他参加过对米兰（1351 年）、对比萨（1362—1364 年）和 1369 年再次对米兰的战争。[110] 比别纳的阿尔皮努乔·努蒂、蒂尔利的桑蒂·基亚鲁奇、格雷萨的弗朗切斯科·斯卡莱、卢卡的帕加努乔·佩科尼、科洛迪的巴尔杜乔·古乔、摩德纳的亚科米诺·布拉利、莱纳亚的万尼·纳奇等队长作为佛罗伦萨军中的服役人员，在 1348 年，即乌巴尔迪尼战争之前，都出现在《共和国杂记》（#120）的预算中。[111] 这些人很可能在此前和此后都在佛罗伦萨军中服役。[112]

佛罗伦萨军中无疑存在士兵重大变动的情况。公共预算并没有列出队长以下的人员名单，这或许是为了掩盖普通士兵重大变动的情况。但显然，佛罗伦萨并没有在每次战役后重新组建军队，认为佛罗伦萨在每次战役后重新组建军队的观点尽管流行（军事历史长久以来扎根其中），但它却毫无道理。佛罗伦萨依靠的是由它所信赖的、长久地为其效力的职业队长组成的核心群体——或许其规模相对较小，但不可或缺。

其实，编年史家斯特凡尼清楚地展示了步兵队长的军事技能，他对这些人在 1351 年与米兰战争期间的表现做了颇具说服力、在很大程度上被人忽视的描述。斯特凡尼称赞佛罗伦萨步兵对斯卡尔佩里亚——1349/1350 年，它是军事行动的焦点——的英勇防御。斯特凡尼称步兵是"世上……最优秀之人"，并指出他们得到的"奖赏和荣耀……就像今天骑士被光荣地授予

110　Caferro, "Continuity, Long-Term Service and Permanent Forces," pp. 233-236.
111　ASF, Miscellenea repubblicana 120 #2, 3.
112　ASF, Miscellenea repubblicana 120 #3.

金马刺"。¹¹³ 他列出步兵队长的名字，其中有弗朗切斯科·"马拉马马"·巴尔托利、马蒂诺·"博舍雷吉奥"·丹迪、"普雷特"·福尔蒂尼、桑德罗·德·科尔索，他们在乌巴尔迪尼战争中都担任队长。¹¹⁴

强调步兵的技能很重要。学术论著仅称他们为"一群人"，这个词经常出现在意大利的编年史中。然而，1351年的英雄"坏马马"（"Bad Mamma"）·巴尔托利和斯特凡尼笔下的另一名英雄马蒂诺·丹迪以及"塞尔·梅斯托拉"（"傻瓜"）·凯西斯在1350年反对乌巴尔迪尼家族的战役中，处在同一个战斗单位。¹¹⁵ 巴利亚记录清楚地表明，他们是被特别地征募到一起组成一个战斗单位的，除他们之外，还有另外三名队长：巴尔托洛梅奥·琴尼斯、科洛迪的皮耶罗、奎达洛托·里古奇。这支队伍在1350年因表现优异而获得奖金。¹¹⁶ 除了战斗技能之外，他们之间并无联系。这些队长来自佛罗伦萨境内的各个地方："坏马马"来自佛罗伦萨、"傻瓜"来自帕西尼亚诺、丹迪来自圣卡夏诺（该城的南部）、巴尔托洛梅奥·琴尼斯来自蒙特卡雷利（穆杰洛地区，该城北部）、科洛迪的皮耶罗来自佩夏（沃迪尼沃平原，该城西部）、奎达洛托·里古奇来自蒙蒂菲卡利（锡耶纳附近的基安蒂地区，佛罗伦萨东南，紧邻格雷夫）。¹¹⁷

从斯特凡尼的描述来看，最合理的结论是这些队长是职

113　Marchionne di Coppo Stefani, *Cronaca Fiorentina*, edited by N. Rodolico, in *Rerum Italicarum scriptores: Raccolta di Storici Italiani dal cinquecento al millecinquecento*, edited by L. A. Muratori (Città di Castello: S. Lapi, 1910), pp. 238–239.

114　Stefani, *Cronaca Fiorentina*, p. 239.

115　ASF, Camera del comune, Scrivano di camera uscita 7 fol. 47r.

116　ASF, Camera del comune, Scrivano di camera uscita 10 fol. 28r.

117　ASF, balie 6 fols. 8r, 14v–15v, 36r 39v; Camera del comune, Scrivano di camera uscita 10 fols. 24v, 58v.

业军人，并且还是广为人知的职业军人。其实，这种名声或许引起薄伽丘的注意，因为他在《十日谈》和《大鸦》中使用了"塞尔·梅斯托拉"一词。

但佛罗伦萨与其步兵的关系存在更引人注目之处。文件中出现的一些队长还是佛罗伦萨公债（monte）债券（azioni）持有者，在佛罗伦萨境内扮演投资者的角色，这种联系与他们的职业特性是相悖的。[118] 尽管证据支离破碎，但在1345年（发行公债的这一年），公债债券持有者中有比别纳的阿尔皮努乔·努蒂、摩德纳的亚科米诺·布拉利、萨尔扎纳的弗兰卡雷洛·普奇等弩兵队长，以及莱纳亚的万尼·纳奇、卡马约雷的科卢乔·瓜尔蒂耶里、皮斯托亚的菲利波·科尔西尼等盾牌兵队长。[119] 所有这些人都曾和佛罗伦萨并肩作战，对抗乌巴尔迪尼家族。

这种经济关系或许可以解释为什么他们愿意长时间地服役。他们与该城的经济命运紧密相连。并且，他们的投资规模显然更可观。万尼·纳奇，这个在1349年、1350年担任一支分别含有7名和11名盾牌兵的小型"混合"分队的队长，在1345年持有的债券价值787里拉。[120] 鉴于从表面上看他在战争中扮演

---

[118] Roberto Barducci, "Politica e speculazione finanziaria a Firenze dopo la crisi del primo Trecento(1343-1358)," *Archivio Storico Italiano* 137, no 2 (1979), pp. 202-203. 巴尔杜齐（Barducci）引用的是 Notarile Antecosmiano 570 #56-69, 如今是 Notarile antecosmiano 5473 #56-70。公债投资者名单中还包括三名长号手，他们是尼科洛·阿尤迪（Niccolo Aiuti），被称作先知的梅利尼的老师尼科洛（Nicholo vocatus profeta olim magister Merlini），以及帕尼奥·贝尔蒂尼（Pagno Bertini）。ASF，Notarile antecosmiano 5473 #56-69.

[119] ASF, Notarile antecosmiano 5473 #56, #63, #64; Camera del comune, Scrivano di camera entrata 8 fols. 28v, 27r, 30r.

[120] ASF, Notarile antecosmiano 5473 #64.

的次要角色，以及微薄的薪俸、卑微的职业地位，这一数额是相当惊人的。同样地，来自比别纳的弩兵队长阿尔皮努乔·努蒂持有的债券价值747里拉；佛罗伦萨欠来自萨尔扎纳的弩兵队长弗兰卡雷洛·普奇663里拉。[121]

这种投资很可能较为普遍，值得学者们深入细致地研究。1345年的公债登记表中还列出更多没有在1349—1350年为佛罗伦萨而战的士兵的名字，但他们却是公债债券持有者。他们包括来自热那亚的弩兵队长弗朗切斯科·迪·乔万尼、来自蒙特圣萨维诺的盾牌兵队长贝尔托·贝莱兹，以及来自帕尼卡莱的弩兵队长西莫内利·乔万尼。[122]

非常清楚的是，佛罗伦萨步兵与学者们对它的理解截然不同。朱塞佩·卡内斯特里尼称，14世纪意大利的步兵是一群"无组织的"人，他们"一次只服役几天"。F. L. 泰勒称他们"广受鄙视"，菲利普·孔塔米纳称，较为笼统地说，在欧洲，他们"几乎没有合理的组织"。[123]佛罗伦萨的情况并非如此，即便在瘟疫暴发不久后的混乱时期。本国的叙述并不缺乏，1350年招募步兵的巴利亚称他们"正直可靠、娴于战事"（probos viros in armis expertis），这种表示敬意的语言同样用于描述骑兵。[124]这或许是客套话，但通过对士兵行为的观察，这一表述似乎并无不妥之处。[125]

121　ASF, Notarile antecosmiano 5473 #63, 64.

122　ASF, Notarile antecosmiano 5473 #63, 60.

123　Canestrini, "Documenti," p. cvii; F. L. Taylor, *The Art of War in Italy, 1494-1529* (Westport, CT: Greenwood Press, 1921), p. 5; Philippe Contamine, *War in the Middle Ages*, trans. Michael Jones (Oxford: Blackwell Publishing, 1980), p. 170.

124　ASF, balie 6 fols. 36r, 38v, 39v.

125　ASF, Camera del comune, Scrivano di camera uscita 10 fols. 17r-18r; Scrivano di camera uscita 9 fol. 31v.

正如我们所见，佛罗伦萨从国外招募一些盾牌兵队长，这引发如下问题：除众所周知的雇佣骑兵市场之外，是否还存在一个职业步兵市场？来自卢卡、作为盾牌兵队长而被记录下来的帕加努乔·佩科尼是个耐人寻味的人物。在1349年第一次战役中，他手下有9个人。但在第二次战役中，佛罗伦萨官员提拔他为军队教官（*istrutore*），同样被授予该头衔的还有意大利的骑兵队长安德烈亚·萨尔蒙切利和乔万尼·孔特·德·美第奇。[126] 虽然我们尚不清楚佩科尼的职责是什么，但他或许扮演着监管的角色，并且有资料显示，帕加努乔的薪水很高。帕加努乔当时已不仅仅是个盾牌兵队长，他的例子表明，在步兵阶层中至少存在变动，对更具技能、更受信任的士兵来说，有提拔的空间。[127]

这一点不应被夸大。来自佛罗伦萨境外的盾牌兵数量似乎相对较少。并且，我们需要知道的是，佛罗伦萨的预算并未给出普通士兵的来源地。尽管与骑兵有相似之处，但佛罗伦萨保有对步兵分队人员的直接控制权，而把对骑兵分队人员的直接控制权交给骑兵队长。[128] 此外，步兵分队中包含学徒（*ragazzini*）；骑兵分队中则没有。在1350年战役的最后一个月中，佛罗伦萨官员雇用一些看起来不是职业士兵的步兵队长。市政办公室预算显示，他们中有面包师（*fornaio*）雅各布·迪·纳多、磨坊主（*mugnaio*）巴尔托洛梅奥·古阿达尼（Bartolomeo Ghuadagni）、金属加工工人（*chalderaio*）圭多·佩齐尼、渔夫（*pescaioulo*）

126　ASF, Camera del comune, Scrivano di camera uscita 7 fols. 28v–29r; Scrivano di camera uscita 10 fol. 26r.

127　他在这个职位上每天可赚 1 弗罗林。ASF, balie 8 fol. 2v.

128　ASF, balie 6 fols. 5v, 15v.

圭多·迪·乔万尼。他们每人都指挥一支由 10 人组成的盾牌兵分队。[129]

战争的组织：后勤、物资和人员

除了对军队投入大量精力外，佛罗伦萨还投入大量精力给其在战场上的军队提供给养。1350 年的巴利亚记录在开篇中明确地说，它存在的理由是为军队提供"充足的给养和所需的一切"。[130] 这不仅涉及采购粮食、物资和武器，还涉及集结一支非战斗人员的劳动大军，其中包括给战场上的军队提供帮助的间谍、工匠、信使、运输者、军队督察员和发薪员。这支劳动大军规模庞大，各部门之间关系错综复杂。根据文献得知，为逃避敌人的侦查，向军队运输物资往往是在夜间进行的，这让这项任务变得更为困难。

我们可以通过巴利亚记录仔细观察佛罗伦萨的战争组织工作。[131] 第一项举措（在拨款招募军队并偿还银行家为他们垫付的钱款后）是从该城的每个区聘请四名"顾问"/"平民专家"监督物资的采购。[132] 这些顾问都是有影响力的商人，其中包括薄伽丘的朋友弗朗切斯科·德·本尼诺和雅各布·迪·多纳托·阿齐亚约利，后者和彼特拉克的伙伴尼科洛·阿齐亚约利

129　ASF, Camera del comune, Scrivano di camera entrata 7 fols. 25r–27r.

130　ASF, balie 6 fol. 2r. 关于后勤和物资的初步讨论，参见 William Caferro, "Military Enterprise in Florence at the Time of the Black Death, 1349–50"。In *War, Entrepreneurs, and the State in Europe and the Mediterranean, 1300–1800*, edited by Jeff Fynn-Paul (Leiden: Brill, 2014), pp. 15–31。

131　ASF, balie 7 fol. 33r.

132　ASF, balie 6 fol. 58v.

是兄弟。他们向军需处提供"咨询"。军需处为他支付日俸，并报销他的花费。我们尚不清楚这些顾问是否直接向军需处出售物资，或是使它从其他商人那里购买。随着战争的继续，该城增设更多的顾问，其中包括贝尔纳多·阿尔丁杰利，这是个在交战区域有先前经验的著名商人。1332 年，阿尔丁杰利协助监督菲伦佐拉的一座要塞的建造。[133]

佛罗伦萨官员还任命乔内托·焦文基·德·巴斯塔里和西尔韦斯特罗·迪·阿多瓦尔迪·贝尔弗雷迪这两人专门负责对战争行动的大本营斯卡尔佩里亚镇的物资供应。他们在工作中都得到两名助理的协助，至于助理的明确职责，我们尚不清楚。[134]佛罗伦萨还任命一名"管理员"（弗朗切斯科·迪·皮耶里·迪·里奇）来监督该镇的粮食供应，这些粮食储藏在属于"塔诺的妻子泰萨"的一栋房屋中。一名受聘的公证人（塞尔·利波·德·戈雷扎诺）负责记录物资的所有流入和流出情况。[135]

就在军队向蒙特盖莫利进发前（1350 年 5 月 7 日），佛罗伦萨任命克里斯托凡诺·博宁斯特拉德和多梅尼科·迪·桑德罗·多尼尼随军监督物资供应。[136] 这项任命值得注意，因为他们的财务账目留存了下来（balie 7）。这些账目显示，从 1350 年 5 月末至 7 月，他们向军队分发面包、大麦和粒粒面。[137] 他们还向四处纵火和从战场上捡拾弩箭的骂阵人支付薪水。

运输物资的重要工作被托付给运输工（vetturali）和骡

133　ASF, balie 6 fols. 6v, 70r, 75r.

134　反过来每名助理有两个仆人。ASF, balie 6 fols. 7r, 71v; balie 7 fols. 32v, 75v, 88r.

135　ASF, balie 6 fols. 24r, 89v.

136　ASF, balie 6 fols. 4v, 68r.

137　ASF, balie 7 fols. 1r–3v, 29r–30v, 32r–36v, 64r–64v.

（mulattieri）。由于目前缺乏相关研究，这支劳动力队伍规模似乎很大，至少由28人构成——根据姓或绰号来识别。他们的任务持续几天至几周。[138] 他们按日取酬，薪酬数额取决于他们使用的驮畜类型。使用骡运输一天可得19索尔多；使用驴运输一天可得10索尔多，差不多是前者的一半。运输工通常使用多种驮畜。其中一人，只知道叫"保罗"，在1350年7月2日这天使用五头骡和一头驴来运输物资。另一位被称作"弗朗切斯科"的人使用两头骡和一头驴。尼古拉奥和皮耶罗使用六头骡和一匹马。我们不清楚用马运输的价格，但似乎要更贵。运输工的来源地被列出来，有几人来自佛罗伦萨之外的地方，其中大多来自博洛尼亚，特别是沿边境受雇的人。[139]

物资的运输和在斯卡尔佩里亚开展的活动是同步进行的，该城集结了一批工匠以建造抛石机和攻城塔。[140] 像战场上的"顾问"一样，斯卡尔佩里亚的工匠在战役一开始就被招募了。马基雅维利有力地指出他们在战争中的重要性，他在他的《战争的艺术》中把"那些精通技术的人（铁匠、木匠、蹄铁匠、石匠）"置于军事人员阶层中高位，仅低于最重要的公民步兵。[141] 1350年4月6日，佛罗伦萨招募27名石匠，其中四人是工匠师傅，他们每人有一名助手（discepolo）。[142] 四天后，该城又增加

138　ASF, balie 6 fols. 95r-96r.

139　ASF, balie 6 fol. 95r, 96v.

140　ASF, balie 7 fol. 32v; balie 6 fols. 4r-11v.

141　Machiavelli, *The Art of War*, translated by Christopher Lynch (Chicago, IL: University of Chicago Press, 2003), p. 26.

142　ASF, balie 6 fols. 9r, 51r-51v. 这些工人都被称为石木匠。根据戈德思韦特的说法，笔者称他们为石匠。Richard A. Goldthwaite, *The Building of Renaissance Florence* (Baltimore, MD: Johns Hopkins University Press, 1980), pp. 436-437. 也见 Sergio Tognetti, "Prezzi e salari nella Firenze tardo medievale: un profile," *Archivio storico italiano* 153 (1995), pp. 302-304。

六名锯工（*segatori*）、六名木匠、两名铁匠，这使得斯卡尔佩里亚的工匠（*maestri*）总数达到 44 人。[143] 然而，该数字处在变动之中，因为这些工匠，特别是石匠师傅，会随军出战并效力于他们所建造的那种器械。[144]

斯卡尔佩里亚的这支劳动队伍是被精心组织起来的。官员们安排一位专门的公证人塞尔·卢切·普奇把所有工人登记入册，并安排一名工头鲁斯蒂科·莱米协调他们的活动。那四名石匠师傅专门负责"抛掷石弹"（*ad prohiciendi lapides*）的机器。鲁福·盖拉尔迪和弗朗切斯科·内里两名匠人负责制造木轮，以将抛石机和野战防御工事运到战场上。[145] 铁匠米凯莱·万尼单独负责打磨建造抛石机的工具。[146] 公证人塞尔·圭尔福·迪·弗朗切斯科记下工匠们使用的所有材料。[147] 就在向蒙特盖莫利进发前，佛罗伦萨又增加两名工头以加快攻城塔和抛石机的建造。[148]

斯卡尔佩里亚和战场之间存在稳定的人员和物资流动。负责建造抛石机的一名工匠师傅里斯托罗·迪·乔内在 5 月随军来到战场，担任毁灭者分队的队长。他参加了进攻蒙特盖莫利的战斗。工匠师傅斯特凡诺·普奇（Stefano Pucci）和尤斯托·巴尔托利在 7 月初随军出征，负责监督摧毁位于勒皮亚尼奥尔的那座堡垒的城墙。[149] 到这里后，另外两名石匠尼科洛·帕

143　ASF, balie 6 fols. 8v; 56v–57r, 58r.
144　ASF, balie 6 fol. 70v. 5 月 14 日这天，巴利亚列出在斯卡尔佩里亚的 39 名工匠（其中两人是带有助手的铁匠）。ASF, balie fols. 6r–8v, 21r–23r.
145　ASF, balie 6 fols. 23r, 61r.
146　ASF, balie 6 fol. 8v.
147　ASF, balie 6 fol. 66r.
148　ASF, balie 6 fol. 74v.
149　ASF, balie 6 fols. 22r, 74v.

尼和托恩·科尔西加入他们，这两人也曾在斯卡尔佩里亚工作过。

巴利亚记录提供了一份在斯卡尔佩里亚为战争准备的物资清单（第3章）。该城购入紫罗兰（sinopie）以设计其战争器械的草图，并购入大量大麻和铁以制造它们。[150] 它还购置木材、钢材、煤、蜡、锁定器、钉子、楔子、铃铛、铲子、提灯、斧头、锥子、解剖刀和剪刀等物品。[151] 这些东西购自商人和工匠，他们的名字已被列出来（表2.4）。香料商（speziale）弗朗切斯科·科尔西尼向该城出售碳和紫罗兰；绳索制造商（funaiolo）乔万尼·努蒂提供了大麻；铁匠托里诺·迪尼、巴尔托洛梅奥·乔万尼、阿兹诺·瓜尔贝蒂和米凯莱·万尼出售钉子、铁丝、铃铛、刀具和剪刀。[152] 另一名铁匠弗拉西内洛·科尔西尼出售煤和蜡。

表 2.4　战争物资供应商，1350 年

姓名（职业）	货物
米凯莱·纳尔迪（布商）	弩
巴尔托洛·拉皮（布商）	弩
乔万尼·努蒂（绳索制造商）	大麻
朱多托·琴尼（绳索制造商）	大麻
阿兹诺·瓜尔贝蒂（铁匠）	刀具
托里诺·迪尼（铁匠）	铁丝
巴尔托洛梅奥·乔万尼（铁匠）	铁、铁丝、钢
弗朗西斯科·科尔西尼（香料商）	紫罗兰／铁丝
弗拉西内洛·科尔西尼（铁匠）	煤、蜡
洛蒂诺·洛蒂	钉子、铁丝

150　ASF, balie 6 fol. 4r.

151　ASF, balie 6 fols. 4r, 11v, 93r.

152　ASF, balie 6 fols. 9r, 108v, 114r.

续表

姓名（职业）	货物
多纳托（铁匠）	钉子
弗朗西斯科·贝奇	提灯
乔万尼·瓜斯科利（铁匠）	木材
多米涅·卡利	煤
菲利波·万尼（石匠师傅）	木材/提灯

来源：ASF, balie 6 fols. 4r, 8v, 9r, 23r, 58r, 90v, 93r, 108v.

  这些供应商大多数是来自斯卡尔佩里亚周围和穆杰洛的本地人（第3章）。一些人同时还是斯卡尔佩里亚的工匠。在斯卡尔佩里亚工作的铁匠弗拉西内洛·科尔西尼，除了向该城提供劳动外，还向它出售煤和蜡。[153] 斯卡尔佩里亚的另一名铁匠阿兹诺·瓜尔贝蒂出售刀具。[154] 在斯卡尔佩里亚建造抛石机的石匠师傅菲利波·万尼出售木材和铁提灯。[155]

  佛罗伦萨的这支劳动大军还有许多其他人员。该城招募有信使（cursori）以携带信件来往于战场、有间谍和侦察员以探知敌人秘密、有乐手以使军队在战场上做到行动协调并在庆祝时演奏助兴、有军队督察员（rassegnatori）以对军中和要塞中的人员做出评定、有发薪员以向士兵发放薪水，并至少招募有一名医生安德烈亚·巴尔托利，他随军行动并用油帮助治疗创伤。[156] 这支劳动大军的人数超过100人。

  军队督察员执行检查所有公共部队和要塞司令的重要任务。他们要确保这些人武装到位、服从命令，以及他们的装备达到雇用时商定的标准。督察员对不足之处（如使用劣质装备）做

---

153 ASF, balie 6 fol. 22r.

154 ASF, balie 6 108r, 114r.

155 ASF, balie 6 fols. 4r, 10v, 23r, 71r.

156 ASF, balie 6 fol. 109v.

出处罚,并对使用劣马(*cavalli scritti a mezzana stima*)和其他违规行为进行罚款。这种检查(*mostre*)在契约办公室的监督下每月开展一次,每次持续几天,有时是整整一周,如 1349 年 6 月在动员前对军队的那次检查。[157] 鉴于这项工作的特殊性质,任一时期现役督察员的总数都难以确定。预算显示,1349 年 7 月,佛罗伦萨雇用了六对人,其中一人是负责记录马匹和所有装备详情的公证人。督察员会被派往佛罗伦萨全境,对士兵和所有公共要塞的护卫军进行检查。[158]

发薪员是个更为模糊的群体。他们的作用很重要,但他们的活动很少出现在文献中。其实,向士兵发放薪水的整个机制是战争中鲜为人知的一个方面。预算清楚地表明没有特定的雇员负责这项任务。每名雇佣骑兵队长都有一名代理人(*procuratore*)。代理人似乎充任这些队长和国家之间的中间人,他们的职责很可能涉及向士兵发放薪水。公证人塞尔·博纳尤托·森西是名代理人,安德烈·乔万尼也是,他的名字和德国及意大利骑兵的名字经常一起出现在预算中。[159]1349 年 6 月,乔万尼前往穆杰洛地区"高耸的阿尔卑斯山"向士兵发放薪水。[160] 巴利亚记录还提到另外几人——富裕的公民,有管钱的经验——担任士兵和非战斗人员的发薪员。1350 年 8 月,这些人中有契约办公室的总管尼科洛·迪·梅塞尔·本西维尼和银行家马内托·塞尔·里查迪,后者亲自到穆杰洛给各类工人发放工资。此外,巴利亚的两名官员西蒙尼·兰迪·迪·莱乔和塞尔·普契尼·塞尔·拉皮,以及在斯卡尔佩里亚负责物资供应

157　ASF, balie 6 fol. 17r.

158　ASF, Camera del comune, Scrivano di camera uscita 10 fols. 20v, 35v, 56v.

159　ASF, balie 6 fols. 75v, 88r, 91r–91v, 104v.

160　ASF, Camera del comune, camarlenghi uscita 55 fol. 574r.

的两名"顾问"西尔韦斯特罗·迪·阿多瓦尔迪·贝尔弗雷迪和乔内托·焦文基·德·巴斯塔里也给士兵发放薪水。[161] 与此同时,军需处的一名官员(乌古乔内·博尼塞涅·盖拉尔迪)在1350年5月前往斯卡尔佩里亚专门给那里的运输工发放工资。[162] 市政办公室的两名会计西莫内·拉比·舒蒂玑和斯皮内洛·迪·卢卡·阿尔贝蒂在1350年夏的不同时间给士兵发放薪水。[163]

非战斗人员这支劳动力队伍中最大的群体是负责信息流通的人。佛罗伦萨通过各种渠道获取信息。[164] 它雇用负责在城市官员和军队之间传递信件的信使。在1350年5月至9月的短暂时期内,巴利亚记录中包含111个单独的信使条目![165] 这些条目给人以一种这场战役的律动感。就在向蒙特盖莫利发起进攻前的1350年5月,佛罗伦萨派出29名信使,接着,在占领该要塞后,从这里向斯卡尔佩里亚和佛罗伦萨派出13名信使。[166] 大多数人是在6月被招募的,这是军队向前进发的关键时期。

像运输工一样,信使是以姓或绰号出现在文件中的。他们的工作似乎得以专门化。例如,被称作"蒂尼亚"的一名信使专门给战争统帅送信。另一名叫"坎波利诺"的信使负责把巴利亚成员的信带给马吉纳尔多·乌巴尔迪尼。与运输工不一样

161　ASF, balie 6 fols. 2r, 34r.

162　ASF, balie 6 fol. 77r.

163　ASF, balie 6 fols. 84v, 107r, 114v.

164　关于间谍和提供信息者,参见 Gherardi, "L'antica camera," pp. 329-330; Caferro, *John Hawkwood*, pp. 81-82.

165　1350年6月30日,关于信使的有32条,9月22日又有37条。ASF, balie 6 fols. 85v-86r, 113r.

166　ASF, balie 7 fol. 33v; balie 6 fol. 43r.

的是，信使并非按日计酬，而是根据他们每次担负的任务而获取酬劳。正如我们将在第 5 章对此进一步探讨的那样，这一报酬考虑到任务的困难和危险。[167]

负责探知敌人秘密的间谍和其他情报人员的工作更为隐蔽，但同等重要。佛罗伦萨有一张组织严密的情报网。[168]然而，对这一情报网的正确解读受制于混乱的术语。他们在资料中被交替称作（报信人、信使、侦察员、间谍）（*nuntio, messo, esploratore, spia*）。这些术语经常互换使用。1349 年乌巴尔迪尼战争初期受雇于佛罗伦萨的亚科皮诺·达·佩内罗洛在一处被称作信使兼间谍，而在另一处被称作报信人兼侦察员。[169]斯特凡诺·阿里吉起初被称作报信人，后来被称作间谍。[170]

然而，文件透露出一种基本的区别。侦察员似乎主要是被招募过来执行短期任务的，并按日取酬；他们的行动受到市政办公室的监督。间谍是被招募过来执行长期任务的，并按月取酬；他们的行动受到契约办公室的监督。[171]间谍的活动范围很广。1349 年 5 月，作为信使兼间谍的亚科皮诺·达·佩内罗洛在普利亚、罗马、斯基亚沃尼亚和伦巴第执行首次任务。1350 年，作为报信人兼侦察员的他在佛罗伦萨和罗马涅执行另一次任务。[172]1350 年，由于该城与安茹王朝之间的战争正在进行，

167　ASF, balie 7 fols. 33r–33v.

168　Davidsohn, *Storia di Firenze*, vol. 1, part V, pp. 207–210.

169　ASF, Camera del comune, Scrivano di camera uscita 6 fol. 26r; Camera del comune, camarlenghi uscita 54 fol. 716r.

170　ASF, Camera del comune, camarlenghi uscita 52 fol. 264r.

171　ASF, Camera del comune, Scrivano di camera uscita 7 fol. 55r; balie 6 fols. 74r, 80v.

172　ASF, Camera del comune, Scrivano di camera uscita 6 fol. 26r.

弗朗切斯科·迪·乔万尼去普利亚和那不勒斯"打探消息",与此同时,乔万尼·佩特里去米兰和伦巴第打探消息。[173] 这种用不同词语称呼那些打探消息的人的做法表明,中世纪佛罗伦萨的间谍活动是由大量正式和非正式官员完成的。这项任务显然充满危险。斯特凡诺·阿里吉在罗马涅被当时与佛罗伦萨不和的乌巴尔迪尼家族成员逮捕,他们一颗颗地拔掉他的牙齿折磨他。[174]

最后,我们有必要把随军作战的乐手视为佛罗伦萨军事人员的一部分。但丁在《地狱篇》第二十二歌的开篇描述了一幅令人浮想联翩的画面:"骑士开拔……伴着小号声、铃铛声、击鼓声"(《地狱篇》第二十二歌,第1—7行)。马基雅维利强调音乐在协调军队行动和提升战斗精神方面的作用。"正如舞者和着音乐节拍起舞那样……听着音乐声的军队不会混乱。"[175] 巴黎作家约翰内斯·德·格罗凯奥(Johannes de Grocheio)强调战争中小号和鼓的情感影响,称这些乐器"使人精神焕发"。[176]

佛罗伦萨军队的指挥官在个人分队中拥有乐手。在第一次战役中,领导佛罗伦萨军队的尼科洛·德拉·塞拉在他的分队中拥有一名长号手(*trombatore*,乐手用一种又直又长的号,有4.5至5英尺长)、一名小号手(*trombetta*)和一名定音鼓手(*nacherino*)。在1349年6月战争爆发之初,佛罗伦萨

---

173 ASF, Camera del comune, Scrivano di camera uscita 7 fol. 55r; Camera del comune, camarlenghi entrata 34 fol. 197r; Scrivano di camera uscita 5 fol. 35v.

174 Cohn, *Florentine State*, pp. 176–177.

175 Machiavelli, *Art of War*, p. 57.

176 Timothy McGee, *The Ceremonial Musicians of Late Medieval Florence* (Bloomington, IN: Indiana University Press, 2009), p. 45.

又给尼科洛派去五名乐手，其中包括三名长号手、一名双簧管演奏手（*cenamellaio*）和一名铃鼓手（*tamburino*）。[177] 1350年5月，在向蒙特盖莫利发起进攻前，城市官员向战争统帅派去两名长号手（盖蒂诺·图雷和弗朗切斯科·安德烈）和一名定音鼓手（贝托·瓦努奇），而他的分队中已有一名长号手、一名小号手和一名定音鼓手。1350年7月初，该城又向军队派去三名乐手。[178] 8月，最初受雇在公共庆祝活动和典礼上演奏的佛罗伦萨的九名城市乐手，全部追随战争统帅来到穆杰洛。[179]

文献资料中并未言明这些乐手是如何被有效利用的，以及他们使用什么信号，或者这些信号是如何影响军队行动的。无论乐手在战场上扮演什么角色，他们都可能是心理战的一部分，或许，他们在乌巴尔迪尼家族要塞前的演奏是和骂阵人做出的羞辱行为一起进行的。这是14世纪战争中的一种基本战术，1362—1364年，佛罗伦萨在与比萨的战役中对此用得最显著。号手们在城门前彻夜大声吹号以折磨敌人。[180] 1350年6月，从乌巴尔迪尼家族手中夺取蒙特科洛雷托和洛佐尔后，佛罗伦萨向军队派去几名长号手和一名定音鼓手，此举似乎是为了举行盛大的庆祝活动。这些乐手在蒙特科洛雷托得到大批政府官员的接见，其中包括军需处总管、市长、市政办公室的两名"管

177　ASF, Camera del comune, Scrivano di camera uscita 6 fols. 2r–2v; Timothy McGee, "Dinner Music for the Florentine Signoria, 1350–1450," *Speculum* 74 (1999), pp. 95–114 和 *Ceremonial Musicians of Late Medieval Florence*, pp. 44–62。

178　ASF, Camera del comune, Scrivano di camera uscita 6 fol. 2v; ASF, balie 6 fols. 74v, 93r.

179　ASF, Camera del comune, Scrivano di camera uscita 10 fol. 4r.

180　Caferro, *John Hawkwood*, pp. 99–100.

理员"（弗朗切斯科·塔伦蒂和米乔·博纳尼），以及巴利亚的两名成员（贝尔纳多·尼罗佐·阿尔贝蒂和尼科洛·迪·本西维尼）。[181] 在当时奇特的战争实践中，一方庆祝意味着另一方受辱。[182]

"军事"与"和平"领域

最后一个事例既凸显出佛罗伦萨官员的高度流动性，也凸显出该城军事和非军事领域之间的模糊界限。佛罗伦萨的官员并非是那种现代的、安处一地的官员。市财政官和重要的公共官员来到战场直接参与军事事务。他们接着回到城中同执政官们会面并参加行政会议。契约办公室的总管尼科洛·马拉戈内莱（Niccolò Malagonelle）在1350年6月1日至15日随军出征达两周之久，与他同行的是军需处总管、牧师菲利波·迪尼（Filippo Dini）。[183] 1350年7月，随着军队越来越深入地挺进乌巴尔迪尼家族的土地，巴利亚的两名成员弗朗切斯科·布鲁内莱斯基和阿纳尔多·阿尔托维蒂（此人在1349年7月还是圭尔夫派的一名首领）来到军中料理事务。[184] 布鲁内莱斯基和阿尔托维蒂后来回到佛罗伦萨参加当月月底召开的讨论局势的行政会议。

对于瘟疫后的佛罗伦萨来说，在军事和非军事领域之间划清界限同样是不合时宜的。佛罗伦萨没有今天所理解的那种

181　ASF, Camera del comune, Scrivano di camera uscita 9 fols. 3v–4v.

182　Davidsohn, *Storia di Firenze*, vol. 5, p. 462.

183　ASF, balie 6 fol. 39r; Camera del comune, Scrivano di camera uscita 9 fol. 3v.

184　ASF, balie 6 fols 87r–v; Camera del comune, camarlenghi entrata 34 fol. 202v.

军工企业。"军事"与"和平"劳动力之间存在流动。与此同时，佛罗伦萨的"临时性"日工和"长久性"月工、季工、年工之间没有明显区别。总之，我们掌握的证据清楚表明，瘟疫后的佛罗伦萨的大部分劳动力都被卷入乌巴尔迪尼战争，尽管这场战争的范围有限。除了军队以外，这些人不是"专业人员"，而是有着其他非军事性"职业"的短期雇工。像会计、公证员和总管一样，军中的发薪员和督察员都被列在该城的预算中。西莫内·舒蒂玑在第二次战役期间担任发薪员和军队督察员，但他是作为市政办公室的会计出现在预算中的。[185] 斯皮内洛·迪·卢卡·阿尔贝蒂同样如此，此人在1350年似乎是市政办公室的会计，但他担任发薪员和军队督察员。[186] 被认为是街头公告员（banditori）的人在1349年6月和7月随军出征。[187] 骑兵队长的代理人同时担任负责物资供应的官员的信使。负责物资供应的官员还担任其他政府职务。[188]

文献中提供了更多的例子，我们将在第4章对它们进行更详细的讨论。这种集多种职务于一人的情况进一步说明瘟疫后劳动力整体短缺的现象。佛罗伦萨显然在从该城之外寻找劳动力，如招募信使、运输工，甚至还从其他地方，通常是相邻市镇招募间谍。[189] 同时，熟练工人的数量，特别是工匠，大大减少。在斯卡尔佩里亚建造抛石机并担任毁灭者分队队长的工匠

---

185 ASF, Camera del comune, Scrivano di camera uscita 9 fol. 9r; Scrivano di camera uscita 7 fols. 11r, 56v, ASF, balie 6 fol. 84v.

186 ASF, Camera del comune, Scrivano di camera uscita 10 fol. 2v; balie 6 fol. 107v.

187 ASF, Camera del comune, Scrivano di camera uscita 6 fol. 8r; Scrivano di camera uscita 7 fol. 9r.

188 ASF, balie 6 fols. 75v, 88r, 91r–91v, 104v 119v.

189 ASF, Camera del comune, Scrivano di camera uscita 10 fol. 26r; Scrivano di camera uscita 7 fol. 55r.

师傅、石匠里斯托罗·迪·乔内,最初被任命为督建位于佛罗伦萨的用以缅怀瘟疫受难者的圣安娜教堂的委员会成员。[190] 同样地,另一位在斯卡尔佩里亚效力的工匠师傅斯特凡诺·普奇被选作建造该项目的成员。里斯托罗·迪·乔内和斯特凡诺·普奇后来都被从该项目中抽调走,来到斯卡尔佩里亚做工并随军出征,从而使对抗乌巴尔迪尼家族的行动得以开展下去,这是这场战争重要性的一个明证。

人员短缺和一人身兼数职的情况在负责招募战争所需士兵的契约办公室表现得最明显。通过对现存预算信息的仔细审读可以看出,契约办公室与留存至今的1337年军事法典中精心规划的政府机构有着显著不同。[191] 它们的结构在1349—1350年是一样的,但契约办公室在人员上却不是由专门供职的人构成,而是由同时在城中担任其他公职的人构成。简言之,契约办公室只是在名称上是个单独的部门。在1349年6/7月,即乌巴尔迪尼战争初期,契约办公室有18人(六名总管、两名会计、两名公证员、一名文书,两名法官、五名信使)。[192] 契约办公室的会计也是市政办公室的会计。它的公证员和法官在市政办公室担任同样的职务。[193] 契约办公室的文书塞尔·尼科莱奥·迪·塞尔·旺蒂尔·莫纳凯是市国务长官(chancellor)。[194] 其中一名总管也是负责为该城开辟新收入来源的八人委员会成员。另外

190　Saverio La Sorsa, *La Compagnia d'or San Michele, ovvero una pagina della beneficenza in Toscana nel secolo XIV* (Trani: V. Vecchi, 1902), pp. 110-111, 240.

191　参见Canestrini, "Documenti," pp. 497 ff。也见Bayley, *War and Society in Renaissance Florence*, pp. 9-11。

192　ASF, Camera del comune, Scrivano di camera uscita 7 fols. 10v, 21r.

193　ASF, Camera del comune, Scrivano di camera uscita 7 fols. 10v, 49r.

194　ASF, Camera del comune, camarlenghi uscita 66 fol. 590r.

两名总管担任了前往战场检查士兵的军队督察员。虽然我们不清楚契约办公室中其他官员的情况,但他们可能也担任其他职务。[195]

然而,这一点是清楚的。在我们对瘟疫后佛罗伦萨的叙述中,战争引发一些基本问题,如佛罗伦萨劳动力的整体性质、政府的官僚和公共机构结构,以及我们对职业的理解。我们将在第4、5章花更多篇幅探讨这些问题。

---

195 ASF, Camera del comune, camarlenghi uscita 54 fols. 707r–709r.

第 3 章　瘟疫时期的战争经济

看到他们傲慢的偷盗行为并没有因受到打击而减少后，佛罗伦萨人通过了一项法令，它规定该城每年都要讨伐乌巴尔迪尼家族，直至将它从阿尔卑斯山的山洞中赶出为止。

——马泰奥·维拉尼《新编年史》[1]

乌巴尔迪尼家族土地上的所有居民……可以自由而免遭惩罚地和家人定居在佛罗伦萨的郊区，并且他们将会被免除十年的赋税。

——ASF, Provvisione, registri 36 fol. 141r

（1349 年 7 月）

我更为强烈地恳求，至少你那公共道路上……的土匪会被肃清，并向朝圣者开放，因为我们将举行大赦年庆祝活动。

——彼特拉克《日常熟事书信集》第 8 卷第 10 封信[2]

1　Matteo Villani, *Nuova Cronica*, edited by Giuseppe Porta, vol. 1 (Parma: Fondazione Pietro Bembo, 1995), p. 37.

2　Francesco Petrarch, *Rerum familiarum libri, I-Ⅷ*, translated and edited by Aldo S. Bernardo, vol. 1 (Albany, NY: State University of New York Press, 1975), pp. 434-435 (之后引用时表示为 Petrarch, *Familiares*)。

在好斗气息不那么强烈的《日常熟事书信集》第 8 卷第 10 封信中,彼特拉克谈到同乌巴尔迪尼家族较量的经济重要性。他认为佛罗伦萨需要而非出于义务,保证商人和朝圣者在它的公共道路上的安全,特别是在罗马的教皇大赦年活动即将来临之际。在 1351 年写给威尼斯总督安德烈亚·丹多洛的一封信中(《日常熟事书信集》第 11 卷第 8 封信),他重申了这一点,但却是从反面论述的。他提醒这位年轻的统治者注意战争对贸易路线的消极影响,并抱怨说与热那亚的自相残杀会让意大利失去它的海上商业霸权。³

在这两个例子中,彼特拉克阐述了关于同时代战争的一个基本事实:它那强烈的经济属性。尽管佛罗伦萨人向乌巴尔迪尼家族表达了博爱之苦,但这场斗争的关键在于共和国想要控制贸易路线,并保持市场开放。⁴

编年史家马泰奥·维拉尼明确指出这场战争的经济目的。佛罗伦萨试图剥夺乌巴尔迪尼家族"从他们的洞穴中获取的

---

3 Francesco Petrarch, *Rerum familiarum libri, IX–XVI*, vol. 2, translated and edited by Aldo S. Bernardo (Ithaca, NY: Italica Press, 2005), pp. 102–108.

4 乔万尼·维拉尼强调了罗马涅的重要性,以及穿过穆杰洛地区的关乎佛罗伦萨粮食供应道路的重要性。Giovanni Villani, *Nuova Cronica*, vol. 3, edited by Giuseppe Porta (Parma: Fondazione Pietro Bembo, 1991), p. 558. 彼特拉克关于战争经济效应的言论,与道格拉斯·诺斯和约翰·芒罗等现代经济学家的言论如出一辙。参见 Douglass C. North and Robert Paul Thomas, *Rise of the Western World: A New Economic History* (Cambridge: Cambridge University Press, 1973), pp. 78–89; John Munro, "Industrial Transformations in the North-West European Textile Trades, c. 1290–1340: Economic Progress or Economic Crisis?" in *Before the Black Death: Studies in the "Crisis" of the Early Fourteenth Century*, edited by Bruce M. S. Campbell (New York, NY: St. Martin's Press, 1991), pp. 120–130。

利益"（即他们对行经其土地的商人和旅客征收的通行费）。[5] 1349年7月正式谴责乌巴尔迪尼家族的法令规定，它的土地和财产由佛罗伦萨没收，并且，那些居住在佛罗伦萨势力范围内的、来自乌巴尔迪尼家族土地上的人可获得十年免税权。[6] 我们必须把这项法令置于瘟疫的历史语境中来理解，因为其目的是使佛罗伦萨势力范围内大为下降的人口得到增加，同时减少乌巴尔迪尼家族势力范围内的人口。[7] 本着这一目的，1349年10月，佛罗伦萨官员向定居在斯卡尔佩里亚镇的人赋予税收减免权，据这项法案称，由于"乌巴尔迪尼家族的傲慢和无耻行径"以及瘟疫的影响，该镇人口已"大大减少"。[8] 1350年的和平协议规定，佛罗伦萨获得乌巴尔迪尼家族在其沿博洛尼亚边界要塞征收通行费的管辖权，并占有19个小镇。[9]

总之，经济上的考虑是显而易见的，我们还应该把邀请弗朗切斯科·彼特拉克到那所新大学任教也纳入其中。从根本上讲，建立这所大学是一种经济行为。[10]它意在将学生及其钱财吸引到该城，并在瘟疫面前增加人力资源。要实现此目的最好的办法莫过于聘用彼特拉克这个著名人物，正如薄伽丘在邀请信中所言，彼特拉克将使这所新大学立于坚实的根基之上。佛罗

---

[5] Matteo Villani, *Nuova Cronica*, vol. 1, edited by Giuseppe Porta (Parma: Fondazione Pietro Bembo, 1995), p. 37.

[6] ASF, Provvisioni, registri 36 fols. 141r-141v; *I Capitoli del Comune di Firenze*, vol. 1, edited by C. Guasti and A. Gherardi (Florence: Cellini, 1866), pp. 88-89.

[7] ASF, Provvisioni, registri 36 fol. 81r.

[8] ASF, Provvisioni, registri 37 fol. 12r.

[9] ASF Provvisioni, registri 38 fols. 69v-70r.

[10] Alessandro Gherardi, ed., *Statuti della Università e Studio fiorentino dell'anno MCCCLXXXVII* (Florence: Forni, 1881), p. 111.

伦萨提出的另一项恢复彼特拉克家族遗产的提议或许可以被解读为一项旨在获得更大回报的经济投资。

战争、瘟疫和公共财政

在瘟疫流行时期发动战争给公共财政带来巨大压力。像意大利的所有国家一样，佛罗伦萨即使在最顺利的时期也很难筹集到资金。战争需要快速地筹集和支出大量资金，这种情况与国家冗杂的行政机构天生不相容。[11] 正如我们在第 2 章所见，在乌巴尔迪尼战争中，涉及处理资金的部门很多，它们的职权重叠且模糊，这加剧了混乱。成立巴利亚意在精简机构以应对短期紧急状况，但它只是增加了混乱。

在此历史情境下，这场战争使佛罗伦萨在瘟疫时期的经济图景变得丰满。尽管诸多著作论及黑死病对该城的影响，但人们关于它对公共财政和战争的影响知之甚少。[12] 这种空白是由

---

11 William Caferro, *Mercenary Companies and the Decline of Siena* (Baltimore, MD: Johns Hopkins University Press, 1998), p. 142.

12 William Caferro, "Petrarch's War: Florentine Wages and the Black Death," *Speculum* 88 (2013), pp. 145–146; 也见 Caferro, "Warfare and Economy of Renaissance Italy, 1350–1450," *Journal of Interdisciplinary History* 39 (2008), pp. 169, 171–172。关于这一时期佛罗伦萨的公共财政，参见 Marvin Becker, "Economic Change and the Emerging Florentine Territorial State," *Studies in the Renaissance* 13 (1966), pp. 7–39 和 *Florence in Transition*, 2 vols. (Baltimore, MD: Johns Hopkins University Press, 1967–1968); Anthony Molho, "Città-stato e i loro debiti pubblici: Quesiti e ipotesi sulla storia di Firenze, Genova e Venezia" in *Italia 1350–1450: Tra crisi, trasformazione, sviluppo. Tredicesimo convegno di studi, Pistoia, 10–13 maggio 1991* (Pistoia: Centro Italiano di Studi di Storia e d'Arte, 1993), pp. 185–215。关于其他地方的公共财政，参见 William Caferro,

学术研究的割裂情形和作为严肃研究课题的战争遭到边缘化造成的。我们掌握的资料使我们得以审视该城管理国库和分配资源的方式，以及这些资源是如何受到战争影响的。它们讲述了一个关于财政和行政机构混乱的故事，最引人注目的是，与瘟疫相关的资金直接流入战争。佛罗伦萨十分依赖来自圣米迦勒教堂兄弟会的资金，这是该城向穷人提供社会援助的主要机构，通过瘟疫受难者的遗赠而变得富有。佛罗伦萨还利用对惹是生非的城市人口的罚款和向作战的士兵借款来筹集资金。这幅复杂的经济图景包括考虑提高税率的影响、向农村征税和正直税（未被研究）对资金循环的影响，以及较为通常地考虑战争本身的收益和损失。

首先需要言明的是，佛罗伦萨的财政状况甚至在瘟疫之前就已糟糕不堪。编年史家乔万尼·维拉尼在 1347 年称这座城市处于"绝望的困境"，现代学者卡洛·M. 奇波拉和吉恩·布鲁克尔的研究证实了这一论断。[13] 1348 年的瘟疫致使人口减

Mercenary Companies and the Decline of Siena (Baltimore, MD: Johns Hopkins University Press, 1998); Luciano Pezzolo, "Government Debt and State in Italy, 1300–1700." Working paper, 2007, University of Venice "Ca' Foscari," Department of Economics. www.dse.unive.it/en/pubblicazioni 和 William M. Bowsky, *The Finance of the Commune of Siena, 1287–1355* (Oxford: The Clarendon Press, 1970); Christine Meek, *The Commune of Lucca under Pisan Rule, 1342–1369* (Cambridge, MA: Medieval Academy of America, 1980); Michael Knapton, "City Wealth and State Wealth in North East Italy, 14th–17th Centuries" in *La ville, la bourgeoisie et la genèse de l'État moderne*, edited by Neithard Bulst and J. -Ph. Genet (Paris: Éd. du CNRS, 1985), p. 199; Patrizia Mainoni, *Le radici della discordia: Ricerche sulla fiscalità a Bergamo tra XIII e XV secolo* (Milan: Edizioni Unicopli, 1997)。

13　Carlo M. Cipolla, *Monetary Policy of Fourteenth Century Florence* (Berkeley, CA: University of California Press, 1982), p. 43; Gene Brucker, *Florentine Politics and Society 1343–1378* (Princeton, NJ: Princeton University Press, 1962), p. 9.

少,这反过来导致收入减少,并使得筹集资金出现问题。[14] 就在多纳托·韦卢蒂首次呼吁向乌巴尔迪尼家族采取行动的同一天(1349年4月24日),佛罗伦萨市政办公室抱怨说该城"没钱"支付士兵和国家领薪人员的工资——他们的工资已被拖欠并且数额庞大。市政办公室对这一局面将在以后得到改善不抱什么希望。[15]

这种状况与学者们对同时代法国和英国的描述相差无几,它们也经受收入减少和收税困难的情形。约翰·B. 海勒曼称,在瘟疫之后的两年间,法国遭遇整个14世纪"最严重的"财政危机。[16] G. L. 哈里斯强调英国出现的抗税风潮。[17] 克莉丝汀·米克在她对卢卡城的开创性研究中指出,1348年的黑死病以后,该城的收入在下降,并且很难筹集资金。[18]

战争最耗费金钱。现存佛罗伦萨的资料尽管支离破碎,但足以提供一个大致图景。斯克里瓦诺"支出"预算(*scrivano*

---

14 ASF, Provvisioni, registri 36 fol. 20r; A. B. Falsini, "Firenze dopo il 1348: Le consequenze della peste nera," *Archivio storico italiano* 129 (1971), p. 438.

15 ASF, Provvisioni, registri 36 fol. 81r.

16 John B. Henneman, "The Black Death and Royal Taxation, 1347-1351," *Speculum* 43 (1968), pp. 413-420 和 *Royal Taxation in Fourteenth Century France: The Development of War Financing, 1322-1356* (Princeton, NJ: Princeton University Press, 1971)。

17 G. L. Harriss, *King, Parliament, and Public Finance in Medieval England to 1369* (Oxford: Clarendon Press, 1975), p. 313. 也见 W. Mark Ormrod, "The Crown and the English Economy, 1290-1348" in *Before the Black Death: Studies in the "Crisis" of the Early Fourteenth Century*, edited by Bruce M. S. Campbell (Manchester: Manchester University Press, 1992), pp. 149-183 和 *Edward III* (New Haven, CT: Yale University Press, 2011)。

18 Christine Meek, *The Commune of Lucca under Pisan Rule, 1342-1369* (Cambridge, MA: Medieval Academy of America, 1980), pp. 65-66.

"uscita" budgets）——市政办公室的原始拉丁语预算的本地方言修订版本——给出两次战役的高潮期，即1349年5—8月和1350年5—8月期间的总支出汇总（表3.1，图3.1）。这些预算反映的是按双月计算的公共支出情况。[19]

这些财政文件表明，战争是该城当时从事的花销最大的活动。从1349年5月至6月，佛罗伦萨的总支出是95,596里拉（29,874弗罗林，按1弗罗林64索尔多算）；其中75,989里拉（23,747弗罗林），或者79.5%的支出流向契约办公室，用于支付战场上的士兵和要塞司令的薪水。[20] 1349年7/8月，该城支出94,434里拉，这与之前的数额大致相同，其中73,942里拉，或者78.3%的支出花在士兵和要塞司令身上。[21]在9/10月正式军事行动结束后，该城的公共支出缩减一半至47,948里拉。但值得注意的是，用于支付士兵和要塞司令的薪水的支出依然很高（34,200里拉），占总支出的71.3%。[22]显然，佛罗伦萨在攻击行动结束后没有解散它的军队，军事支出仍是公共支出中最大的部分。

19　1349年，佛罗伦萨的预算被分为两个基本类目："一般性"收入/支出和"契约办公室"收入/支出。1350年，预算被划分为三个类目，增加一个单独用于要塞司令的支出/收入条目。

20　需要指出的是，1349年5/6月战争开始时，佛罗伦萨的支出比1349年1/2月增加近两倍半（234%），关于此我们有另一份现存的斯克里瓦诺预算。佛罗伦萨支出31,989里拉。ASF, Camera del comune, Scrivano di camera uscita 5 fols. 17r-40r.

21　ASF, Camera del comune, Scrivano di camera uscita 7 fols. 2r-11r, 17r-60r.

22　ASF, Camera del comune, Scrivano di camera uscita 8 fols. 2r-7v, 17r-36r; Camera del comune, Scrivano di camera uscita 3 fol. 6r.

表 3.1 来自斯克里瓦诺预算的佛罗伦萨的军事支出

年份	月份	军事支出*	总支出*	百分比
1349	5/6 月	75,989	95,596	79.5
	7/8 月	73,942	94,434	78.3
	9/10 月	34,200	47,948	71.3
1350	5/6 月	90,338（契约办公室）		
		10,681（要塞司令）		
		101,019（总计）	125,019	80.8
	7/8 月	97,650（契约办公室）		
		4083（要塞司令）		
		101,733（总计）	121,735	83.6

* 总数取近似值，单位里拉。

来源：ASF, Camera del comune, Scrivano di camera uscita 6 fols. 2r–10v, 17r–41r; Scrivano di camera uscita 7 fols. 2r–11r, 17r–60r; Scrivano di camera uscita 8 fols. 2r–7v, 17r–36r; Scrivano di camera uscita 9 fols. 2r–9v, 17r–45v; Scrivano di camera uscita 10 fols. 17r–59r.

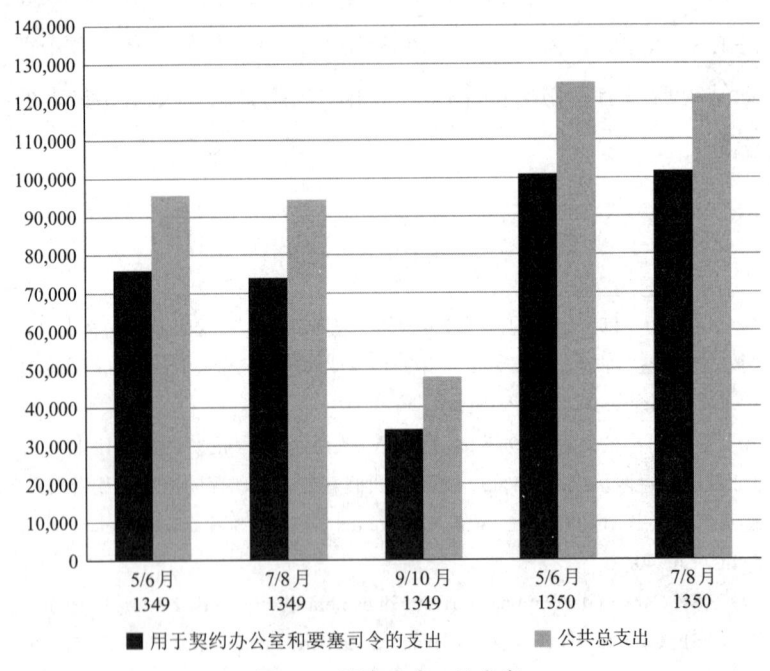

图 3.1 军事支出／总支出

第二次针对乌巴尔迪尼家族的战役比第一次花费更多,它表明这场攻击行动的规模更大。现存1350年5/6月的斯克里瓦诺支出预算表明,佛罗伦萨在这两个月支出125,019里拉,其中101,019里拉,或者支出的80.8%用于支付士兵和要塞司令的薪水。[23] 然而,这些预算显示,佛罗伦萨改变了会计程序。用于要塞司令的开支(10,681里拉)如今与用于契约办公室的开支(90,338里拉)被分列。1350年7/8月,该城支出121,735里拉,其中97,650里拉用于契约办公室,4083里拉用于要塞司令;用于士兵和要塞司令的花费为101,733里拉,这占总支出的83.6%。[24]

这些钱令人印象深刻,但它们并非佛罗伦萨用于战争的总花费。乌巴尔迪尼战争并非完全契合佛罗伦萨的预算周期,并且,留存至今的斯克里瓦诺预算很少提供完整的数据。此外,佛罗伦萨的会计程序经常变化,市政办公室也没有列出所有的公共支出,尽管它是"国家最重要的财政机构"。[25] 我们给出的数据不包括用于非战斗人员和购买物资的支出。这些支

---

23 ASF, Camera del comune, Scrivano di camera uscita 9 fols. 2r–9v, 17r–45v.

24 在乔万尼·维拉尼对1338年佛罗伦萨的著名叙述中,他称每年花在"要塞司令和要塞守卫"身上的钱达4000弗罗林。Villani, *Nuova Cronica*, vol. 3, p. 196. 这一数额比不上1350年这四个月花费的14,764里拉或4614弗罗林,后者比维拉尼给出的1338年全年的花费还多。ASF, Camera del comune, Scrivano di camera uscita 10 fols. 17r–59r.

25 安东尼·莫尔霍和夏尔·德·拉·龙西埃已指出市政办公室作为研究资料存在的局限,参见 Anthony Molho, *Florentine Public Finance in the Early Renaissance, 1400–1433* (Cambridge, MA: Harvard University Press, 1971), pp. 2–3; Charles M. de La Roncière, "Indirect Taxes or 'Gabelles' at Florence in the Fourteenth Century: The Evolution of Tariffs and the Problems of Collection" in *Florentine Studies: Politics and Society in Renaissance Florence* (London: Faber and Faber, 1968), p. 163。

出是由主管该城军械的军需处做出的,但它的预算未能保留下来。

然而,现有资料提供了这些支出的重要情况。比如,斯克里瓦诺预算中列出1349年6月14—23日军需处(负责监督公共军械库)用于"反对乌巴尔迪尼家族的战争"的支出,其总数为5200里拉(1650弗罗林)。[26]1349年7月,佛罗伦萨市政办公室向军需处拨款1920里拉(600弗罗林),专门用于战争所需的"武器和物资"。[27]

现存的1350年的巴利亚记录使我们得以了解第二次战役的总支出。它们给出一幅精确而完整的经济图景,展示了资金的日常支出和战争经济波动状况。1350年3月,巴利亚总管阿纳尔多·马内利的首笔支出是向银行家还钱——他们曾借钱帮助该城招募士兵。[28] 4月,马内利招募并支付了集结在斯卡尔佩里亚制造战争器械的工匠们的薪水,购置给养,并向在战场上负责监督分发物资的商人发放工资。[29]

5月11—17日这一周异常繁忙。该城做了最后的准备以动员军队进攻蒙特盖莫利要塞。马内利购置给养,并支付运输工、信使、间谍和侦察员的工资。[30]他还向军中的队长和那些在战场上负责给养的人预支了20天的工资(1350年5月14日)。[31]显然,为了使军队向前进发,佛罗伦萨必须在战斗前向重要人员支付薪酬。

26　ASF, Camera del comune, Scrivano di camera uscita 7 fol. 3r.
27　ASF, Provvisioni, registri 36 fol. 132v.
28　ASF, balie 6 fol. 41r.
29　ASF, balie 6 fols. 64r–v.
30　ASF, balie 6 fols. 4v–11r, 19v–23v, 70r–74r.
31　ASF, balie 6 fols. 6v–10v, 21r–23v.

1350年6月是战事最激烈的一个月。在起初成功夺取蒙特盖莫利后,佛罗伦萨力图"彻底消灭乌巴尔迪尼家族"。[32] 在三天之内(1350年6月4日—6日),马内利花在人员和给养,以及补充从乌巴尔迪尼家族手中所夺取要塞的物资的钱高达9779里拉(3056弗罗林)。[33] 在一份为蒙特盖莫利所购置物资的详细清单中,包括580塞斯塔里(*sestari*)谷物、17塞斯塔里淀粉、230磅火腿、一张带篷的也许是用作担架的便携床、弩、铁、木材、一门发射"铁弹"的大炮(*bombarda*)和一种用于实施酷刑的结实的铁丝绳(*corde pisane*)。[34] 佛罗伦萨还派一批工匠前往被占领的蒙特科洛雷托要塞帮助重建它的城墙。[35]

然而,必须指出的是,在涉及分配战争经费时,巴利亚、市政办公室和其他公共部门之间的关系并非完全清晰。从理论上讲,虽然巴利亚是从市政办公室获取其资金的,但通过对相关文献的仔细分析可以看出,总管马内利支出的资金实际上超出了他从市政办公室获取的资金。例如,在市政办公室1350年2月的预算中,列出了向巴利亚提供的两笔分别为200弗罗林和300弗罗林的资金。[36] 但巴利亚自身的预算表明,马内利在这个月支出900弗罗林。[37] 同样地,1350年4—6月,市政办公室向

---

[32] ASF, balie 6 fol. 80v.

[33] ASF, balie 6 fols. 80v-82v. 马内利在这个月的总花费为22,067里拉(6896弗罗林)。ASF, balie 6 fols. 11r, 23v, 80v-92v.

[34] 为这座要塞配备物资的花费为512里拉(160弗罗林)。ASF, balie 6 fols. 11v, 93r; balie 7 fol. 32r. 对这座要塞的修缮持续至6月中旬(1350年6月17日); ASF, Ufficiali delle Castella 5 fol. 1v.

[35] ASF, balie 6 fol. 14r.

[36] ASF, Camera del comune, camarlenghi uscita 64 fols. 420r-420v.

[37] ASF, balie 6 fols. 35v-37r.

巴利亚提供 2556 弗罗林用于战争，但马内利却支出 3056 弗罗林。因而，除了市政办公室，巴利亚还能从其他地方获取资金，不过尚不清楚来自何处。

然而，非常清楚的是，巴利亚对第二次战役的大本营斯卡尔佩里亚镇的劳动力和物资负有直接责任。正如我们在第 2 章所见，它采购大批物资，包括原材料和成品。[38] 它向工匠和在战场上参与战争行动的大量非战斗人员发放工资（表 3.2，3.3，3.4）。

这些翔实的原始资料提供了一种军事开支参数的感觉，对此，人们对整个 14 世纪的情形知之甚少。铁和铁丝制品相对便宜。另一方面，木材、碳、大麻和钢价格昂贵（表 3.2，3.3）。[39] 买来的铁丝和大麻有数百磅，它们很可能用于建造抛石机和制造弩。1350 年 4 月至 9 月，佛罗伦萨购买 1934 磅大麻、631 磅铁丝。[40] 它购买成千上万支弩箭，其中 6 月 4 日这一天就购买了 40,000 支。[41] 大麻和弩箭的价格根据供应商的不同而有所变化，其他物品的价格没有变化（表 3.2）。

佛罗伦萨只购买了少量的钢（25 磅）、13 段木材和几袋碳。一磅钢的价格是一磅铁的两倍。一袋碳的价格是一磅铁的十倍还多。木材是最贵的物品。一段木材的价格是一袋碳的两倍半还多，是一盏成品提灯的两倍（表 3.2）。

38　ASF, balie 6 fol. 108r.

39　关于更多细节，参见 William Caferro, "Military Enterprise in Florence at the Time of the Black Death, 1349–50" in *War, Entrepreneurs, and the State in Europe and the Mediterranean, 1300–1800*, edited by Jeff Fynn-Paul (Leiden: Brill, 2014), pp. 15–31。

40　ASF, balie 6 fols. 4r-v, 20r.

41　ASF, balie 6 fol. 81r.

表 3.2　1350 年巴利亚所购置物资的价格

物品	数量	定价
弩箭	1000	17.1 里拉—21.6 里拉
大麻	100 磅	13.3 里拉—18 里拉
铁丝	100 磅	6 里拉
木材	1 段	1.5 里拉
提灯（铁艺烛台）	1	15 索尔多
碳	1 袋	12 索尔多
钢	1 磅	2 索尔多 /6 德纳里
铁钉	1 磅	1 索尔多 /7 德纳里
铁	1 磅	1 索尔多 /2 德纳里
面包	1 袋	2—4 德纳里

兑换比率：1 弗罗林 =64 索尔多
　　　　　1 里拉 =20 索尔多 =240 德纳里
　　　　　1 索尔多 =12 德纳里

来源：ASF, balie 6, 7.

最便宜的是一袋面包。负责监督军队物资供应的克里斯托凡诺·博尼斯特拉迪和多梅尼科·多尼尼留存至今的记录显示，从 1350 年 5 月至 6 月，它的价格在 2—4 德纳里之间波动。[42] 这个价格与一支弩箭的价格相差无几。我们尚不清楚一袋面包有多少以及可供多少人食用。一蒲式耳（staio）谷物的价格当时差不多是在蒙特盖莫利所分发一袋谷物（平均）价格的两倍。

我们还可以把战争物资的费用与当时佛罗伦萨预算中的非战争支出做个对比。比如，佛罗伦萨花费 23 里拉购买（购自一个名为塔代奥·迪·吉耶里的文具商）可供执政团官员使用

42　ASF, balie 7 fol. 64v.

两个月（1350年5/6月）的书写用具（纸张、羊皮、墨水）。[43] 这笔支出与购买供给斯卡尔佩里亚使用的钢、木材、碳的花费大致相同。此外，佛罗伦萨大约花费一半的钱（12里拉）于1350年5月举行纪念圣巴纳巴斯（San Barnabas）的公民赛马（palio）庆祝活动。然而，1350年6月举行的纪念该城守护神施洗者圣约翰的赛马活动使其花费380里拉，这笔支出是纪念巴纳巴斯所花费金额的30倍还多，并且，它超出1350年佛罗伦萨在乌巴尔迪尼战争中购买铁丝和大麻的总支出。[44] 该城还花费更多的钱财用于购买"食物和酒水"以供执政团的成员享用，这项花销为每月496里拉，是这座城市最大的支出之一。显然，在重重困难面前，佛罗伦萨的公共官员仍旧过着锦衣玉食的生活。

表3.3把战争物资的价格与佛罗伦萨日常生活的"基本必需品"，特别是葡萄酒和小麦的价格做了对比。[45] 木材的价格再次超出其他物品的价格。在斯卡尔佩里亚所使用的一段木材的价格比一蒲式耳小麦的价格（每蒲式耳23.75索尔多）和一桶葡萄酒的价格（每桶26.9索尔多）都高。一袋碳大约值半蒲式耳小麦。另一方面，一磅铁大约值两磅小麦。一支弩箭的价格相对便宜。

43　ASF, Camera del comune, Scrivano di camera uscita 10 fol. 9v.

44　ASF, Camera del comune, Scrivano di camera uscita 9 fol. 8r.

45　托涅蒂指出葡萄酒和小麦是最基本的商品。Sergio Tognetti, "Prezzi e salari nella Firenze tardo medievale: un profile," *Archivio storico italiano* 153 (1995), p. 276. 平托的商品包括如小母牛和油。Giuliano Pinto, "I livelli di vita dei salariati fiorentini, 1380-1430" in *Toscana medievale: Paesaggi e realtà sociali* (Florence: Le lettere, 1993), p. 113.

表 3.3 1350 年"基本"必需品价格

物品	数量	价格 *
木材	1 段	30
提灯	1	15
碳	1 袋	12
大麻	1 磅	2.6—3.6
钢	1 磅	2.5
铁钉	1 磅	1.6
铁	1 磅	1.2
铁丝	1 磅	1.2
葡萄酒	1 升	0.66（1 加仑 = 2.5 索尔多）
小麦	1 磅	0.61
弩箭	1	0.32—0.38
面包	1 袋	0.25—0.33

注：基本必需品以粗体表示。1 桶（40.7 升 =10.75 加仑）葡萄酒价值 26.9 索尔多。1 蒲式耳（24 升 =18 千克 =38.7 磅）谷物价值 23.75 索尔多。
* 价格以皮乔利索尔多（soldi di piccioli）表示，所有的价格已换算成索尔多以便于比较。

来源：ASF, balie 6, 7; Sergio Tognetti, "Prezzi e salari," pp. 317, 319, 321, 323, 325.

巴利亚记录还载有参与 1350 年战争的雇工所获报酬的详细数据（第 2 章）。表 3.4 列出了他们的日薪。这一数据使人对佛罗伦萨劳动力最隐秘的部分有所了解。

担任战争统帅的平民顾问的工资最高，为每天 220 索尔多，这比工资第二高的雇工，即每天赚 90 索尔多的士兵发薪员所获报酬的两倍还多。这些发薪员和在斯卡尔佩里亚负责食物供应的人的工资一样高。有意思的是，那些给食品运输工发薪的人比那些给士兵发薪的人赚得少得多（每天 30 索尔多）。

巴利亚的总管阿纳尔多·马内利的工资是每天 70 索尔多，

这和在战场上监督食品和物资发放的官员,以及那些被派去从利古里亚和卢尼贾纳招募弩兵的人的工资一样多。一个名叫保罗·德·内罗的征兵人员花了两个多月的时间在热那亚及其周围招募弩兵。[46]

表 3.4　工匠和非战斗人员的名义日工资,1350 年

职业	工资
战争统帅的顾问	220 索尔多
士兵发薪员	90 索尔多
斯卡尔佩里亚食物供应管理人	90 索尔多
斯卡尔佩里亚工匠的工头	80 索尔多
战时巴利亚总管	70 索尔多
战场上的物资监督员	70 索尔多
铁匠师傅(带助手)	50 索尔多
石匠师傅(带助手)	40 索尔多
医生	30 索尔多
运输工的发薪员	30 索尔多
铲子和锄头分队队长	25 索尔多
乐手	20 索尔多
用骡的运输工	19 索尔多
石匠	12—18 索尔多
锯工	18 索尔多
物资监督员的助手	15 索尔多
雇佣骑兵的代理人	15 索尔多
巴利亚的信使	10 索尔多
侦察员	10 索尔多
用驴的运输工	10 索尔多

来源:ASF, balie 6 fols. 2v–119v.

46　ASF, balie 6 fol. 76r.

斯卡尔佩里亚的石匠和铁匠的工资处于中等水平。石匠师傅及其助手每天赚40索尔多。铁匠师傅及其助手每天赚50索尔多。[47] 普通石匠每天赚12—18索尔多（大多数是后者）。佛罗伦萨在斯卡尔佩里亚雇用44名石匠，但只雇用两名铁匠，并且这两人都是工匠师傅。这些石匠的工资与理查德·戈德思韦特所计算的这一职业在1350年的平均工资（每天16.8索尔多）不相上下。[48] 随军出征的医生每天赚30索尔多，比工匠师傅的少。[49]

工资最低的雇工是打探敌情的侦察员（每天10索尔多）。同时，运输工的工资根据他们所役使驮畜的不同而不同。使用骡的运输工每天赚19索尔多；使用驴的运输工每天赚10索尔多。这一工资标准似乎是基于，至少是部分基于驮畜的饲养费用。

由于1349年的数据未能留存下来，因而我们无法判断黑死病对这两年工资的影响。然而，来自巴利亚记录的证据清楚地表明，与物资相比，劳动力成本相对较高。1350年5月14日，在这个"繁忙的"备战日，资料显示，佛罗伦萨支出395里拉用于支付斯卡尔佩里亚的石匠们的工资（15天的劳动），支出910里拉用于预付军中队长们的工资，但仅支出31里拉用于购置物资。[50] 同样地，1350年6月4日（又是繁忙的一天），该城支出4363里拉（1254弗罗林）用于支付人员工资，但仅支出

47　ASF, balie 6 fols. 9r, 51r. 所有的石匠都被称作石木匠。关于这个职业的全面描述，参见 Richard A. Goldthwaite, *The Building of Renaissance Florence* (Baltimore, MD: Johns Hopkins University Press, 1980), pp. 436-437; Tognetti, "Prezzi e salari," pp. 302-304。

48　Goldthwaite, *The Building of Renaissance Florence*, pp. 436-437。

49　ASF, balie 6 fols. 24r, 109v。

50　ASF, balie 6 fols. 8v-10v, 21v-23v。

1067 里拉（333.5 弗罗林）用于购买弩、大麻和铁丝。[51]

士兵的工资使所有其他开支相形见绌（见第 4 章）。1350 年，一名德国队长及其分队一个月的工资为 1226 里拉（383 弗罗林），这超出了 5 月至 6 月斯卡尔佩里亚所有物资的总支出。[52]

死亡和税收

该城是如何筹集战费的？遗憾的是，留存至今的预算中收入（entrata）部分比支出部分更为残缺不全。现存只有两份关于战争时期的斯克里瓦诺预算（1349 年 5/6 月和 1350 年 5/6 月）包含全面的数据。[53] 不过，记载着零散但有用数据的非斯克里瓦诺的拉丁文原版可以对其进行补充。[54]

总体轮廓还算清晰。1349 年第一次战役时，佛罗伦萨依赖来自圣米迦勒教堂兄弟会的借款，如前所述，后者在瘟疫暴发后不久由于得到瘟疫受难者的遗赠而变得富有。佛罗伦萨还通

51　ASF, balie 6 fols. 81r–81v.

52　这是付给雅各布·达·菲奥雷及其分队的工资。ASF, Camera del comune, Scrivano di camera uscita fol. 9v.

53　ASF, Camera del comune, Scrivano di camera entrata 8 (1349 年 5/6 月), fols. 2r–52v; Scrivano di camera entrata 9 (1350 年 5/6 月), fols. 2r–36v. Scrivano 收入预算出现次序颠倒。Scrivano di camera entrata 7 fols. 2r–37v 是关于 1350 年 3/4 月的，它在 Scrivano di camera uscita entrata 8 之后。

54　这里使用的残缺不全的拉丁文原版是 ASF, Camera del comune, camerlenghi entrata 32 (1349 年 3/4 月) fols. 203r–219r, 220r–221v; camerlenghi entrata 34 (1349 年 7/8 月) fols. 124r–198r, 200r–202r; camerlenghi entrata 35 (1349 年 9/10 月) fols. 203r–219r, 220r–221v; camerlenghi entrata 38 (1350 年 3/4 月) fols. 39r–89r; camerlenghi entrata 40 (1350 年 7/8 月) fols. 126r–186v; camerlenghi entrata 41 (1350 年 9/10 月) fols. 187r–223r.

过对其公民罚款以及通过对士兵和其他直接参与战争的人贷款来筹集资金。1350年第二次战役时，该城更多地依赖税收和农村埃斯蒂莫税（estimo）的收入，后者是一种对农村居民征收的直接税。

在这两次战役中，我们有必要强调税收的作用。正如大卫·赫利希所称，它是中世纪意大利城市财政的基础。[55] 它包括一系列广泛的直接税和间接税，并被用来偿还从公民那里所借贷款的利息。最重要的税收有对在该城郊区及各辖区的零售葡萄酒所征的税（vino venduto a minuto），对出入城门的货物所征收的税（porte）和盐税（sale e saline）。1338年，乔万尼·维拉尼在他对佛罗伦萨的著名描述中强调了这一点，认为这些是公共税收中最有利可图的部分。[56] 盐税由国家垄断（dogana），这使得个人只能以固定价格购买一定数量的盐。

预算显示，佛罗伦萨把特定的税收用于特定的支出。1349/1350年的"一般性"支出（即与战争不相关的支出）主要由"小宗"税收提供。这包括对在城中出售的家畜所征的税（gabella del mercato delle bestie vive che si vendono in città）、对新鲜蔬菜和水果所征的税（gabella del trecche e treccconi）、对在城中及其郊区通过磨坊和渔业所获收入而征的税（gabella di muline e

---

[55] David Herlihy, "Direct and Indirect Taxation in Tuscan Urban Finance, c. 1200-1400" in *Finances et comptabilité urbaines du 13e au 16e siècle* (Bruxelles: Centre pro civitate, 1964), pp. 385-405。也见 Bernardino Barbadoro, *Le finanze della Repubblica fiorentina: imposta diretta e debito pubblico fino all'istituzione del Monte* (Firenze: Leo S. Olschki, 1929)。La Roncière, "Indirect Taxes," p. 143; Molho, *Florentine Public Finances*, pp. 22-59; E. Fiumi, "Fioritura e decadenza dell'economia fiorentina," *Archivio storico italiano* 115 (1957), pp. 385-439. 关于意大利其他地方的公共财政的相关信息，参见 William Bowsky, *The Finance of the Commune of Siena, 1287-1355* (Oxford: Clarendon Press, 1970)。

[56] Giovanni Villani, *Nuova Cronica*, pp. 1347-1348.

gualchiere）。⁵⁷ 通过"大宗"税收——对葡萄酒、出入城门的货物和盐所征的税——获得的收入被直接分配给契约办公室用于支付士兵薪水。契约税被用于支付要塞司令的薪水。

像意大利的其他城市一样，佛罗伦萨在应对武装冲突时通常会提高税率。整个亚平宁半岛的做法是在战争爆发后将所有税率提高一倍。⁵⁸ 佛罗伦萨在与米兰（1351年）和比萨（1362—1364年）作战时，就是这么做的。夏尔·德·拉·龙西埃称1349年是税率增长"显著的一年"，他将这一大幅增长归因于瘟疫。然而，这种增长应归因于瘟疫和战争这两种因素。⁵⁹ 在乌巴尔迪尼战争爆发后，佛罗伦萨把对葡萄酒、出入城门的货物、食盐以及面粉、肉类、面包所征的税提高了一倍。根据马泰奥·维拉尼的叙述，盐税从1348年每蒲式耳60索尔多增至1349年每蒲式耳108索尔多。⁶⁰ 但佛罗伦萨的官员在对税

57　前面述及的税出现在所有预算中。佛罗伦萨还把银币和黑钱税（*gabella di moneta dell' ariento e nero*），塔税（*gabella delle torre*），以及烤面包税（*gabella di pane cotto in citta e contado*）的收入用于（如果是不稳定的话）一般性支出。ASF, Camera del comune, Scrivano di camera entrata 9 fols. 2r–31r; Camera del comune, camarlenghi entrata 34 fols. 124r–184r; Scrivano di camera entrata 7 fols. 2r–37v; Camera del comune, camarlenghi entrata 35 fols. 203r–219r (204r); Camera del comune, camarlenghi entrata 40 fols. 126v–182v.

58　Caferro, "Warfare and Economy"；鲍斯基指出锡耶纳的这种做法。William M. Bowsky, *The Finance of the Commune of Siena, 1287–1355* (Oxford: Clarendon Press, 1970), p. 131. 也见 La Roncière, "Indirect Taxes," p. 150; Enrico Fiumi, "Fioritura e decadenza dell'econornia fiorentina," *Archivio storico italiano* 115 (1957), p. 449。

59　La Roncière, "Indirect Taxes, p. 150. 巴尔杜齐也指出这一时期税率的增长。Roberto Barducci, "Politica e speculazione finanziaria a Firenze dopo la crisi del primo Trecento (1343–1358)," *Archivio Storico Italiano* 137, no. 2 (1979), p. 197.

60　Matteo Villani, *Nuova Cronica*, vol. 1, p. 57; La Roncière, "Indirect Taxes," pp. 150, 158.

率做出上下调整时并未告知这一变动的原因，特别是当下调税率时。[61]

无论实际税率是多少，预算清楚地表明，该城在征收税款时困难重重。[62] 如前所述，一般地说，整个意大利和欧洲都是如此。[63] 在佛罗伦萨，那些用分期付款的方式预先购买税款的包税人已死于瘟疫。死亡中断了付款和资金流向财政。1349年5月的市政办公室预算显示，塞尔·保罗·莫里及其"同伴"在1348年购买城门出入税，但他"已死于瘟疫"，并且，他的同伴无力支付他们欠该城的余下的钱款。这一责任落到一个名为巴多·达瑞吉·詹多纳蒂的担保人（mallevadore）的身上，但他同样拿不出这笔钱。佛罗伦萨从未收齐它应得的钱款。[64]

佛罗伦萨转而利用贷款（preste）来弥补资金短缺，并以此筹措同乌巴尔迪尼家族作战的经费。1349年4月，就在战争爆发前夕，佛罗伦萨向市民借款8000弗罗林（25,6000里拉）"以支付所有士兵"被拖欠的工资。[65] 该城向债权人提供15%的贷款利率，并以零售葡萄酒的税收收入做担保。这笔贷款直接流入契约办公室。1349年6月，在该城动员其军队之际，官员们

61　Bowsky, *The Finance of the Commune of Siena*, pp. 132-137.

62　拉·龙西埃明确指出这是整个14世纪的一个基本问题。La Roncière, "Indirect Taxes," pp. 176-185.

63　鲍斯基对锡耶纳的经典研究与这个概括性观点不一致。他认为这场瘟疫对该城税收收入的直接影响很小。鲍斯基指出公共债务的降低以及税收收入的增加，后者在1349—1350年"稍高于任何可比的较早时期"。1349年来自葡萄酒税的收入占预算的11%，与1320年代晚期和1330年代初期相当。Bowsky, *The Finance of the Commune of Siena*, pp. 250, 274-275.

64　ASF, Camera del comune, Scrivano di camera entrata 8 fol. 49v.

65　ASF, Provvisioni, registri 36 fol. 81r.

寻求圣米迦勒教堂兄弟会的帮助。佛罗伦萨向它借了 15,000 金弗罗林，并再次承诺以零售葡萄酒的税收收入用于还贷。这笔钱仍旧直接流入契约办公室以支付士兵薪水。不过，这一次的贷款利率并未被提及。

  在瘟疫暴发后不久，圣米迦勒教堂兄弟会之于佛罗伦萨公共财政的作用为人熟知。[66] 马泰奥·维拉尼称，它从死于瘟疫之人的遗赠（lasciti）中继承了一笔"巨额财富"。[67] 现代学者约翰·亨德森已向我们叙述了资金短缺的国家是如何利用慈善机构作为收入来源以应对日常事务的。现存预算中的收入部分显示，1349 年 6 月，来自圣米迦勒教堂兄弟会的 24,000 里拉（7500 弗罗林）直接流入契约办公室以支付士兵薪水。这笔钱被分为五次还清。[68] 1349 年 11 月，契约办公室从圣米迦勒教堂兄弟会又收到 7500 弗罗林，这被记录在一份由彼特拉克的朋友弗朗切斯科·布鲁尼起草的公证文书中。[69]

---

66 Goldthwaite, *The Building of Renaissance Florence*, pp. 338–389. 关于圣米迦勒教堂兄弟会这个机构，参见 John Henderson, *Piety and Charity in Late Medieval Florence* (Oxford: Clarendon Press, 1994), pp. 175–190。

67 马泰奥·维拉尼估计圣米迦勒教堂兄弟会的财富达 350,000 弗罗林。维拉尼指责圣米迦勒教堂兄弟会的首领把大部分钱财留作私用。亨德森对维拉尼的说法表示怀疑，但并不排除这种可能性。Henderson, *Piety and Charity in Late Medieval Florence*, p. 180. 法尔西尼指出，由于瘟疫的影响，好几个兄弟会和宗教机构通过"遗赠"获得金钱。Falsini, "Firenze dopo il 1348," pp. 453–456. 由于该兄弟会的账簿不够详细，因而无法就佛罗伦萨对该机构的依赖程度做出明确说明。亨德森称，该城以 1349 年夏至 1351 年夏的葡萄酒税为担保借了 9635 弗罗林。Henderson, *Piety and Charity in Late Medieval Florence,* pp. 175–190。

68 ASF, Camera del comune, Scrivano di camera entrata 8 fols. 50r–50v; Camera del comune, camerlinghi uscita 66 fol. 587v.

69 ASF, Camera del comune, camarlenghi uscita 64 fol. 507r.

表 3.5 列出第一次战役中契约办公室的主要收入来源（1349年 5/6 月）。来自盐税和城门出入税的收入只有 7532 里拉，不足从圣米迦勒教堂兄弟会所借款项的 1/3。这反映出瘟疫带来的混乱和人口缩减现象。来自葡萄酒税的收入比其他的要高，但只约占来自圣米迦勒教堂兄弟会借款的一半。大部分葡萄酒税被用于偿还贷款。

来自盐税和城门出入税的收入在之后的几个月依然很低。1349 年 7/8 月，流入契约办公室的盐税收入仅有 872 里拉，1349 年 9/10 月为 3065 里拉。[70] 在这两个时期，来自城门出入税的收入分别为 4100 里拉、3065 里拉。[71] 来自零售葡萄酒税的收入较高，在 9/10 月达 20,000 里拉。[72] 这一相对高的税收收入可能反映了生活质量问题——也许它表明这种看法有一定道理，即市民们在瘟疫之后喝了很多葡萄酒。

表 3.5　契约办公室的主要收入来源（1349 年 5/6 月）

来源	数额 *
圣米迦勒教堂兄弟会的贷款	24,000 里拉
零售葡萄酒税	12,990 里拉
罚款 / 没收	8000 里拉
盐税	4305 里拉
城门出入税	3227 里拉
来自曼戈纳镇的款项 **	313 里拉

* 总数取近似值，单位里拉。
** 位于锡耶韦河畔的曼戈纳（Mangona）刚被佛罗伦萨购买。
来源：ASF, Camera del comune, Scrivano di camera entrata 8 fols. 49r–52v.

70　ASF, Camera del comune camarlenghi entrata 34 fols. 200r–202r; Camera del comune, camarlenghi entrata 35 fols. 220r–221v.

71　ASF, Camera del comune, Scrivano di camera entrata 7 fol. 49v.

72　ASF, Camera del comune, camarlenghi entrata 35 fols. 220r–221v.

必须强调的是，在 1349 年时罚款是收入来源之一。在 5/6 月，佛罗伦萨官员从对居民的处罚中筹集了 8000 里拉，这比盐税和城门出入税的总和还高。[73] 这一证据支持了编年史的叙述，即该城在瘟疫暴发后不久秩序混乱，并任命一个专门委员会以维持市民之间的和睦。[74] 罚款处罚是由该城主要的司法官员做出的，他们是督政官（podestà）、和平状态守护人兼护卫队长和正义法规执行者（the executor of justice）。[75] 战场上领导佛罗伦萨军队同乌巴尔迪尼家族作战的守护人尼科洛·德拉·塞拉开出最大一笔罚单。他罚没桑德罗·迪·塞尔·里科韦里 6000 弗罗林，后者在 1349 年 6 月缴纳 1000 弗罗林（3219 里拉）。[76] 这一判决显然与此前对托马索·迪·万尼·阿戈兰蒂的定罪有关系，此人是一名吉贝林派权贵，在瘟疫暴发后不久被流放出该城。[77] 尼科洛·德·塞拉还对阿尼奥洛·迪·拉波·达维扎尼处以一笔 5000 弗罗林的罚金，该判决可能与这场战争有关。达维扎尼家族是乌巴尔迪尼家族的盟友。[78] 阿尼奥洛在 6 月份缴纳了其中的 1500 弗罗林

73　ASF, Camera del comune, Scrivano di camera entrata 8 fol. 49v.

74　1349 年 6 月 13 日的立法提到这场内乱。该城选了一些人在城中"争取和平、休战及和睦相处"。ASF, Provvisioni, registri 36 fol. 105v.

75　ASF, Camera del comune, camarlenghi entrata 34 fol. 124v. 关于正义法规执行者对巨家大族的谴责，参见 Christiane Klapisch-Zuber, *Ritorno alla politica: I magnati fiorentini, 1340-1440* (Rome: Viella, 2009), pp. 114-117。ASF, Camera del comune, camarlighi entrata 34 fol. 124v.

76　ASF, Camera del comune, Scrivano di camera entrata 8 fol. 51r.

77　ASF, Camera del comune, camarlenghi entrata 32 fols. 40v-41r, 48v, 61r. 关于阿戈兰蒂家族及其与吉贝林派的关系，以及与该城的矛盾，参见 Klapisch-Zuber, *Ritorno alla politica*, pp. 33-34。

78　ASF, Provvisione, registri 36 fol. 151r.

（3447 里拉）。[79]

这些收入直接流入契约办公室以支付士兵薪水。其他法官做出的罚金处罚一般数额较小，并与受罚人在该城犯下的特定罪行相关。比如，1349 年 7 月，督政官判处安德烈亚·法尔基尼缴纳 80 里拉的罚款，原因是他"用石块袭击梅奥·利皮的面部"；1349 年 8 月，乌古乔内·迪·皮耶罗·萨凯蒂因刺伤洛托·塞尔·加尼被判缴纳 100 里拉的罚款。[80] 此外，正义法规执行者因塞尔·基诺·达·卡伦扎诺的妻子莫娜·阿加塔身穿貂皮触犯禁奢律而处以她 10 里拉罚款。[81]

与此同时，佛罗伦萨官员继续在寻找贷款以扩充收入。1349 年 6 月，担任征收葡萄酒税的总管、腰缠万贯的银行家乔万尼·迪·阿尔贝托·阿尔贝蒂（阿尔贝蒂家族的新行业）借给该城 1000 弗罗林以支付士兵薪水。[82] 这笔借款是秘密签订的。城市法案中没有提到它。它只出现在一份财政收入预算中，并且利率未知。阿尔贝蒂反过来获得 19 弗罗林的酬金，这大约占其借出款项的 2%。同样地，财政收入预算显示，1349 年 8 月，该城从圭尔夫派首领那里获得一笔为契约办公室筹集的 400 弗罗林的贷款，借出这笔钱的有在 1350 年时担任战争统帅顾问的乔万尼·马萨伊·拉法卡尼，以及在 1350 年时是巴利亚一员的弗朗切斯科·德·布鲁内莱斯

79　ASF, Camera del comune, Scrivano di camera entrata 8 fol. 50r.

80　ASF, Camera del comune, Scrivano di camera entrata 8 fol. 52r; Camera del comune, carmarlinghi entrata 34 fol. 124r.

81　ASF, Camera del comune, Scrivano di camera entrata 8 fol. 51v; Camera del comune, carmarlinghi entrata 35 fol. 203r.

82　ASF, Camera del comune, Scrivano di camera entrata 8 fol. 49v; Camera del comune, camarlenghi entrata 32 fol. 65r.

基。[83] 这笔贷款的利率也不为我们所知。

1349年8月，市政官员直接向市民借贷4830弗罗林以支付士兵和其他公共官员的工资。[84] 葡萄酒税和城门出入税的收入将被用于偿还贷款。这笔贷款之所以值得关注，是因为它提供了债权人姓名及该城欠他们的钱数。债权人名单中包括参加这场战争的士兵，以及其他和这场战争直接相关的人。佛罗伦萨欠意大利骑兵队长、卢卡的尼诺·德利·奥比兹280弗罗林；欠担任骑兵队长代理人和军队发薪员的塞尔·博纳尤托·森西45弗罗林。"已死于瘟疫"的凯里科·杰里·达·索马里亚是一名身为士兵的债权人，该城欠他的钱竟高达1117弗罗林。[85] 最大的债权人马佐利·迪·瓦努乔·马佐利（借出1618弗罗林）似乎与这场战争没有直接关系。不过，他和彼特拉克的著名朋友扎诺比·德拉·斯特拉达（扎诺比·迪·乔万尼·马佐利·德·斯特拉达）同姓，后者是薄伽丘的语法启蒙教师的父亲。

第二次战役在资金筹措方面与第一次战役的不同之处在于，佛罗伦萨已不再依赖圣米迦勒教堂兄弟会的贷款。虽然来自罚金的收入减少，但税收收入增加。这一变化似乎在很大程度上归因于1350年1月的一项旨在"增加税收收入"的立法。佛罗伦萨任命由八名捐税征收官组成的委员会，以寻求增加公共收入的途径（crescere le rendite del comune a fare venire denari

---

83　ASF, Camera del comune, camarlenghi entrata 34 fol. 201v. 关于早些年佛罗伦萨用从圭尔夫派那里获得的贷款，参见 Barbadoro, *Le finanze della Repubblica fiorentina*, pp. 479, 480, 488–491, 496, 561–563。

84　ASF, Provvisioni, registri 37 fols. 86r–86v. Camera del comune, camarlenghi entrata 34 fol. 202r.

85　ASF, Camera del comune, Scrivano di camera uscita 7 fols. 44r, 44v.

in comune），该委员会由尼科洛·迪·梅塞尔·本西维尼领导，此人还是契约办公室的一名总管。[86]1350 年 3 月，该城通过一项法律，规定所有"未售"税收由国家直接征收而非由包税人征收。[87]

这项措施至少在初期取得成效。1350 年 3/4 月，在第二次战役前夕，佛罗伦萨征收 81,282 里拉的零售葡萄酒税，这比前一次战役之初所征收的六倍还多。[88] 有意思的是，负责征收葡萄酒税的总管托马索·迪·弗朗切斯科·达维兹是乌巴尔迪尼家族的直系亲属，他来自该家族的一个属于"忠诚的圭尔夫派"的支系，1349 年整个乌巴尔迪尼家族被宣布有罪时，该支系被专门豁免。[89] 这笔钱直接流入契约办公室以支付士兵薪水。

佛罗伦萨不再从圣米迦勒教堂兄弟会借钱，反而开始向该机构还贷。1350 年 2 月，该城还了圣米迦勒教堂兄弟会 1600 里拉（500 弗罗林），这笔钱直接由契约办公室支付。之后，它以按月分期的方式继续向其还贷。还款计划清楚地表明，该城没有支付最初贷款的利息。[90]

来自葡萄酒税的收入处在波动中。1350 年 5/6 月它减至 29,660 里拉；1350 年 7/8 月减至 19,220 里拉；1350 年 9/10 月再次增至 29,022 里拉。与此同时，来自城门出入税和盐税的收入稳定地维持在低水平。在 5/6 月、7/8 月、9/10 月，前者分别为

86　ASF, Provvisioni, registri 37 fols. 67v–68v, 79v–81v.

87　ASF, Provvisioni, registri 38 fol. 4v; La Roncière, "Indirect Taxes," p. 183.

88　ASF, Camera del comune, Scrivano di camera entrata 7 fols. 48r–53r.

89　他们是始终为圭尔夫派的奥克塔韦亚诺·德·加利亚诺·德·乌巴尔迪尼（Octaviano de Galliano de Ubaldini）的后代。ASF, Scrivano di camera entrata 7 (March/April 1350) fols. 48r–53r.

90　ASF, Camera del comune, camarlenghi uscita 64 fol. 507v; Camera del comune, camarlenghi uscita 66 fol. 587v.

区区的 1579 里拉、3156 里拉、1600 里拉；后者分别为 5275 里拉、640 里拉、7886 里拉。[91] 尚不清楚这一微薄收益是反映了瘟疫的持续影响，还是反映了把这种收入用于还贷的影响，或是上述两种因素皆有影响。

从仅存的斯克里瓦诺收入预算中可以看出，在 1350 年 5/6 月，最大笔的收入是从捐税征收官委员会得来的（表 3.6）。[92] 我们尚不清楚这笔钱的来历。此委员会直接向契约办公室支出 49,398 里拉（15,437 弗罗林），占该办公室收入的近一半。市政官员没有再去贷款。相反，他们对农村地区征收一种直接税，即埃斯蒂莫税。[93] 在 5/6 月，这种税的收入为 14,196 里拉，比城门出入税和盐税的收入总和还高；在 7/8 月，该税为 27,976 里拉；在 9/10 月，该税为 10,388 里拉。[94] 1350 年，佛罗伦萨的要塞司令的工资由契约税收入支付，在 1350 年 5/6 月，这种税的收入为 10,681 里拉。[95]

1350 年征收农村埃斯蒂莫税（城市埃斯蒂莫税已在 1315 年废除）或许可以被看作农村富裕的证据，又或者，也许可以被看作佛罗伦萨官员试图对农村加大压榨力度的证据。G. L. 哈里斯指出，瘟疫之后的英国，官员们给农民阶层施加更大的负担。[96]

91　ASF, Camera del comune, camarlenghi entrata 37 fols. 32v-34r; Camera del comune, camarlenghi entrata 40 fols. 183r-186r; Camera del comune, camarlenghi entrata 41 fols. 220v-223r.

92　ASF, Camera del comune, Scrivano di camera entrata 9 fols. 33r-36v.

93　ASF, Camera del comune, Scrivano di camera entrata 10 fol. 34v.

94　ASF, Camera del comune, Scrivano di camera entrata 9 fols. 33r-36v.

95　ASF, Camera del comune, Scrivano di camera entrata 9 fols. 37r-37v.

96　Harriss, pp. 333-334. W. M. 奥姆罗德认为，黑死病过后出现了从直接税到间接税的转变。Ormrod, *Edward III*, p. 375.

表 3.6　契约办公室的主要收入来源（1350 年 5/6 月）

来源	数额 *
增加税收的八名官员	34,250 里拉
零售葡萄酒税	29,660 里拉
埃斯蒂莫税	14,196 里拉
盐税	5275 里拉
城门出入税	1597 里拉

* 总数取近似值，单位里拉。

来源：ASF, Scrivano di camera entrata 9 fols. 33r–36v.

上帝、正义和公共财政

在所有的财政收入预算中，一项稳定的收入来源是一种被称作正直税的税收。在关于公共财政的学术研究中，这项在该城征收良久的税在很大程度上且令人奇怪地被忽视了。贝尔纳迪诺·巴尔巴多罗（Bernardino Barbadoro）在对 13 世纪及 14 世纪初期佛罗伦萨公共财政的开创性研究中对此几乎只字未提；拉·龙西埃在他对佛罗伦萨税收的研究中也是如此。[97]1349/1350 年，该税的征收方式是从所有的金融交易中，包括发放工资和转账——甚至是从一个公共部门到另一个公共部门的转账——以及从供养执政团成员的花费中和从该城给城市乐手置办的服装中，每里拉扣除 12 德纳里（1 索尔多，8.3%）。[98] 因此，该税

97　盖拉尔迪在其关于 1303 的市政办公室的文章中指出，征收正直税可追溯至此时。Alessandro Gherardi, "L'antica camera del comune di Firenze e un quaderno d'uscita de suoi camarlenghi del anno 1303," *Archivio Storico Italiano* 43 (1885), pp. 320–321.

98　ASF, Camera del comune, Scrivano di camera uscita 6 fol. 41r; balie 6 fols. 5r–11r; Camera del comune, camarlenghi entrata 32 fols. 31r–31v, 35r, 39r; Camera del comune, camarlenghi entrata 34 fol. 197r; Scrivano di camera entrata 9 fol. 25v.

的收入与公共支出总额存在内在联系，至于公共支出，正如我们所见，它与该城正从事的、最耗费金钱的战争密切相关。

征收这种税的理由未被言明。但丁在《飨宴篇》第4章第17节第6行中使用 dirittura 一词时意为正义、诚实、品行端正。"正义是使我们热爱正直的美德"（Giustizia ordina noi ad amare e operare dirittura in tutte cose）。薄伽丘在《十日谈》第1天第2个故事中把该词用在贾诺托·达·奇维尼及其犹太朋友亚伯拉罕的身上。薄伽丘将 dirittura 和 lealtà 并置，这是两人共有的品质，现代学者将其分别译为"正直"和"诚实/忠诚"。[99] 在这篇故事的其他地方，贾诺托被描述为"忠诚的和正直的（lealissimo e diritto）"，亚伯拉罕被描述为"真诚的和正直的（leale e diritto）"。

通过对佛罗伦萨文献资料的仔细审视可以看出，正直税与品行端正也有类似的关系。该税的收入同时出现在市政办公室预算和巴利亚登记表中，并旨在让资金循环从而改善该城状况。这里有一个固定标准。在每里拉征收12德纳里的正直税中，10德纳里归新成立的大学，用于支付"聘用教授的工资"；2德纳里归呢绒业行会，用于大教堂的维护和美化。正直税的收入直接进入管理上述部门的总管手中。斯克里瓦诺的收入预算显示，1349年7月14日，佛罗伦萨从该税的所得中向负责监督建立这所大学的委员会主席阿里戈·贝隆迪支付1788里拉；向呢绒业行会的总管内里·皮蒂支付388里拉。[100] 1349年8月14日，

99　这两个词在这篇故事中重复出现。薄伽丘后来称亚伯拉罕"的正直和真诚在贾诺托看来，开始变得更加强烈。"Giovanni Boccaccio, *The Decameron*, translated by Mark Musa and Peter E. Bondanella (New York, NY: Norton, 1977), pp. 28–29.

100　ASF, Camera del comune, Scrivano di camera uscita 6 fol. 41r.

该城向贝隆迪支付 2240 里拉；向皮蒂支付 277 里拉。[101]1350 年 6 月，在反对乌巴尔迪尼家族的第二次战役的高潮期，这所大学从该税的所得中收到 2518 里拉，呢绒业行会收到 1005 里拉。[102] 由于只有很少的斯克里瓦诺预算留存下来，因而很难理清该城的总支出，而这无疑数额庞大。[103]

无论如何，正直税揭示了一种根植于佛罗伦萨公共财政中的逻辑或观念，这一点需要得到承认。这种税是该城在把坏事变成好事方面所做的一种有意识的努力：把花在战争和暴力上的钱——这是该城在财政上的最大支出——用于提升人力素质（通过这所大学）和荣耀上帝。的确，这种税把所有形式的金融交易变成公共收益。于我们而言，正直税直接把乌巴尔迪尼战争与这所大学的建立相联系。它提供了一种财政和道德上的平衡。随着佛罗伦萨花费大量钱财用于战争以争取彼特拉克来到它所创办的大学任教，这笔花费也有助于这所大学的建立。[104]

在这方面，正直税或许可以被视为 15 世纪的荣誉税（onoranza）的前身。迈克尔·马莱特称，这是一种威尼斯和米兰代表教会，对士兵工资按照统一税率征收的税。[105] 学者们是以嘲讽之情看待荣誉税的，认为这不过是对宗教的敷衍之举。但佛罗

101　ASF, Camera del comune, Scrivano di camera entrata 7 fol. 7v.

102　ASF, Camera del comune, Scrivano di camera entrata 9 fol. 6v.

103　1350 年 4 月，该城又给这所大学拨款 1280 里拉（400 弗罗林），并给大教堂拨款 250 里拉。ASF, Camera del comune, Scrivano di camera entrata 7 fol. 2v.

104　William Caferro, "Le Tre Corone Fiorentine and War with the Ubaldini," in *Boccaccio 1313-2013*, edited Francesco Ciabattoni, Elsa Filosa, and Kristina Olson (Ravenna: Longo editore, 2015), p. 53.

105　Michael Mallett, *Mercenaries and Their Masters* (Totowa, NJ: Rowman and Littlefield, 1974), pp. 137-138; Caferro, "Warfare and Economy," p. 193; Peter Blastenbrei, *Die Sforza und ihr Heer* (Heidelberg: Winter Universitätsverlag, 1987), p. 205.

伦萨的正直税却是佛罗伦萨整体财政政策的重要组成部分。市政官员要使金融交易变得有用——事实上将之神圣化——的心愿反映出一种非常真实的基督教市民的自豪感。

事实上，值得注意的是，对未通过检查的士兵的罚款（*difetti*）被用于"一般性支出"，而非流入契约办公室。[106] 市政官员似乎并没有试图将回笼的军饷再次用于战争，而是将这部分收入用于该城的日常事务中。和正直税一样，这种做法的目的是把战争经费转变成服务于市民的资金。

公共财政中的基督教市民因素与教会对佛罗伦萨财政事务的重要干预相吻合。要想把宗教与佛罗伦萨的经济事务和战争分开是不可能的，无论这种愿望多么强烈。正如我们所见，在掌握着该城资金的市政办公室的四名总管中，有两人是来自塞蒂莫的圣萨尔瓦多修道院的修士。主管负责该城武器供应的军需处的总管都是修士。1349年6月，圣米迦勒教堂兄弟会借给该城用于支付同乌巴尔迪尼家族作战士兵薪水的钱是在修士之间转手的：从主管圣米迦勒教堂兄弟会的修士手中直接转到主管军需处的修士手中。[107] 军需处接着把这些钱交给契约办公室中的世俗总管，再由他们向士兵支付薪水。这种流转的频率不得而知，但教会人士显然在财政事务方面增加了额外的安全感。1350年，当佛罗伦萨无法从新占领的洛佐尔镇收税时，它派出一名修士作为该镇总管，明确希望他能"减少欺诈行为，获得当地人的信任"。[108]

106　所有士兵都可能会被罚款，并且这项罚款通常数额较大。关于相关事例，参见 ASF, Camera del comune, Scrivano di camera entrata 8 fol. 19r。

107　ASF, Camera del comune, Scrivano di camera entrata 8 fols. 50r–50v。

108　Demetrio Marzi, *La cancelleria della Repubblica Fiorentina* (Rocca San Casciano: Cappelli, 1909), p. 679.

关于战争经济

尽管文献资料传递出所有的细节，但我们依然很难——正如杰伊·M. 温特在概述战争时所言——为乌巴尔迪尼战争列一张损益决算表。[109] 虽然这场战争范围有限，但它显然耗资高昂，并给已经饱受瘟疫之苦的国库带来巨大压力。这场冲突使商人及商品在交通要道上的流动变得更为困难，并造成短期的混乱。房屋被焚、家畜被盗给双方都带来沉重的打击。1349 年 10 月，鉴于"敌人劫掠和瘟疫"的双重影响，佛罗伦萨做出增加斯卡尔佩里亚人口的努力就是这方面的明证。[110] 然而，与此同时，和比萨或米兰等国家级别的对手不同的是，乌巴尔迪尼家族并没有把战争带进佛罗伦萨的大门，反倒是佛罗伦萨把战争带给了他们。因而，乌巴尔迪尼家族的土地所遭受的破坏更严重；他们的要塞和所征收的通行费最终被佛罗伦萨人侵占，至于佛罗伦萨人，他们从一开始就通过向乌巴尔迪尼家族的依附者提供税收减免引诱他们改换门庭，进而削弱敌人。1350 年该家族的战败让亚平宁山路变得畅通无阻，这使得彼特拉克和朝圣者可以前往罗马参加教皇大赦年活动。修复和翻新被占领的要塞为佛罗伦萨商人提供了投资机会，也为工匠们提供了就业机会。

资金循环的重要性在我们的讨论中已得到呈现。当佛罗伦萨的人口因瘟疫而急剧减少时，它的钱却保留下来。长期致

---

109 Jay M. Winter, ed., *War and Economic Development: Essays in Memory of David Joslin* (Cambridge: Cambridge University Press, 1975), p. 2.
110 ASF, CP 1 fol. 9r; Signoria Missive Cancelleria 10 #148. 这封信指出，1350 年 4 月，乌巴尔迪尼家族偷了 117 只绵羊和山羊，以及 45 头牛。

力于社会援助的圣米迦勒教堂兄弟会变成破坏行为和军事事务的资金来源。对寻衅滋事的市民和权贵的罚款增加了公共收入。1350年的巴利亚记录显示,斯卡尔佩里亚的受雇工匠多来自该镇附近地区,为该地供应物资的人也是如此。铁匠师傅弗拉西内洛·科尔西尼来自普利奇亚诺,这是个位于穆杰洛南部、临近维基奥、在斯卡尔佩里亚正东的小镇。出售木材的乔万尼·瓜斯科利来自斯卡尔佩里亚,此外还有香料商弗朗切斯科·科尔西尼、出售大麻的奎多托·琴尼斯、出售钉子的洛蒂诺·洛蒂以及另一名铁匠师傅阿兹诺·瓜尔贝蒂。[111]

这些人赚的钱很可能流入当地经济,帮助弥补该地区因乌巴尔迪尼家族的攻击而遭受的损失。佛罗伦萨似乎并未对斯卡尔佩里亚的工人以及在此地出售商品的工匠/供应商征税,这一做法有助于他们增加收益。该城专门为这些人免除了正直税。[112]据我们所知,供应商们获利丰厚。斯卡尔佩里亚的铁匠兼物资供应商阿兹诺·瓜尔贝蒂在第二次战役期间赚了840里拉(250弗罗林)。[113]售卖弩的巴尔托洛·拉皮赚了1160里拉(350弗罗林),并无须缴税。[114]

这些人与战争相关的收益很可能超出与战争不相关的销售收入,而后者事实上是需要纳税的。或许,佛罗伦萨实施这种不同政策的目的是鼓励工匠们把商品卖给国家而非个人。然而,鉴于人口危机,与战争不相关的领域似乎不会出现同等强烈的需求。佛罗伦萨还为其他战时服役的人免除赋税,其中包括执

111　ASF, balie 6 fol. 22r.

112　斯卡尔佩里亚的所有工匠——石匠、木匠、锯工——的薪水无须纳税("sine retention alicuis gabelle et diritture")。ASF, balie 6 fols. 51r, 64r-v.

113　ASF, balie 6 fols. 108r, 114r.

114　ASF, balie 6 fol. 20r.

政官们的公证人塞尔·皮耶罗·马泽蒂,他无须为自己通过专门为这场战争起草的信件而获得的收入纳税。不过,我们尚不清楚佛罗伦萨在何种程度上允许这种特例存在(第5章)。[115]

士兵们的来源地同样是资金循环的重要因素。正如我们所见(第2章),盾牌兵队长主要来自佛罗伦萨境内的山区地带。他们赚的钱流入这些地区。这一证据支持了塞缪尔·K.科恩的惊人结论,即瘟疫过后的那些年,佛罗伦萨的山区地带(特别是上穆杰洛)拥有大量财富。[116]它似乎也帮助解释了为什么佛罗伦萨决定在1350年征收农村埃斯蒂莫税,这或许是想把流入农村的钱攫取回来。

步兵对公债的投资(第2章)进一步增强了资金循环。1349/1350年,盾牌兵和弩兵分队的队长都是公债的持有者。来自卢卡的意大利骑兵队长尼诺·德利·奥比兹不仅投资公债,还把钱借给战争本身(1349年8月)。这些例子引发一种耐人寻味的可能性——我在其他地方也提到过——战争本身被那些参战的人视为一种投资,这种可能性在14世纪后期存在明显的证据。[117]

不过,我们决不能把这种话说得太过。正如我们所见,在佛罗伦萨军中服役的许多弩兵队长来自佛罗伦萨境外。对德国雇佣兵的研究表明,他们把钱寄回家乡,以在自己的故土为家人建造住所。[118]此外,如果说战争刺激了战争地区工匠们的贸

115　无须缴税的还包括信使、运输工、军队督察员。ASF, balie 6 fol. 51r, 64r–v.

116　Samuel K. Cohn, *Creating the Florentine State: Peasants and Rebellion* (Cambridge: Cambridge University Press, 1999).

117　Caferro, "Warfare and Economy," p. 205.

118　Eduard A. Gessler, "Huglin von Shoenegg. Ein Basler Reiterführer des 14. Jahrhunderts in Italien: Ein Beitrag zur damaligen Bewaffnung," *Basler Zeitschrift fur Geschichte und Altertumskunde*, XXI (1923), pp. 75–126; Stephan Selzer, *Deutsche Söldner im Italien des Trecento* (Tubingen: Niemeyer, 2001), pp. 176–177.

易,那么它并未对佛罗伦萨的"军火"工业起到全面的刺激作用。佛罗伦萨不存在军工复合体。出售战争物资的工匠们同时还经营着与战争不相关的物资贸易。武器的需求有限。文献显示,佛罗伦萨对弩箭实施循环使用。骂阵人将它们从战场上捡回使之重新得到加工,然后被再次利用。[119] 我们找不到士兵购买诸如盔甲等昂贵物品的证据。佛罗伦萨把盔甲作为其公共军械库的一部分,但是,资料中没有提及将之出售给士兵的情况。[120] 与此同时,佛罗伦萨的官员免费向士兵提供物资和给养。1350年负责监督军中物资供应的克里斯托凡诺·博宁斯特拉德和多梅尼科·迪·桑德罗·多尼尼的详细叙述表明,该城将面包卖给军队时,还送出许多。他们在叙述中给出后一种做法的明确理由:"这样的话,军队将不会停止作战,而是奋勇向前。"[121] 在5月底向蒙特盖莫利发起进攻前,以及在6月14、24、27日当军队通过艰难地形时,士兵们得到免费分发的面包。[122] 1350年6月的一封使节的信件表明,佛罗伦萨甚至向在利古里亚招募的弩兵派发食物和给养,以期他们为己效劳。[123]

简言之,战争兹事体大,不能将之完全交由变化莫测的市场。历史学家威廉·麦克尼尔所设想的由士兵和商人组成的"自给自足的市场",目前尚无证据。[124] 在高山地区为军队提供

---

119 ASF, balie 7 fols. 33r, 33v, 34r.

120 ASF, Provvisioni, registri 36 fol. 132v.

121 "nullam denari exigerent a dictis stipendiaries." ASF, balie 7 fol. 32r.

122 ASF, balie 7 fols. 29r-30v, 64r-64v.

123 ASF, Signori, Missive I Cancelleria 10 #159.

124 William H. McNeill, *The Pursuit of Power* (Chicago, IL: University of Chicago Press, 1982), p. 74. 对这个问题更完整的讨论,参见 Caferro, "Warfare and Economy," pp. 191-198.

的物资不是购自佛罗伦萨境内,而是购自亚平宁山脉另一侧的罗马涅。[125] 这个选择在逻辑上是合理的。1350 年 6 月,当军队来到蒂尔利附近时,佛罗伦萨从马萨代阿利多斯镇购买了面包、笔记本和墨水。[126] 1350 年 6 月,佛罗伦萨官员在写给军队统帅的一封信中,指示他从教皇使节、罗马涅伯爵和罗马涅贵族乔万尼·迪·阿尔贝盖蒂诺·曼弗雷迪那里寻求给养。[127]

战争带来的经济回报非常有限,这在大商人身上表现得最为明显。佛罗伦萨利用银行家的借款以招募军队、支付人员工资和购买物资(第 2 章)。[128] 这些银行家代表当时一些最重要的公司,并借出大笔资金。佛罗伦萨最富有的人之一弗朗切斯科·里努奇尼及其"商行"借出 500 弗罗林用于从利古里亚招募弩兵。[129] 加莱亚佐·拉皮·达·乌扎诺是一家在比萨、博洛尼亚、热那亚、罗马和那不勒斯都设有分行的银行合伙人,他借出 1400 弗罗林用于支付领薪人员的工资。[130]

佛罗伦萨官员把偿还借款和支付实际上从事招募工作的、

125　ASF, Provvisioni, registri 36 fols. 82v, 150r-150v; balie 7 fols. 33r, 33v.

126　ASF, balie 7 fols. 35r, 64v.

127　Marzi, *La cancelleria*, p. 679. ASF, balie 7 fols. 34r, 35v.

128　银行家在战争中的作用值得更多学者关注,参见 Caferro, "Warfare and Economy," pp. 167-209。14 世纪佛罗伦萨的银行家对招募士兵的参与体现在阿尔贝蒂家族银行的账簿中。Richard A Goldthwaite, Enzo Settesoldi, and Marco Spallanzani, eds., *Due libri mastri degli Alberti: una grande compagnia di Calimala, 1348-1358*, vol. 1 (Florence: Cassa di Risparmio, 1995), pp. ciii-cix, 9, 33, 37, 40, 190. 也见 Richard A. Goldthwaite, *The Economy of Renaissance Florence* (Baltimore, MD: Johns Hopkins University Press, 2009), p. 47。

129　ASF, balie 6 fols. 40v; Brucker, *Florentine Politics and Society*, p. 21.

130　ASF, balie 6 fols. 40v, 110v. 关于达·乌扎诺银行,参见 Victor I. Rutenburg, "La compagnia di Uzzano" in *Studi in onore di Armando Sapori*, vol. 1 (Milan: Instituto editoriale cisalpino, 1957), pp. 689-706.

身为银行家的代理人的工资和花费作为首要任务。但商人的经济回报微乎其微。[131] 银行家可以从每弗罗林的借款中获得5德纳里的收益,这不足支出的1%(0.06%)。[132] 对于达·乌扎诺所属银行借给该城的1400弗罗林,它仅获得29里拉(大约9弗罗林)的收益。[133] 与此同时,风险却很大。银行家马内托·塞尔·里查迪预付给德国雇佣骑兵的900弗罗林全部损失。[134] 从萨尔扎纳招募弩兵的中间人保罗·德·内罗损失了他预付给士兵的钱,其中包括他自己的钱。[135]

银行家参与其中似乎更多是出于为国效劳,而非为获取利润的机会。那些在战场上负责监督采购和分配物资的商人也是如此。[136] 正如我们所见(第2章),他们包括一些大商人如雅各布·迪·多纳托·阿齐亚约利和彼特拉克的赞助人弗朗切斯科·德·本尼诺。这些人和他们就战争物资"进行磋商"的军需处之间的确切关系尚不清楚。我们不知道他们是否向军需处出售物资,或是仅仅在战场上扮演中间人。但是风险大于回报。文献表明,他们要为这项工作提供担保,事实上这是把他们自己的财富托付给国家,并让他们自己为物资短缺负责。巴利亚记录显示,很少有商人在这份工作上任职超过几天或几周,这表明这份工作并不招人喜欢。[137] 并且,与在斯卡尔佩里亚的工匠/供应商不同的是,这些在战场上负责物资供应的商人要为其

131　ASF, balie 6 fol. 57r.

132　ASF, balie 6 fol. 40v.

133　ASF, balie 6 fols. 110v, 108r.

134　ASF, balie 6 fols. 57r, 108r.

135　ASF, balie 6 fol. 108r.

136　ASF, balie 6 fol. 58v.

137　ASF, balie 6 fol. 67r.

薪水和销售所得纳税。[138]

乔万尼·迪·阿尔贝托·阿尔贝蒂的例子进一步证明这一点，正如我们所见，这位腰缠万贯的商人兼银行家在第一次战役期间曾秘密地借给该城 1000 弗罗林（3200 里拉），反过来只获得 2% 的酬金。但阿尔贝蒂的例子也显示了评估大商人整体金融投资组合的难度。卡尔·海因里希·舍费尔从梵蒂冈档案馆复印的现存档案显示，在借钱给佛罗伦萨时，阿尔贝蒂还是教皇的财务主管，负责为罗马涅地区正在进行的战争提供资金。赚钱（和赔本）的机会并非局限于佛罗伦萨。[139] 并且，很难确定他和其他富裕商人是否从佛罗伦萨官员那里得到秘密酬劳或是难以量化的政治上的考虑。

无论如何，来自战争的个人经济收益要和税率的提高放在一起衡量，因为后者削减了利润。约翰·U. 内夫的名篇《作为经济刺激的战争》在反驳维尔纳·桑巴特时，强调了对战争影响做出准确评估所需要的诸多因素，其中包括把军费投资在其他地方可能更有利可图。[140] 也许在这里，乌巴尔迪尼战争最能说明这一点。

在劳动力严重短缺的情况下，雇佣这么多人为战争出力，其后果是显而易见的。文献清楚地表明，1349 年 7 月，市政官员被迫推迟为纪念瘟疫受难者而建造圣安娜教堂的计划。这个由圣米迦勒教堂兄弟会监督和资助的项目搁浅的原因是缺乏

138　ASF, Camera del comune, Scrivano di camera entrata 8 fol. 19r.

139　1350年，阿尔贝蒂借给教皇 1 万弗罗林。Karl Heinrich Schäfer, *Die Ausgaben der Apostolischen Kamera (1335–1362)* (Paderborn: F. Schöningh, 1914), pp. 417, 436.

140　John U. Nef, "War and Economic Progress, 1540–1640," *Economic History Review* 12 (1942), p. 231 和 *War and Human Progress* (Cambridge, MA: Harvard University Press, 1950), p. 65。

能干的石匠。圣米迦勒教堂兄弟会的首领明确地指斥，乌巴尔迪尼战争使人"难以找到工匠师傅"。[141]1349年7月，由圣米迦勒教堂兄弟会任命的主持该项目的两个人事实上是里斯托罗·迪·乔内和斯特凡诺·普奇，而前往斯卡尔佩里亚督造乌巴尔迪尼战争所需战争器械的正是他们。

圣安娜教堂一直未被建造。并且用于资助新大学的正直税收入最终不出所料地被乌巴尔迪尼战争吞噬。1350年7月，佛罗伦萨的官员被迫把本该归于该大学的6400里拉（2000弗罗林）用于支付士兵薪水。[142]资金被挪用延缓了这所新大学的成立，直到几年后它才牢固地建立。

---

141 Saverio La Sorsa, *La Compagnia d'or San Michele, ovvero una pagina della beneficenza in Toscana nel secolo XIV* (Trani: V. Vecchi, 1902), pp. 110-111, 240-250.

142 ASF, Provvisioni, registri 36 fol. 38v.

第4章 瘟疫、士兵工资和佛罗伦萨的公职人员

> 我们应该克制自己的天性,遵守父辈的习性……近代历史学和人类学研究的重大发现是,人类的经济活动通常淹没在他们的社会关系之中。他这样做并不是为了保护他在拥有物质商品方面的个人利益;他这样做是为了维护他的社会地位,他的社会权利,他的社会资产。
> ——卡尔·波兰尼《大变革》[1]

> 古典理论只适用于特殊情况……古典理论所假设的特殊情况与我们实际上生活其中的经济社会的状况并不相同。
> ——约翰·梅纳德·凯恩斯《就业,利息和货币通论》[2]

本章的一些内容出现在第1章"彼特拉克的战争"中,这里的数据和论述已得到扩充和完善。

1 Karl Polanyi, *The Great Transformation* (Boston: Beacon Press, 2nd paperback edn., 2001), pp. 44, 74.
2 John Maynard Keynes, *The General Theory of Employment, Interest and Money* (New York, NY: Harcourt Brace, 1936), p. 3.

> 黏性工资……是现实世界的一个明显特征。
>
> ——保罗·克鲁格曼《纽约时报》(2012 年 7 月)[3]

瘟疫对工资的影响最受人关注。瘟疫刚刚过后的几年被认为是市场的"恐慌和冲动"期,当时"劳动力需求处于顶峰"。[4] 研究佛罗伦萨的学者把这些年描述为发生重大变化的时期。夏尔·德·拉·龙西埃称,1349 年至 1350 年名义工资和实际工资都有"大幅增长"。[5] 理查德·戈德思韦特和塞尔焦·托涅蒂分别称工资水平出现"大幅上涨""有力增长"。[6] 卡洛·奇波拉依据拉·龙西埃的数据认为,1349—1350 年的工资增长为 1350—1369 年"肥牛时代"——这对佛罗伦萨的劳动阶层来说是个黄金时代——的到来奠定了基础。[7] 保罗·马拉尼玛把这个

---

3 Paul Krugman, "Sticky Wages and the Macro Story," *New York Times* (July 22, 2012).

4 James E. Thorold Rogers, *A History of Agriculture and Prices in England from the Year after the Oxford Parliament (1259) to the Commencement of the Continental War (1793)*, vol. 1 (Oxford: Clarendon Press, 1866), p. 265.

5 Charles M. de La Roncière, *Prix et salaries à Florence au XIVe siècle, 1280-1380* (Rome: École française de Rome, 1982), p. 457. 也见 Charles M. de La Roncière, "La condition des salaries a XIVe Florence au siècle" in *Tumulto dei Ciompi: un momento di storia fiorentina ed Europea*, edited by Atti del Convegno internazionale (Florence: Leo S. Olschki, 1981), p. 19。

6 Richard A. Goldthwaite, *The Building of Renaissance Florence* (Baltimore, MD: Johns Hopkins University Press, 1980), p. 317; Sergio Tognetti, "Prezzi e salari nella Firenze tardomedievale: un profilo," *Archivio Storico Italiano* 153 (1995), pp. 305, 310.

7 Carlo M. Cipolla, *The Monetary Policy of Fourteenth Century Florence* (Berkeley, CA: University of California Press, 1982), pp. 48-49, 54; La Roncière, *Prix et salaries*, pp. 494-496.

第 4 章　瘟疫、士兵工资和佛罗伦萨的公职人员

结论扩展到全意大利，发现整个亚平宁半岛都出现工资水平的"快速增长"。[8]

这个结论是基于对日工工资的考虑，特别是来自建筑行业的日工，他们的工资数额来自大型私人机构的账簿，提供了有用的数据。[9]就学术讨论而言，它关注的是实际工资、生活水平以及决定它们的"一篮子商品"。[10]

值得注意的是，当前学术研究中缺乏对士兵工资的关注。这一空白反映了人们普遍对战争不感兴趣，以及现代学者在和平与军事领域之间所做的过时的划分。这一做法令人感到遗憾，因为正如我们所见，士兵是佛罗伦萨劳动力的重要组成部

8　Paolo Malanima, *L'economia italiana dalla crescita medievale alla crescita contemporanea* (Bologna: Il Mulino, 2012), p. 239.

9　拉·龙西埃研究的是 1280—1380 年这段时期。平托研究的是 1380—1430 年这段时期。戈德思韦特关注的是 14 世纪和 15 世纪。托涅蒂将其他学者的研究成果结合起来，并将其扩展到 1500 年。工资数据来自新圣母玛利亚医院、圣加洛医院、圣母领报修道院、卡尔米内修道院的账簿。平托强调了这些资源的丰富性。Giuliano Pinto, *Toscana medievale: Paesaggi e realtà sociali* (Florence: Le lettere, 1993), p. 114. La Roncière, *Prix et salaires*; Richard A. Goldthwaite, *The Building of Renaissance Florence*; Tognetti, "Prezzi e salari nella Firenze tardomedievale." 也见 Franco Franceschi, *Oltre il 'Tumulto': I lavatori fiorentini del Arte della lana fra tre e quattrocento* (Florence: Leo S. Olschki, 1993) 和 Cipolla, *Monetary Policy*; Gene Brucker, *Florentine Politics and Society, 1343–1378* (Princeton, NJ: Princeton University Press, 1962), pp. 9–27。关于工人的经济状况，参见 John M. Najemy, *A History of Florence, 1200–1575* (Oxford: Blackwell Press, 2006), pp. 157–160。托涅蒂指出，对佛罗伦萨日工工资和整个前工业时代的研究存在"某种局限"。Tognetti, "Prezzi e salari," p. 264.

10　对确立实际工资和生活成本的因素进行的评估，参见 Goldthwaite, *The Building of Renaissance Florence*, pp. 342–350; La Roncière, *Prix et salaries*, pp. 381–396, 423–450; Pinto, *Toscana medievale*, pp. 129–130; 和 Tognetti, "Prezzi e salari," pp. 298–300。

分。¹¹ 我们的样本量比建筑行业的大，因为建筑行业的现存数据相对较少。拉·龙西埃找的是 1350 年至 1380 年新圣母玛利亚医院区区 130 名工人的工资数据。1358 年的佛罗伦萨的最早的行会登记表列出了 434 人。¹² 克里斯托弗·戴尔称，研究中世纪英格兰建筑行业的工资水平"不可避免"，但他指出，多个年份的数据"非常少"。¹³

然而，军队的数据与当前的工资模型并不相符，并对学术共识提出质疑。¹⁴ 它挑战了我们对名义工资的理解，并与其他公职人员的工资一道，揭示了从一组数据推断出广泛结论的危险。佛罗伦萨拥有各色劳动力，他们在这些充满活力的年代表现各异。

步兵和骑兵，1349—1350 年

我们可以对 1349—1350 年佛罗伦萨军队的工资情形进行

---

11 这反映在军事开支是国家开支最大部分的预算中，即便在和平时期也是如此。William Caferro, "Continuity, Long-Term Service and Permanent Forces: A Reassessment of the Florentine Army in the Fourteenth Century," *Journal of Modern History* 80 (2008), pp. 303-322 和 *Mercenary Companies and the Decline of Siena* (Baltimore, MD: Johns Hopkins University Press, 1998)。

12 1391 年的一份登记表列出了 915 名工匠。Goldthwaite, *The Building of Renaissance Florence*, p. 252. La Roncière, *Prix et salaires,* p. 322. 索罗尔德·罗杰斯称中世纪英国的工匠数量"非常少"。Thorold Rogers, *Six Centuries of Work and Wages*, pp. 179-183.

13 Christopher Dyer, *Standards of Living in Later Middle Ages: Social Change in England, 1200-1320* (Cambridge: Cambridge University Press, 1989), pp. 220-223.

14 对这一数据的初步研究，参见 William Caferro, "Petrarch's War: Florentine Wages at the Time of the Black Death," *Speculum* 88, no. 1 (January 2013), pp. 144-165。本章扩展并修正了先前的证据及结论。

简要说明。从1349年至1350年，步兵的名义工资有所增加，这与学者们概括的日工工资的一般情形吻合。然而，骑兵的工资在这两年维持不变。这种停滞格外引人注目，因为它不仅与学术研究现状相悖，还与我们对雇佣兵的基本认识存在差异。至于雇佣兵，从理论上讲，他们是佛罗伦萨劳动力中最具流动性的部分，并且他们的职业是贪婪的同义词。正如马基雅维利在《君主论》中说的那句名言：这些人缺乏"对上帝的恐惧和对他人的忠诚"，且仅是为了他们的薪俸才继续战斗的。[15]

在对佛罗伦萨军队缺乏学术研究的情况下，我们有必要首先研究军队的工资结构。根据合同约定，佛罗伦萨士兵的雇用期为四至六个月不等。他们按月领取薪水，这笔钱被直接交给统领分队的队长，之后，他根据佛罗伦萨官员定下的，并在预算中明确说明的数额发放给手下。需要强调的是，这一点与一种学术传统相悖，即认为队长们依据他们自己定下的数额，单独对向自己手下发放工资这件事负责。事实上，军中的队长们在这方面的自由裁量权不及佛罗伦萨的其他雇员，比如说，督政官会依据他认为合适的数额向其随从/团队（comitiva）发放工资，这一数额并非由国家设定，因而我们无从得知。

表4.1列出了在1349年第一次反对乌巴尔迪尼家族的战役中，佛罗伦萨士兵们的名义工资。雇佣骑兵赚得最多，德国骑兵队长是所有士兵中工资最高的一类人，他的工资比处于工资标准底层的盾牌兵的16倍还多。工资第二高的是意大利的骑兵队长，他们的工资差不多是他们的德国同僚的一半。如果一名意大利骑兵队长是骑士，那么他的工资会增加25%，这种差异不适用于德国骑兵队长——无论是否为骑士，他们的工资都是一样的。普通

15　Machiavelli, *The Prince*, translated and edited by David Wootton (Indianapolis, IN: Hackett Publishing Co., 1995), p. 43.

的德国骑兵的工资次之，接着是来自利古里亚和卢尼贾纳的弩兵队长、意大利雇佣骑兵，以及来自比别纳和摩德纳的弩兵队长，其中，后者的工资约为其来自利古里亚和卢尼贾纳的同僚的一半，并且，这些弩兵的工资仅比盾牌兵的工资高一点儿（15%）。无论在单独构成的分队还是在混合分队中，盾牌兵的工资是一样的。工资最低的是处在盾牌兵分队中的学徒（*ragazzini*）。

表 4.1　1349 年佛罗伦萨士兵的名义月工资（按从高到低的顺序排列）

职业（分队规模）	名义工资*
德国雇佣骑兵队长（13—20 人）	1920
意大利雇佣骑兵队长（15 人）	800—1000
德国雇佣骑兵	522
来自利古里亚/卢尼贾纳的弩兵分队队长（23—25 人）	448
意大利雇佣骑兵	400
来自利古里亚/卢尼贾纳的弩兵	207
来自利比别纳/摩德纳的弩兵分队队长（10—26 人）	202
步兵混合分队队长（10—23 人）	150—202
盾牌兵分队队长（20—25 人）	200
盾牌兵分队队长（4—12 人）	150
混合分队中来自利比别纳/摩德纳的弩兵	136
盾牌兵	120
盾牌兵分队中的学徒	100

注：市政办公室预算中是记账货币，按 1 里拉 =20 索尔多 =240 德纳里计算。金币和银币之间存在兑换比率。1349 年 1 弗罗林价值 64 索尔多，这是 1349 年 4 月至 8 月的平均比率。
* 工资以皮乔利索尔多表示。
来源：ASF, Camera del comune, Scrivano di camera uscita 6 fols. 17r-41r; Scrivano di camera uscita 7 fols. 17r-60r; Scrivano di camera uscita 8 fols. 17r-36r.

在这个"马的时代"——用菲利普·孔塔米纳著名的话说——佛罗伦萨的工资标准偏爱骑兵而非步兵或许是可以预见的。孔塔米纳认为，这一时期步兵已失去"数量和质量"优势，

第 4 章　瘟疫、士兵工资和佛罗伦萨的公职人员

对于这种说法，人们普遍接受。[16] 然而，我们掌握的数据表明，来自利古里亚和卢尼贾纳的弩兵待遇优渥，一名队长的工资比一名意大利雇佣骑兵的还多，并且是非利古里亚/卢尼贾纳籍弩兵队长的两倍。

这一证据证实了这些人拥有相当高的地位和声望，正如我们在第 2 章所见，他们是以类似招募雇佣骑兵的方式被招募的。和骑兵一样，商人银行家在招募他们的过程中充任中间人，向士兵们预付资金以期他们的效力。[17]

与得到广泛研究的工匠工资不同的是，士兵们的工资率固定不变。由于不存在季节性变化，以及基于雇用时长的差别，因而无须采用平均或"典型"数据。[18] 所以，我们可以避开研究工匠工资的学者（索罗尔德·罗杰斯、费尔普斯-布朗、霍普金斯、戈德思韦特、托涅蒂和拉·龙西埃）所遇到的方法论问题。[19] 在我们的数据中，最大的变化是混合分队队长的工资。

16　Philippe Contamine, *War in the Middle Ages*, translated by Michael Jones (Oxford: Oxford University Press, 1984), p. 126.

17　ASF, balie 6 fols. 40v, 59r.

18　戈德思韦特讨论了获取建筑行业工资数据的问题。工资条目本身并不一致。他指出，根据季节和劳动类型的不同，工资会发生变化。工资还受到服务期长短的影响——是短期项目还是长期项目。Goldthwaite, *The Building of Renaissance Florence*, pp. 317-320, 435-436. 拉·龙西埃讨论了他的数据中的类似问题。La Roncière, *Prix et salaries*, pp. 263-268. 关于对英国的讨论，参见 Dyer, *Standard of Living*, pp. 211-233. 关于对中世纪工资变化特性的概括性论述，参见 Steven A. Epstein, "The Theory and Practice of the Just Wage," *Journal of Medieval History* 17 (1991), p. 65。

19　E. H. Phelps Brown and Sheila V. Hopkins, "Seven Centuries of Building Wages," *Economica* 22 (1955), p. 196. 托涅蒂给出了最低和最高工资，然后取平均值。Tognetti, "Prezzi e salari," pp. 302-304. 拉·龙西埃特别地指出了一个名为托马索的工匠的工资变动情形，从 1349 年 3 月到 6 月，他的工资从每天 14 索尔多又 6 德纳里到 8 索尔多（5 月 9 日）不等。La Roncière, *Prix et salaries*, p. 274.

他们的工资取决于自己是弩兵还是盾牌兵。前者赚得比后者多。当混合分队变成盾牌兵和弩兵分队时,队长的工资保持不变。因此,对于如今已为我们熟知的在蒙特盖莫利战斗中发挥关键作用的蒂尔利的桑蒂·基亚鲁奇来说,当他在 1349 年 6 月率领一支 12 名盾牌兵的分队时,领取的工资与他在 1349 年 7 月率领混合分队时的一样,这是一支包含 3 名弩兵在内的由 15 人组成的分队。[20]

像在今天公司化的美国一样,军队的工资最高。雇佣兵分队的队长职务具有重大经济意义。一名德国骑兵队长的工资是其分队成员的三倍。一名意大利骑兵队长的工资是其部属的两倍,一名利古里亚和卢尼贾纳籍的弩兵队长的工资也是其部属的两倍。摩德纳和比别纳籍的弩兵队长比其部属多挣 50%。另一方面,盾牌兵和混合分队的队长所具有的优势相对不大。一名盾牌兵队长的收入比处在一支由 4 至 12 人构成的分队的盾牌兵多 1.5 里拉(20%)。但是,在大的分队中,他的收入会增加,所以,一支由 20 至 25 人构成的旗帜分队的盾牌兵队长的工资是其部属的两倍。然而,在 1349 年,军中很少出现此等规模的分队。

目前尚不清楚这种比率是否是该城正式设定的。同样不清楚的是,支付给士兵工资的是何种钱币,正如戈德思韦特所言,这个问题适用于佛罗伦萨的整个工资发放情况。[21] 在本章中为方便比较,表 4.1 的工资额基于记账货币(1 里拉 = 20 索尔多 = 240 德纳里)——与预算中提到的银制流通货币挂钩——被换

20　ASF, Camera del comune, Scrivano di camera uscita 6 fol. 29v.

21　Richard A. Goldthwaite, *The Economy of Renaissance Florence* (Baltimore, MD: Johns Hopkins University Press, 2009), p. 611.

算成皮乔利索尔多。[22] 然而，记账货币是"幽灵货币"（奇波拉的说法），与实际支付并不相符。[23] 佛罗伦萨的货币体系属于复本位制，包括金币（弗罗林）和银币（格罗西、夸特里尼、德纳里）。像其他雇工一样，支付给士兵的是这两类货币，我们将在第 5 章对此展开更详细的讨论。选择货币具有经济和社会意义。金弗罗林——价值稳定，并在整个意大利和欧洲被广泛接受——是最受人欢迎的货币。它不会出现市场上使用的那种较小的银币所遭遇的贬值情况。

表 4.2 列出了 1350 年彼特拉克的战争的第二阶段期间士兵的工资。黑死病的影响显而易见（图 4.1）。所有步兵的工资都增长了。旗帜分队中的盾牌兵队长们的工资与 1349 年相比增长了整整 170%，他们的部属的工资增长 42%。旗帜分队中的比别纳和摩德纳籍的弩兵队长及其部属的工资分别增长 39%、30%。利古里亚和卢尼贾纳籍的弩兵队长及其部属的工资增长较少，增长率分别为 14%、24%。这种增长使步兵跻身军队工

22　关于佛罗伦萨的货币体系和记账货币，参见 Raymond de Roover, *The Rise and Decline of the Medici Bank, 1397–1494* (Cambridge, MA: Harvard University Press, 1963), pp. 31–34; Anthony Molho, *Florentine Public Finances* (Cambridge, MA: Harvard University Press, 1971), p. xiv; Goldthwaite, *The Building of Renaissance Florence*, pp. 301–317, 和 *The Economy of Renaissance Florence*, pp. 609–614; Richard Goldthwaite and Giulio Mandich, *Studi sulla moneta fiorentina (secoli XIII–XVI)* (Florence: Leo S. Olschki, 1994)。关于使用银币的工资研究，参见 William Beveridge, "Wages in the Winchester Manors," *Economic History Review* 7 (1936), pp. 22–43; Wilhelm Abel, *Agrarian Fluctuations in Europe from the Thirteenth to the Twentieth Century*, translated by Olive Ordish (New York, NY: Columbia University Press, 1966)。笔者在这里追随的是戈德思韦特的做法，他提倡使用里拉/索尔多。Goldthwaite, *The Economy of Renaissance Florence*, pp. xvi–xvii.

23　Cipolla, *Monetary Policy*, pp. 20–29.

资标准中的较高等级（表 4.2）。这对步兵来说是一个特别好的时代！

表 4.2 佛罗伦萨士兵月工资的高低顺序及对比，1349—1350 年

职业（1350 年分队规模）	1349 年工资*	1350 年工资*	与 1349 年相比的增长率（%）
德国雇佣骑兵队长（20—25 人）	1920	1920	0
意大利雇佣骑兵队长（20 人）	800—1000	800—1000	0
德国雇佣骑兵	522	522	0
来自利古里亚、卢尼贾纳和卡斯特杜兰特的弩兵队长（23—25 人）	448	512	14
意大利雇佣骑兵	400	400	0
**盾牌兵分队队长（20—31 人）	200	340	170
**来自比别纳/摩德纳的弩兵队长（20—25 人）	202	280	39
来自比别纳/摩德纳的弩兵队长（10—18 人）	202	230	14
来自利古里亚、卢尼贾纳的弩兵	207	256	24
步兵混合分队队长（8—25 人）	150—202	170—230	13/14
本土弩兵（3—10 人）	—	192	—
来自比别纳和摩德纳的弩兵	138	180	30
盾牌兵分队队长（4—12 人）	150	170	13
**盾牌兵（20—31 人）	120	170	42
盾牌兵（4—12 人）	120	140	13
盾牌兵分队中的学徒	100	170	70

注：粗体表示高低顺序发生变化。

1 弗罗林=64 索尔多

* 工资以皮乔利索尔多表示。

** 与 1349 年相比分队规模变大。

来源：ASF, Camera del comune, Scrivano di camera uscita 6 fols. 17r-41r; Scrivano di camera uscita 7 fols. 17r-60r; Scrivano di camera uscita 8 fols. 17r-36r; Camera del comune, Scrivano di camera uscita 9 fols. 17r-45r; Scrivano di camera uscita 10 fols. 17r-59r.

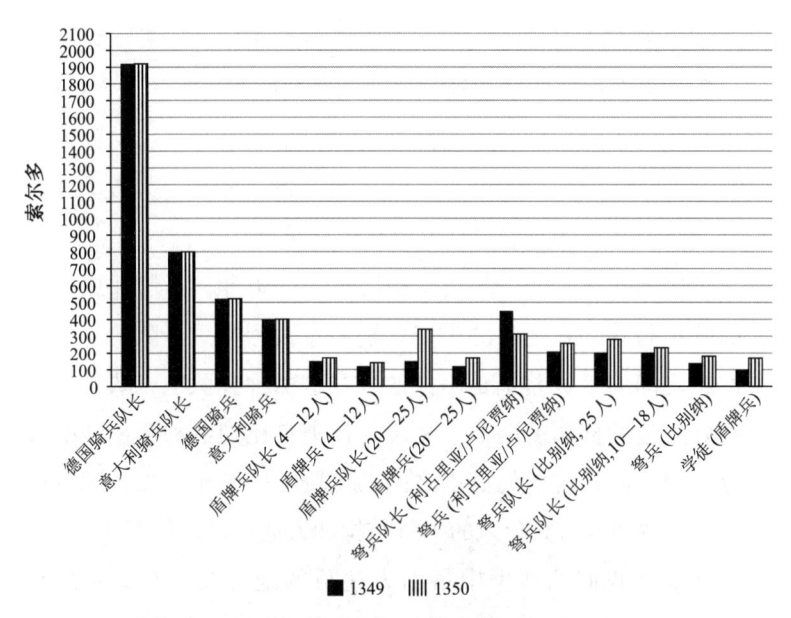

第 4 章　瘟疫、士兵工资和佛罗伦萨的公职人员　175

图 4.1　佛罗伦萨士兵的名义月工资，1349—1350 年

分队规模的变化也影响了队长工资的增加。规模更大的第二次战役使得佛罗伦萨需要招募更大的分队。在由 10 至 18 人组成的分队中，摩德纳和比别纳籍的弩兵队长的工资上涨 14%，而普通弩兵的工资则上涨 30%。对于在 1350 年担任一支 20 至 25 人盾牌兵分队的队长来说，他的工资是 1349 年担任一支 4 至 12 人盾牌兵分队（这在当年很普遍）的队长的 2.27 倍。卢尼贾纳和利古里亚籍弩兵的工资增长率相对较低，这或许是因为他们的分队规模没有变化——在两次战役中，其人数保持在 23 至 25 人之间。

无论如何，有一点是明确的：在瘟疫刚刚结束的那段时间里，步兵的名义工资普遍上涨。盾牌兵分队中学徒的工资上涨 70%，达到与盾牌兵一样的水平，并超过小型盾牌兵分队队长的工资。在第二次战役中，佛罗伦萨招募了更多弩兵，其中包括来自今天的卡斯特杜兰特的弩兵分队，以及来自佛罗伦萨城区和郊区的本土弩兵分队。来自卡斯特杜兰特的弩兵旗帜分队的工资与来自卢尼贾纳和利古里亚的弩兵旗帜分队的工资一样。本土弩兵的工资较低，但仍然高于来自比别纳和摩德纳的弩兵（表4.2）。本土弩兵由30支分队构成，每支分队的人数为3至10人。学徒当时出现在这些和其他弩兵分队中。

工资的变化改变了步兵工资结构。1350年，盾牌兵旗帜分队的队长与其部属之间的工资差别和意大利骑兵分队的队长与其部属之间的工资差别是一样的。在这两种分队中，队长的工资刚好是他的部属的两倍。相反，在来自比别纳和摩德纳的弩兵分队中，队长与他的部属之间的工资差距缩小。来自利古里亚和卢尼贾纳的弩兵分队的工资结构和人数规模维持不变。

然而，我们的数据中最引人注目的地方与骑兵有关。从1349年至1350年，这些士兵的名义工资没有发生变化（表4.2/图4.1），它们维持不变。

事实就是如此，尽管同盾牌兵一样，骑兵分队的规模在第二次战役中变大。德国骑兵分队的人数从1349年的13—20人增至1350年满额旗帜分队的20—25人。意大利雇佣骑兵分队的人数从1349年的15人增至1350年的20人。分队人数的变化并未影响骑兵的工资。

这种情况出乎预料并难以解释。关于佛罗伦萨的所有研究都认为，瘟疫过后不久，工人的名义工资都出现大幅增长。拉·龙西埃称这种现象"无可置疑"，并进而指出，在瘟疫过后的三年，新圣母玛利亚医院的石匠和非技术工人的名义工资分别增长160%和354%；同时，从1350年至1356年，园艺工的工资增长200%及以上。[24] 托涅蒂称，1350年佛罗伦萨工人的工

---

[24] La Roncière, *Prix et salaries,* pp. 275, 348, 457. 园艺工，即"journaliers agricoles"的工资上涨237%。La Roncière, *Prix et salaries,* pp. 343-357.

资总体上是1348年的2.3倍。[25] 戈德思韦特提供的关于建筑工人的准确年度数据显示，从1349年至1350年，石匠和非技术工人的名义工资分别增长25%（从13.4索尔多到16.8索尔多）和19%（从8.4索尔多到10索尔多）。[26] 这种情况与佛罗伦萨步兵而非骑兵的情况基本类似（图4.2）。

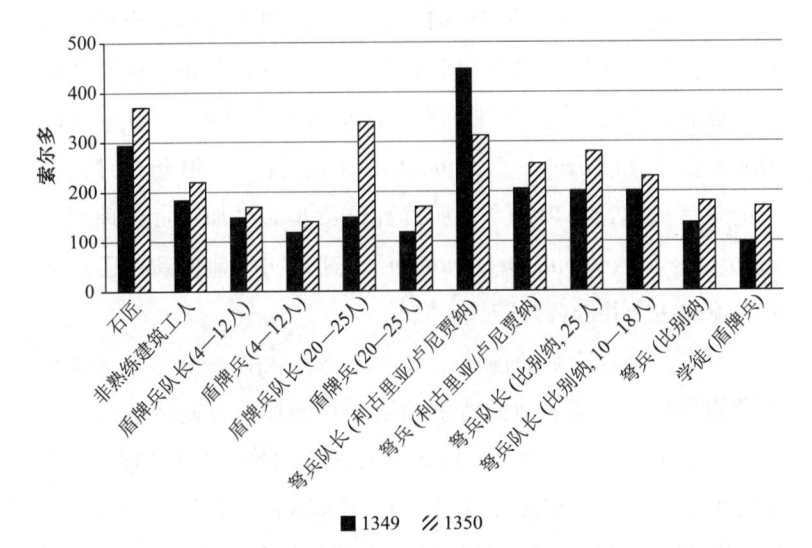

图4.2 步兵和建筑工人的名义月工资，1349—1350年

注：根据每月工作22天的传统，建筑工人的日工资已换算为月工资。

这种反差已在1350年该城招募的由卡斯特罗福科尼亚诺的贾内洛·巴尔多西率领的骑兵分队和由坎托·迪·博尔戈·圣塞波尔克罗率领的步兵分队之间得到明显呈现。骑兵的工资与1349年相同，但盾牌兵的工资是按1350年的标准支付的。[27] 同样的情况还发生在战争统帅切科·迪·拉涅里·法尔内塞率领

25　Tognetti, "Prezzi e salari," pp. 301–305.

26　Goldthwaite, *The Building of Renaissance Florence*, pp. 436–437.

27　ASF, balie 6 fol. 62r.

的分队中。他手下的 50 名骑兵的工资是按 1349 年的标准支付的，但他手下的 100 名盾牌兵（被分成由 25 人组成的旗帜分队）的工资是按 1350 年的标准支付的。巴利亚记录进一步证实这种情况，并表明尽管该城逐步提高盾牌兵的工资，但骑兵的工资始终没有变化。[28]

当我们审视当时的立法时，这种差异更令人感到奇怪。与欧洲其他地方不同，佛罗伦萨在瘟疫之后没有颁布一项试图限制工资的普通法。[29] 佛罗伦萨不存在类似于英国《劳工法》或法国《大法令》（Grande Ordonnance）的法规。1349 年 7 月，佛罗伦萨官员通过一项法令，明确允许给步兵增加工资，理由是"兵员匮乏"（inopiam personarum）。这条明确地提到乌巴尔迪尼战争的法令并未言及骑兵。[30]

不过，佛罗伦萨的预算显示，官员们早在 1349 年 6 月就开始增加步兵的工资。他们特别地给士兵增加工资显然是为了应对快速变化的市场形势。[31] 1349 年 6 月 27 日，比别纳的弩兵队长阿尔皮努乔本人及其分队中的 12 名步兵的工资统统增加 1 里拉。[32] 同样地，盾牌兵队长托恩·莱米本人及其部属的工资也都增加 1 里拉。[33] 尽管士兵的合同期为 4 至 6 个月，但该城还是这

28　ASF, balie 6 fols. 52v–55r, 119r.

29　Samuel K. Cohn, "After the Black Death: Labour Legislation and Attitudes towards Labour in Late-Medieval Western Europe," *Economic History Review* 60 no. 3 (2007), pp. 457–485.

30　ASF, Provvisioni, registri 36 fol. 47r; balie 6 fol. 38v; A. B. Falsini, "Firenze dopo il 1348: Le consequenza della peste nera," *Archivio storico italiano* 129 (1971), pp. 439–440; Cohn, "After the Black Death," pp. 457–485.

31　ASF, Camera del comune, Scrivano di uscita 6 fols. 23r, 30v, 33r–v, 37r; Scrivano di uscita 7 fols. 17r–17v, 19r, 26r, 28v.

32　ASF, Camera del comune, Scrivano di uscita 6 fol. 37r.

33　ASF, Camera del comune, Scrivano di uscita 7 fol. 17v.

么做了。1350年应对战争的巴利亚明确地给出这么做的理由："工资少的话，我们认为自己招不到人。"[34]

虽然市政官员并未采取措施增加骑兵工资，但他们似乎也没有对他们的工资施加限制。文献资料中并未提及这个问题。

瘟疫、战争和市场力量

给予步兵优待是不寻常的。塞缪尔·科恩在最近的一项研究中称，瘟疫过后不久，佛罗伦萨采取严厉措施对待它的农村劳动力，力图禁止该领域工资上涨。[35] 1349年7月的立法或许可以被解释为试图限制步兵工资的举措。但该城官员建议的工资数实际上超出了它们最终可能达到的，以及显然意在招人（正如该立法实际宣称的那样）的水平。[36] 相反，官员们可能在法律中停止骑兵工资增长——这一点尚未被发现，不过，鉴于急需兵员同乌巴尔迪尼家族作战，以及出于对佛罗伦萨整体安全的担心，这种情况不太可能出现。[37]

从表面上看，骑兵和步兵的基本雇佣条件是一样的。他们都依照4至6个月的合同期领取月薪。正如我们在第2章所见，这两支队伍在人员方面存在连续性。整个亚平宁半岛并不缺乏可供雇佣骑兵兜售他们的服务的战争，正如我们所见，瘟疫似乎没有妨碍其行动。教皇与罗马涅之间正在进行的斗争为他们

34　ASF, balie 6 fol. 38v.
35　Cohn, "After the Black Death," pp. 457–485.
36　ASF, Provvisioni, registri 36 fols. 132r-v.
37　ASF, Provvisioni, registri 36 fol. 47r; Falsini, "Firenze dopo il 1348: Le consequenza della peste nera," pp. 439–440; Cohn, "After the Black Death," pp. 457–485.

提供了触手可及的就业机会。布鲁诺·迪尼在他对这一时期佛罗伦萨呢绒业的研究中,强调流动性和工资率之间的联系,那些四处流动的劳动力获得了最高工资。[38]

我们该如何解释这种不同的情形?我们或许可以从供给与需求的古典经济学概念入手,假设骑兵和步兵的工资差别反映了各自劳动力规模的不同。是否在瘟疫后不久,步兵供不应求而骑兵供过于求呢?

这种情况初步看来是可信的。尽管缺乏佛罗伦萨军队规模的准确数据,但我们已知晓,该城在乌巴尔迪尼战争中招募的步兵比骑兵多。佛罗伦萨还从更广阔的范围,从意大利各地以及从阿尔卑斯山以外地区招募骑兵。中世纪骑兵按照标准定义是贵族和地主,他们是受瘟疫带来的人口萎缩影响最大的阶层。瘟疫降低了土地价值、租金、提升了劳动力价格。骑兵工资的稳定或许可以被解读为在经济挑战面前,地主出卖劳力投身行伍以弥补自身损失,致使在公共军队中,找工作的骑兵数量增加。另一方面,步兵则是从本地招募的,他们来自人口大为减少的佛罗伦萨及其附近地区。由于兵源不足,因而步兵得以要求更高的工资——事实上如此之高的工资,以至于当一名盾牌兵可以说已成为在困难时期谋生的好办法。盾牌兵分队中存在学徒,但骑兵分队中却没有,这或许可以被解读为前者人员短缺的情况比后者更甚的证据。

这个论点具有一种简洁的因果关系。骑兵和步兵都被吸引到战争中:前者是为了保护利益,否则就将失去;后者是为了

---

38 Bruno Dini, "I lavoratori dell'Arte della Lana a Firenze nel XIV e XV secolo" in *Artigiani e salariati. Il mondo del lavoro nell'Italia dei secoli XII–XV, Pistoia, 9–13 ottobre 1981* (Bologna: Centro Italiano di Studi di Storia e d'Art, 1984), p. 49.

获得之前得不到的利益。更进一步地说,这种解释把瘟疫的循环往复与历史学家长久以来注意到的 14 世纪下半叶战争发生几率的增加相联系。人们迫不及待地想要获取利益为战争提供推动力。这一观点将政治和外交因素的作用减至最小,但它显然也有影响。

尽管提出了上述因果关系,但基于现有证据很难证明这种解释。虽然雇佣兵并非是学者们曾宣称的"社会的渣滓",并且诸多德国和意大利骑兵队长确实是贵族出身,但我们依然不清楚大多数人,尤其是队长手下的那些人是何种社会背景。此外,佛罗伦萨的文件表明,骑兵非但不是供过于求,反而是明显匮乏。1349 年战争爆发前夕在佛罗伦萨行政会议的辩论中,多纳托·韦卢蒂专门抱怨缺乏骑兵的情况,并建议该城从教皇使节阿斯托焦·杜拉福特处寻找他们。[39] 在第二次战役初期,韦卢蒂本人作为使节前往博洛尼亚请求援军,但遭到拒绝。与此同时,现存的佛罗伦萨外交文件显示,在整个战争期间,该城都积极地从盟国招募骑兵。[40]1349 年 10 月,市政官员给里米尼的统治者马拉泰斯塔家族写信寻求援军,但被他们拒绝,理由是他们自己也缺乏兵员。1350 年 5 月,佛罗伦萨以同样的理由拒绝了杜拉福特想要得到骑兵的请求,它宣称自己的军队也需要这些人。[41] 这里面很可能有其他的外交和政治动机在起作用,但最合理的结论是,骑兵市场——就像通常情况下的士兵市场一样——供不应求。

---

39 ASF, CP 1 fol. 2r.

40 ASF, Signori Missive Cancelleria 10 #143.

41 Demetrio Marzi, *La cancelleria della repubblica fiorentina* (Rocca S. Casciano: Capelli, 1910), pp. 656–657.

将士兵工资置于历史情境中理解

既包含士兵工资的预算,也包含一系列公共领薪人员的工资,它提供了观察这个问题的重要视角。这使得我们可以根据其他公共雇员的情况来考虑士兵的工资。[42] 这些雇员的工资都由市政办公室支付,正如我们所见,市政办公室是该城主要的财政机构。它创立于 1289 年,就在执政团建立之后。除了支付城市雇员的工资外,它还负责各种开支,其中包括市政府使用的房屋和商店(botteghe)的租金支出;书写和密封政府文件所需的墨水和蜡的支出;作为该城象征的市狮的食物(pasto)支出;公共节日的花费等。市政办公室由四名总管(camarlinghi)领导,他们掌管公共资金,每个人都握有一把存放着现金保险箱的钥匙。[43]

---

[42] 关于佛罗伦萨的各类部门,参见 G. Guidi, *Il governo della città-repubblica di Firenze del primo quattrocento*, 3 vols. (Florence: Leo S. Olschki, 1981); Gene Brucker, "Bureaucracy and Social Welfare in the Renaissance: A Florentine Case Study," *Journal of Modern History* 55 (1983), pp. 1–21; Timothy McGee, "Dinner Music for the Florentine Signoria, 1350–1450," *Speculum* 74 (1999), pp. 95–114 和 *The Ceremonial Musicians of Late Medieval Florence* (Bloomington, IN: Indiana University Press, 2009)。

[43] 关于佛罗伦萨市政办公室的运转方式,参见 Robert Davidsohn, *Storia di Firenze: I primordi della civiltà fiorentina. Impulsi interni, influssi esterni e cultura politica*, vol. 4 (Florence: Sansoni, 1977), 147–148, 160–163, 200–204。盖拉尔迪研究了 1303 年该部门的结构。Alessandro Gherardi, "L'antica camera del comune di Firenze e un quaderno d'uscita de' suoi camarlinghi dell'anno 1303," *Archivio storico italiano* 26 (1885), pp. 313–361; Guidi, *Il governo della città-repubblica di Firenze del primo Quattrocento*, vol. 2, pp. 275–279; Brucker, "Bureaucracy and Social Welfare in the Renaissance"; Timothy McGee, "Dinner Music," pp. 95–114 和 *The Ceremonial Musicians of Late Medieval Florence*.

第 4 章 瘟疫、士兵工资和佛罗伦萨的公职人员

佛罗伦萨的公职人员并非综合研究的主题。虽然与公职人员有关的 1322 年、1325 年和 1355 年的城市法令得以留存,但关于这里所考虑年份的未能留存下来。[44] 我们不知道在 1349 年和 1350 年该国所雇用人员的总数。预算中不包含执政官和管理该城的 12 名贤人团成员(buonomini)的工资。然而,它却包含许多法官和公证人的工资,这证实了路易吉·基亚佩利的观点,即这些人组成了自己的"职业群体",并在佛罗伦萨的劳动力中占相当大的比例。[45] 吉恩·布鲁克尔称公证人是佛罗伦萨官僚体制内"一个名副其实的市政派系"。乔万尼·薄伽丘在《十日谈》(第 8 天第 5 个故事)中嘲弄佛罗伦萨臃肿的司法部门,指责佛罗伦萨的法官(他称他们来自"马尔凯地区")"是吝啬的人,过着拮据、悲惨的生活",他们带来的许多律师似乎"直接来自乡野",而非来自法律学校。[46]

这些预算中还列出许多负责各个市政部门的总管。它们包含要塞司令的工资,这些人守卫着整个佛罗伦萨境内的要塞;还包含会计、使节、警察、城市乐手、街头公告员以及执政官"亲随"的工资,至于后者,布鲁克尔称他们是"小官",为执政团提供基本服务,包括"充当客人的招待员和执政官的仆

---

44 参见 *Statuti della Repubblica fiorentina, Statuto del Capitano del Popolo: 1322–25*, edited by Giuliano Pinto, Francesco Salvestrini and Andrea Zorzi (Florence: Leo S. Olschki, 1999) 和 *Statuti e legislazione a Firenze dal 1355 al 1415, Lo Statuto cittadino del 1409*, edited by Lorenzo Tanzini (Florence: Leo S Olschki, 2004)。

45 基亚佩利认为法官们已形成自己的"职业群体"。Luigi Chiappelli, "L'amministrazione della giustizia in Firenze durante gli ultimi secoli del medioevo e il periodo del Risorgimento, secondo le testimonianze degli antichi scrittori," *Archivio storico italiano* 15 (1885), pp. 42–43; 布鲁克尔称公证人是佛罗伦萨官僚体制内"一个名副其实的政府派系"。

46 Brucker, *Florentine Politics and Society*, p. 60.

人"。[47] 佛罗伦萨有两支警卫力量（berrovieri）：一支由100人组成，负责守卫执政官宫（现称韦奇奥宫）；另一支由80人组成，负责守卫督政官宫（现称巴杰罗宫）。

表4.3列出了出现在预算中的佛罗伦萨雇员的名义月薪。呈现在这份表格中的有44个公共职位，涉及约450人。为便于对比，工资数已被转化为月工资和记账货币（索尔多）。

显而易见的是，佛罗伦萨对其雇员有着不同的薪酬安排。有些人是按日取酬，其余人是按月、按半年（六个月）、按年取酬。我们当下工资研究重点的日工仅代表一种雇用类型。在佛罗伦萨的公职人员中，最常见的是按月取酬。这在工资实际支付方面的含义尚不清楚。佛罗伦萨的预算每两月编制一次，并且它们表明，无论雇员们是何种取酬方式，这些人都会定期在该时段内收到工资。然而，关键的一点是，佛罗伦萨以不同的方式对职业进行概念化。合同期为4至6个月的士兵与按半年（六个月）受雇的督政官、正义法规执行者、上诉法官等外来法官很相似。

表 4.3 佛罗伦萨领薪人员的月工资（按从高到低的顺序排列），1349—1350年

职业（任期）	1349年工资*	1350年工资*
督政官（半年）	26,666.7	26,666.7
正义法规执行者（半年）	6666.7	6666.7
上诉法官（半年）	1833.2	1833.2
使节（天）	880—1760	880—1760
正义法规执行者副手（半年）	1333	1333
军队督察员（天）	880—1320	880—1320

---

47 关于执政官亲随，参见 Brucker "Bureaucracy and Social Welfare in the Renaissance," p. 4 和 Guidi, *Il governo della città-repubblica di Firenze del primo Quattrocento*, vol. 2, pp. 38-39。

续表

职业（任期）	1349年工资*	1350年工资*
国务长官（年）	533.33	533.33
要塞司令（月）	440	440
司法厅的公证人（年）	416.6	416.6
执政官宫的警卫队长（月）	400	400
市政办公室负责支出的公证人（月）	400	400
执政官的公证人（半年）	400	400
市政办公室的会计（月）	384	384
公共监狱的管理人（半年）	333.3	333.3
契约办公室的公证人/书办（月）	300	300
正义旗手（月）	280	280
国务长官的公证人/助手（年）	266.62	266.62
市政办公室的会计（月）	200	200
给穷人治病的公共医生（月）	200	200
市政办公室负责收入的公证人（月）	200	200
契约办公室的公证人（月）	200	200
法官的公证人（月）	200	200
间谍（月）	200	200
市长（月）	—	200
市政办公室的教士总管（半年）	166.7	166.7
契约办公室的公证人（月）	160	160
司法厅的公证人的亲随	166.7	166.7
执政官宫的警卫（月）	150	170
市政办公室的世俗总管（月）	160	160
街头公告员（月）	122	122
契约办公室的总管（月）	120	120
监狱管理人的公证人（月）	120	120
契约办公室的信使（月）	90	90
督政官宫的警卫（月）	90	90
乐手（月）	80	100
市政办公室的看守/守卫（月）	80	80

续表

职业（任期）	1349 年工资*	1350 年工资*
督政官宫的敲钟人（月）	80	80
执政官宫的敲钟人（月）	80	80
厨师（月）	80	80
执政官的仆人（donzelli, servitori）（月）	80	80
市政办公室的马萨伊（月）	80	80
市政办公室的法官（月）	60	60
马萨伊的公证人（月）	60	60
厨师的听差（月）	60	60

注：根据传统，日工资已按照每月 22 天的工作时间换算成月工资。
1 弗罗林 =64 索尔多（平均）
* 工资以皮乔利索尔多表示。粗体表示工资发生变化。

129　这些数据提出有关公共部门人员工资整体结构的基本问题，我们将在下一章对它进行更全面的讨论。"外来"法官的工资远远高于其他政府官员。[48] 作为负责维持城市内部和平的行政人员，督政官是目前工资最高的政府公务员。[49] 他的工资反映出他拥有大量由公证人和法官构成的随从或团队，这些人的工资直接来自他的薪俸。1349—1350 年督政官的随从规模并未被言

---

[48] 乔万尼·维拉尼在他对 1338 年佛罗伦萨的著名叙述中，强调"外来"法官（督政官、正义法规执行者、上诉法官）的重要性，他们有权"惩罚人们"。Giovanni Villani, *Nuova Cronica*, vol. 3, pp. 194–197. 也见 Chiappelli, "L'amministrazione della giustizia," p. 42; Davidsohn, *Storia di Firenze*, pp. 163–166; Guidi, *Il governo della città-repubblica di Firenze del primo Quattrocento*, vol. 2, pp. 157–158; 和 Christiane Klapisch-Zuber, *Ritorno alla politica: I magnati fiorentini, 1340–1440* (Rome: Viella, 2009), pp. 109–114。

[49] Daniel Waley, The Italian City Republics, 3rd edn. (London: Longman, 1988), pp. 42–43. 关于佛罗伦萨督政官的职责，参见 *Statuti della repubblica fiorentina*, vol. 2, pp. 5–18。

明。但圭杜巴尔多·圭迪列出1344年督政官的58名随从：11名法官、32名公证人、3名骑士兼搭档（compagni）、12名仆人。[50] 正义法规执行者（esecutore dei ordini di giustizia）是工资第二高的官员。这个职位的职责包括使保护民众免遭豪门侵害的反豪强立法得到执行，并每月视察公共监狱一次。像督政官一样，正义法规执行者也有一个工资从他的薪俸中支出的团队。预算显示，1349—1350年该团队的成员为10人（法官和公证人）。[51] 正如薄伽丘所言，像在佛罗伦萨效力的意大利雇佣骑兵一样，外来法官来自意大利的其他地区。1350年，督政官梅塞尔·博尼法齐奥·迪·梅塞尔·乔内洛来自摩德纳、正义法规执行者圭勒莫·德·皮耶迪佐齐来自布雷西亚、上诉法官尼科莱奥·迪·马泰奥来自乌尔比诺。佛罗伦萨的公职人员中包含大量非佛罗伦萨人。

这份薪级表的另一端是负责重要公共部门的总管的工资。市政办公室总管的工资比为他服务的公证人要低。负责招募军队的契约办公室的总管的收入比佛罗伦萨军中收入最低的士兵还少。在重要问题上直接同执政官商量的法官（savi）位于薪级表的最底层，他们的名义工资不及为执政团的高官们提供膳食的公共厨子。此外，市政办公室中负责记录开支情况的公证人的工资是负责记录公共收入情况的公证人的两倍，尽管他们似乎干着同样的工作。负责记录开支情况的公证人的工资和受雇于该城"为贫困者治病"的公共"骨科"（della ossa）医生尼科

50　Guidi, *Il governo della città-repubblica di Firenze del primo Quattrocento*, vol. 2, p. 171.

51　正义法规执行者这个职位设置于1307年，该官职来自于正义法规。Guidi, *Il governo della città-repubblica di Firenze del primo Quattrocento*, vol. 2, pp. 183-186.

洛的工资一样。⁵²

与这些国家公职人员相比,士兵的工资要高得多,这证实了战争花费高昂。士兵中薪酬最高的德国骑兵队长的工资和公职人员中工资第三高的上诉法官(*giudice della ragone e appellagione*)差不多,后者同其他法官一样来自佛罗伦萨以外的地区,并且他的随从的薪俸源自他的收入。⁵³一名普通德国骑兵的工资和佛罗伦萨国务长官的工资几乎一致,国务长官是个名誉职位,其职责涉及处理该城的官方信件,并由有助于将佛罗伦萨打造为一座文艺复兴之城的著名人文主义者担任。与此同时,步兵的工资比佛罗伦萨其他公职人员的要高。1350年,一名普通盾牌兵的工资比街头公告员或执政官宫、督政官宫的敲钟人的工资高。盾牌兵队长的工资高于政府机构中的会计、间谍和公共医生。简而言之,与公共部门中其他人员的工资相比,参军是个不错的选择。

然而,对于在此所做讨论的目的而言,最突出的事实是,从1349年至1350年,佛罗伦萨大多数领薪人员的名义工资保持不变。这里不存在工资水平的稳步提高,以及当前研究所预测的那种"工资大幅上涨"或"有力增长"。相反,我们发现广泛存在的黏性现象,事实上这是一种由亚当·斯密和约翰·梅

---

52 据凯瑟琳·帕克称,尼科洛是子承父业,他的父亲雅各布也是位"骨科"医生,早在1336年就受到聘用。Katharine Park, *Doctors and Medicine in Early Renaissance Florence* (Princeton, NJ: Princeton University Press, 1985), pp. 91–92.

53 上诉法官这个职位于1285年首次出现在佛罗伦萨的记录中。他的亲随通常包括三至四名律师、六名警卫及两名助手。Guidi, *Il governo della città-repubblica di Firenze del primo Quattrocento*, vol. 2, pp. 187–188; Davidsohn, *Storia di Firenze*, pp. 163–166.

纳德·凯恩斯注意到的关于工资的普遍现象，并且，约翰·芒罗和史蒂文·爱泼斯坦以中世纪为长时段对此做了最细致的研究。[54] 凯恩斯引用这种情形作为证据以反对古典经济学理论将异常最小化的倾向。[55] 正如在本章开篇引用的保罗·克鲁格曼的话说，黏性现象"是现实世界的一个明显特征"。[56]

我们的证据涉及两年的时间，但同样引人注目。当学者们谈及瘟疫的"最大影响"时，名义工资率恰恰维持不变。[57] 据

---

54 Adam Smith, *An Inquiry into the Nature and Causes of the Wealth of Nation*, edited by Edwin Cannan (New York, NY: Modern Library, 1937), pp. 74–75; John Munro, "Wage-Stickiness, Monetary Changes and Real Incomes in Late-Medieval England and the Low Countries, 1300–1450: Did Money Really Matter?" *Research in Economic History*, edited by Alexander J. Field, Gregory Clark, and William A. Sundstrom, vol. 21 (Amsterdam: JAI, 2003), pp. 185–297. 参见 John Munro, "Urban Wage Structures in Late-Medieval England and the Low Countries: Work Time and Seasonal Wages" in *Labour and Leisure in Historical Perspective, Thirteenth to Twentieth Centuries*, edited by Ian Blanchard (Stuttgart: F. Steiner, 1994), pp. 65–78 以及 Steven A. Epstein, "The Theory and Practice of the Just Wage," *Journal of Medieval History* 17 (1991), p. 65 和 *Wage Labor and Guilds in Medieval Europe* (Chapel Hill, NC: University of North Carolina Press, 1991), p. 65, 后者称，随着时间的推移，工资趋于稳定。

55 John Maynard Keynes, *The General Theory of Employment, Interest and Money* (New York: Harcourt Brace, 1936), pp. 257–260. 凯恩斯的言论在经济学家中引起相当大的争论。参见 Robert M. Solow, "Another Possible Source of Wage Stickiness," *Journal of Macroeconomics* 1 no. 1 (1979), pp. 79–82 和 Robert J. Gordon, "A Century of Evidence on Wage and Price Stickiness in the United States, the United Kingdom, and Japan" in *Macroeconomics, Prices, and Quantities*, edited by James Tobin (Washington, DC: Brookings, 1983), pp. 85–133。

56 Paul Krugman, "Sticky Wages and the Macro Story," *New York Times* (July 22, 2012).

57 像佛罗伦萨的研究者一样，索罗尔德·罗杰斯断言工资翻倍。Thorold Rogers, *Six Centuries of Work and Wages*, vol. 1, p. 265.

拉·龙西埃所言，佛罗伦萨的工资水平在这些年"增长势头强劲"；戈德思韦特认为，当时"供需机制"的影响最明显，对劳动力的需求"很大"。[58]

工资率不变的情形适用于所有工资支付类型：日薪、月薪、半年薪和年薪。它适用于其劳动受到行会管理的雇工：会计、公证人、医生；也适用于其劳动不受行会管理的雇工：间谍、厨子、街头公告员。它还适用于来自佛罗伦萨以外的"外来"法官，以及像士兵一样积极地保卫着佛罗伦萨的要塞司令。没有证据表明日工的工资比月工的更不稳定。使节和军队督察员的日工资维持不变。

和骑兵的工资一样，数据清楚地表明，佛罗伦萨大多数公职人员的工资与当前范式不符。它使得关于黑死病过后不久佛罗伦萨工资变动情形的任何简单的宏观经济解释都变得存在问题，并且它凸显了从单一数据做出推断的危险。佛罗伦萨存在许多工资模式，同时有一系列因素在起作用，学者们需要对它们进行仔细分析。借用经济学家罗伯特·索洛针对当代劳动力发表的言论，中世纪佛罗伦萨劳动力对那些试图研究它的人来说，是个难以理解的"谜题"。[59]中世纪史专家很好地追随现代劳动经济学家的做法，认为劳动力代表着不同的市场，即使是对拥有相似技能的工人来说也是如此。[60]

58　La Roncière, "La condition," pp. 21−24; Goldthwaite, *The Building of Renaissance Florence*, pp. 335−338, 342−343.

59　Robert M. Solow, "Insiders and Outsiders in Wage Determination," *The Scandinavian Journal of Economics* 87, no. 2, Proceedings of a Conference on Trade Unions, Wage Formation and Macroeconomic Stability (June 1985), p. 411.

60　George J. Borjas, *Labor Economics* (New York, NY: Irwin/McGraw Hill, 2008), pp. 166, 473−478.

表 4.3 显示，从 1349 年至 1350 年，只有两种职业的名义工资率像步兵的那样增长。他们是在公共庆祝活动进行演奏的乐手或守卫执政官宫（韦奇奥宫）的警卫。公共立法中明确地提到这种增长。1349 年 7 月和 1350 年 2 月，佛罗伦萨分别通过一项提升警卫和乐手工资的法律。[61]

共同起作用的力量是什么？把这两类人同步兵和工匠放在一起合适吗？这种相似性并不明显。学者们认为乐手是"熟练的"工人。蒂莫西·麦吉称他们"受过良好教育""颇具天赋"，并将其与通过吹响银制小号以发出公告的街头公告员归为一类。[62]1350 年提升乐手工资的立法特别提到他们的技能。它宣称，增加这些人的工资是为了通过"吸引熟练的"大号手（tubatores, tubadores）——他们吹奏大号对该城举行的重大活动至关重要——来提升乐团的整体水平。[63] 他们是专门取代那些蹩脚的铃鼓手的，至于在瘟疫之后雇用这些铃鼓手，则是出于弥补人手不足的需要。[64] 另一方面，作为士兵的一种，警卫

61　1349 年 7 月 31 日，市政官员将警卫的工资每月增加 1 里拉。ASF, Provvisioni, registri 36 fol. 145v. 1350 年 2 月，该城将乐手的工资每月增加 1 里拉。ASF, Provvisioni, registri 37 fols. 95r-97r. 增加乐手的工资可能是为了回应他们在 1350 年 2 月发出的请愿，他们抱怨说凭当前工资无法维持生活。ASF, Provvisioni, registri 37 fol. 94r; Falsini, "Firenze dopo il 1348," p. 471.

62　麦吉称这是两种"体面的"职业。McGee, *The Ceremonial Musicians of Late Medieval Florence*, pp. 44-45, 53-55. 关于街头公告员，参见 Stephen Milner, "Fanno bandire: Town criers and the Information Economy of Renaissance Florence." *I Tatti Studies in The Italian Renaissance* 16 (2013), pp. 107-151.

63　该法令称需要扩充"会吹奏大号"的"大号手"的数量，其人数已仅剩三人。ASF, Provvisioni, registri 37 fols. 95r-97r.

64　1325 年法令将城市乐手统称为"大号手"，当时乐团由六人组成。*Statuti della Repubblica fiorentina,* edited by Giuliano Pinto, Francesco Salvestrini, and Andrea Zorzi, vol. 2, p. 46.

的"技能"似乎与大号手的截然不同。他们的工作涉及守卫执政官宫、晚上锁闭城门,以及把守执政团会议室的大门。[65] 现存的1325年的督政官法令称这些人持有刀具和武器。[66] 警卫的工资变动情况和佛罗伦萨军中的盾牌兵的一样。他们都从1349年每月120索尔多增加到1350年每月170索尔多。还和盾牌兵一样的是,警卫的工资也由负责士兵薪水的契约办公室支付的。

想要做出归纳是很难的。尽管在1349—1350年执政官宫警卫的工资增加了,但督政官宫警卫的工资没有变。因而,佛罗伦萨的两支城市警卫力量拿着不同的工资。并且,虽然乐手的工资增加了,但被麦吉归为一类的街头公告员的工资却维持不变。对比的标准显然存在问题。1325年法令要求街头公告员具备读写能力(不足为奇)以开展其工作。[67] 罗伯特·达维德松把街头公告员、敲钟人、信使挑出,称他们是"知道如何创作押韵诗"的人。[68] 1350年,当佛罗伦萨增加乐手的工资时,它同样想要增加其总体数量。但当该城颁布法律提高警卫的工资时,它却将其数量从100减至90。[69]

乐手和警卫之间的可能联系是他们都要参加城市礼仪活动。在一个因瘟疫而充斥着葬礼和大众游行的城市,我们或许可以这样说,对他们的需求增加致使他们的工资得到提高。大号手

---

65 Brucker, "Bureaucracy and Social Welfare," p. 4. 参见 Guidi, *Il governo della città-repubblica di Firenze del primo Quattrocento*, vol. 2, p. 36 和 *Statuti della Repubblica fiorentina*, vol. 2, pp. 21–23。

66 *Statuti della Repubblica fiorentina*, vol. 2, pp. 21–23.

67 *Statuti della Repubblica fiorentina*, vol. 2, p. 37.

68 "sapeva maneggiare la rima." Davidsohn, *I primordi della civiltà fiorentina, impulsi interni, influssi esterni*, vol. 4, pp. 311–313, 317–318.

69 ASF, Provvisioni, registri 36 fol. 145v.

尤其和公共权威联系在一起。他们所吹奏乐器发出的浑厚声音使城市活动显得排场十足。警卫除了守卫宫殿的明显职责外，还是城市的门面。

但如果说礼仪活动是调高工资的主要因素，那么我们可以推测，同样参与公共活动的街头公告员的工资也将增加，然而他们的工资没有增加。如果说在瘟疫后的派系斗争面前维护公共秩序是调高工资的一个因素，那么守卫督政官宫的警卫的工资想必会增加——就像他们守卫执政官宫的同僚那样，但他们的工资也未增加。

其实，我们观察得越仔细，这幅图景变得越复杂。尽管执政官宫的警卫的工资上涨，但其队长的工资却维持不变！此外，没有证据表明对乐手或警卫的需求比对雇佣骑兵、使节或直面瘟疫的公共医生的需求大。所有后一类人的名义工资都没有变化。

关于这方面的一个显著例子是要塞司令的工资，这些人驻守在分布于佛罗伦萨农村地区的要塞中。他们与士兵最具可比性，双方都守卫着国家。然而，我们对佛罗伦萨的要塞司令知之甚少。[70] 保罗·皮里洛近来指出，鉴于现存证据的残缺不全，人们不可能为他们画出"一副完整而详细的肖像"。乔万尼·维

---

70 有限的参考书目包括: Paolo Pirillo, *Forme e strutture del popolamento nel contado fiorentino: gli insediamenti fortificati (1280–1380)*, vol. 2 (Florence: Leo S. Olschki, 2005) 和 *Costruzione di un contado: I Fiorentini e il loro territorio nel Basso Medioevo* (Florence: Casa Editrice, 2001); Riccardo Francovich, *I Castelli del contado fiorentino nei secoli XII e XIII* (Florence: CLUSF, 1976); G. M. Varanini, "Castellani e governo del territorio nei distretti delle città venete (XIII–XV sec.)" in *De part et d'autre des Alpes: Les châtelains des princes à la fin du Moyen Âge*, edited by Guido Castelnuovo and Olivier Mattéo (Paris: Flammarion, 2006), pp. 25–58。

拉尼曾估计 1338 年佛罗伦萨郊区及各辖区有 46 座要塞，学者们仍在利用这作为线索。[71] 我们对任一时期、任一要塞雇用的总人数不太清楚。该城通常在危机时刻调派援军。

表 4.4 列出了源自 1349—1350 年预算的要塞司令及其分队的工资率。文献中列出了 1349 年驻守在佛罗伦萨要塞的 138 名司令和 1350 年的 168 名司令。这个数字很可能只代表佛罗伦萨全部要塞司令的一部分。

表 4.4　要塞司令及步兵分队的名义月工资，1349—1350 年

要塞司令（分队规模，1349—1350 年）	1349 年工资*	1350 年工资*
富切基奥要塞司令（20—20 步兵）	440（120）	440（120）
布基亚诺要塞司令（25—25 步兵）	440（120）	440（120）
蒙托波利要塞司令（20—20 步兵）	440（120）	440（120）
卡尔米尼亚诺要塞司令（16—16 步兵）	440（120）	440（120）
罗卡德尔博罗要塞司令（12—12 步兵）	440（120）	440（120）
奇维特拉要塞司令（15—20 步兵）	500（128）	440（120）
拉特里纳要塞司令（15—15 步兵）	500（128）	440（120）
乌扎诺要塞司令（6—15 步兵）	340（100）	340（100）

71　维拉尼还补充说，1338 年佛罗伦萨控制着卢卡郊区及辖区的 19 座要塞。Giovanni Villani, *Nuova Cronica*, vol. 3, p. 190. 参见 Davidsohn, *I primordi della civiltà fiorentina, impulse interni, influssi esterni*, vol. 4, p. 461; Pirillo, *Costruzione di un contado*, pp. 15, 73.

	续表	
要塞司令（分队规模，1349—1350 年）	1349 年工资*	1350 年工资*
卡斯特尔菲奥伦蒂诺要塞司令（9—25 步兵）	334 (100)	440 (120)

* 工资以皮乔利索尔多表示。

来源：ASF, Camera del comune, Scrivano di camera uscita 6 fols. 17r-39r; Scrivano di camera uscita 7 fol. 39r, Scrivano di camera uscita 9 fols. 46r-47v; Scrivano di camera uscita 10 fols. 59v-61v.

1349—1350 年的分队通常包含一名司令和 20 名步兵。这样看来，他们和正规军中的旗帜分队相似。但分队的规模似乎也取决于要塞的规模以及其位置的重要性。位于基安蒂地区临近格雷沃的乌扎诺要塞在 1349 年 6 月仅有 6 名步兵，1350 年 6 月增至 15 名。紧挨比萨边界的布吉亚诺要塞在 1349 年和 1350 年时都有 25 名步兵。至于这些步兵确切地由哪类兵种——盾牌兵或是弩兵——构成，我们尚不清楚。预算中只给出一个明确的例子，那就是 1350 年的蒙托波利要塞（在瓦尔达诺），当时这里驻有 20 名步兵，其中 8 人是弩兵，12 人是盾牌兵。

要塞司令及其下属的工资按月发放。要塞司令的标准工资是每月 440 索尔多（22 里拉），比意大利雇佣兵队长的稍高（每月 400 索尔多或 20 里拉）。颇具代表性的是，步兵的工资为每月 120 索尔多（每月 6 里拉），这和 1349 年正规军中盾牌兵的工资一样。然而，在 1349—1350 年，这两类人的工资都没有变化。雇佣骑兵也是如此，不过，正规军中步兵的工资存在变动。

当一名要塞司令所指挥分队的规模急剧膨胀时，工资似乎会上涨，这种情况就发生在卡斯特尔菲奥伦蒂诺要塞。这里的护卫军从 1349 年的 9 人增至 1350 年的 25 人，司令的工资从低于其他同僚的 334 索尔多增至 440 索尔多。然而，还有一种情况是，在我们研究的时段，要塞司令的工资往往会降低，即便当时护卫军分队的规模维持不变。1349—1350 年，奇维特拉和拉特里纳要塞的司令及其下属的工资下降，其中，司令的工资从 500 索尔多降至 440 索尔多（表 4.4）。

这一证据表明，瘟疫过后还存在另一种工资模式。并且，毋庸置疑的是，在佛罗伦萨这些岗位人手不足。1349 年 1 月，市政官员明确抱怨说，他们在佛罗伦萨的"地盘、郊区及各辖区"内找不到乐于"接受要塞司令这个岗位"的公民。[72] 当时，该城将要塞司令的工资每月提高 2 里拉。但在 1349 年 6 月，即乌巴尔迪尼战争爆发之初，关于人员匮乏的抱怨再次出现，当然，这是由这场战争引起的。[73] 然而，这些人的名义工资没有变化，并且，在某些情况下，在 1350 年开始下降。

佛罗伦萨公职人员工资的含义

要塞司令的例子进一步揭示了从任何单一一组工资数据推断出更广泛模式存在的危险。同样地，它清楚地说明了市场力量在解释社会动态方面的局限性，以及理解工资数据本身的重要性。佛罗伦萨存在大量劳动力，他们有自己的一套任职资格和逻辑，而我们对这些细节并非彻底了解。正如卡尔·波兰尼经常说的那样，经济体系是嵌入在一个有待更仔细研究的社会体系中的。[74]

为阐明我们的数据，我们认为最好顾及劳动力内部的差别：工人是受雇于国家或地方机构，还是同胞（第 5 章）。考虑一下中世纪盛行的有可能压低工资水平的"公平工资"概念将有所裨益。史蒂文·爱泼斯坦已在热那亚发现这方面的证据，它

---

72 ASF, Provvisioni, registri 36 fol. 47r.

73 ASF, Provvisioni, registri 36 fol. 97r.

74 Karl Polanyi, *The Great Transformation*, p. 46.

表明理论和实践之间存在联系。[75] 如果像雷蒙德·德·鲁弗所言，"公平工资"的实施要依赖"城镇、城市和自治市的市政当局"，那么，只有在公职人员的工资中才能找到这方面的最好证据——如前所见（第3章），公职人员的工资由身为修士的总管发放。[76] 同样地，佛罗伦萨的负责监督公共军械库的军需处也是由修士统领。

由于缺乏关于工人和雇主如何达成协议的证据，我们无法得出结论，就像我们无法考虑到中世纪工资的方方面面一样。正如爱泼斯坦所言，发生在遥远过去的讨价还价"是个难以捉摸的历史课题"。[77] 我们有必要在分析中纳入荣誉和社会地位的概念，这一概念根植于有可能带来金钱之外的回报的公共服务中。这很好地诠释了为什么佛罗伦萨的某些政府岗位虽然重要但薪酬低微，如市政办公室和契约办公室的总管（表4.3）。事实上，19世纪的学者德梅特里奥·马尔齐认为，佛罗伦萨的政府岗位对雇员来说是种义务，而非获取经济利益的机会。雇员们拿着"基本工资"（salari meschanissimi）为"祖国"效力。[78] 拉·龙西埃重申了这一说法。[79] 在1349—1350年担任佛罗伦萨国务长官的尼科莱奥·迪·塞尔·旺蒂尔·莫纳凯的现存日记中，他明确地抱怨了这个问题。他说自己工资过于低微，以至

---

75 Steven A. Epstein, "The Theory and Practice of the Just Wage," *Journal of Medieval History* 17 (1991), pp. 63, 65 和 *Wage Labor and Guilds in Medieval Europe* (Chapel Hill, NC: University of North Carolina Press, 1991)。

76 Raymond de Roover, "The Concept of the Just Price: Theory and Economic Policy," *The Journal of Economic History* 18 no. 4 (1958), p. 428.

77 Epstein, "The Theory and Practice of the Just Wage," p. 54.

78 Marzi, *La cancelleria della repubblica fiorentina*, pp. 95–96. 也见 Falsini, "Firenze dopo il 1348," p. 440。

79 La Roncière, "La condition," p. 14.

于从经济上说这份工作不值得干。

要塞司令这份工作充分体现了义务服务的概念。它显然不是个有利可图的岗位，这支持了布鲁克尔的论断：被任命者通常拒绝接受该任命，他们视之为畏途。[80] 从对1349—1350年预算的仔细考查中可以看出，要塞司令来自佛罗伦萨拥有重要政治关系的高门显贵之家。1349年富切基奥要塞的司令是多尼诺·迪·桑德罗·多尼尼，他的兄弟多梅尼科在1350年负责军队物资供应，并在1352年成为一名执政官。[81] 多尼诺本人在1373年被选为修道院副院长。1349年布基亚诺要塞的司令是皮耶罗·法尔科·龙迪内利，他参与了这一时期佛罗伦萨公共生活的多个方面；奇维特拉要塞的司令是桑德罗·迪·吉耶里·德·贝罗，他的兄弟乔万尼在1351年也是名执政官。其他要塞的司令包括韦卢蒂和斯卡利家族的成员。[82] 据达维德松称，他们需要为这份工作提供担保（sicurtà）以确保他们的忠诚。这项义务无疑为人员招募设置了障碍，并增加了这份工作的不受欢迎程度。[83]

其他公职也需要提供担保，但尚不清楚具体是哪些。亚历山德罗·盖拉尔迪对14世纪初市政办公室的研究表明，市政办公室的世俗总管、为该城效劳的会计和某些公证人都要为他们

80　Brucker, *Florentine Politics*, p. 79.

81　ASF, Camera del comune, Scrivano di camera uscita 6 fol. 28r; Scrivano di camera uscita 7 fol. 39r.

82　ASF, Camera del comune, Scrivano di camera uscita 7 fols. 39r–40r.

83　据达维德松称，要塞司令需要支付3000里拉的巨款。Davidsohn, *Storia di Firenze*, vol. 4, p. 461. 圭迪对我们所研究这一时期的关于要塞司令的政策几乎只字未提。G. Guidi, *Il governo della città-repubblica di Firenze del primo Quattrocento*, vol. 2, p. 213.

第 4 章　瘟疫、士兵工资和佛罗伦萨的公职人员　199

的职位支付担保金。[84] 我们不清楚他们需要交纳多少担保金，或者这种做法是否延续至 14 世纪中期。然而，担任总管的牧师不需要这么做。他们的教会人士身份已确保他们忠诚无二，并使他们免除了这项义务。这种做法增加了考虑佛罗伦萨公职人员时的又一个变量。

无论如何，像马尔齐那样断言政府岗位是一种仅提供"基本工资"的义务大错特错。[85] 有太多的工资模式可以证明这个结论的正确性。公证人们的工资范围直接说明了这一点。司法厅（Riformagione）的公证人（普拉托韦基奥的塞尔·格里福）——职责涉及誊抄执政官们的法令以及草拟内部信件——的工资为每月 28.3 里拉，这使他成为工资最高的公共官员之一。[86] 契约办公室的公证人工资较低，每月 15 里拉。为马萨伊（massai）工作的公证人每月只赚 3 里拉，处在公职人员薪资表的底端。[87]

理解工资的一个关键因素是避免将它等同于报酬。正如西蒙·佩恩和克里斯托弗·戴尔在论及瘟疫时期的英国时所言，名义工资只反映全部收入的一部分。[88] 在这里，我们的证据或许最为引人注目。正如我们在第 2 章所见，参加战争为工人们提

84　盖拉尔迪称，他们需要支付 1000 弗罗林的担保金。Gherardi, "L'antica camera," pp. 316-317.

85　ASF, Camera del comune, Scrivano di camera uscita 10 fol. 4v.

86　G. Guidi, *Il governo della città-repubblica di Firenze del primo Quattrocento*, vol. 2, pp. 44-45. Brucker, *Florentine Politics*, p. 60. 在他任职期间，他的所有男性亲属不能担任重要职务。他任期两个月，并居住在宫中。

87　ASF, Camera del comune, Scrivano di camera uscita 10 fol. 49r.

88　Simon A. C. Penn and Christopher Dyer, "Wages and Earnings in Late Medieval England: Evidence from the Enforcement of the Labour Laws," *Economic History Review* 43 no. 3 (1990), pp. 356-376.

供了获取额外收入的机会。在斯卡尔佩里亚制造战争器械的工匠通过贩卖物资增加了工资收入。执政官们的公证人、国务长官和其他市政官员因其为战争效力而得到单独的酬劳。[89] 在城市的公共活动中进行演奏的乐手若是随军出征，则会因此而获得额外报酬，街头公告员也是如此。契约办公室的工作人员同样也在市政办公室任职（第 2 章）。此外，从预算中可以看出，诸如发薪员、军队督察员等按日计酬的人还从事着其他"职业"，如公证人、总管和会计。

这样的例子或许还有很多，它们凸显了在我们讨论瘟疫时把战争考虑在内的重要性。但这并不局限于战争。古比奥的塞尔·卢切·普奇是名收入颇丰的正义法规执行者副手（每半年1333 索尔多），1350 年，他由于为增加公共收入的委员会效力而领有月薪，除此之外，他还由于为该城执行一项未被详细说明的任务（作为报信人）而领有日薪。[90] 奎多里乔·图雷在 1350 年作为市政办公室的报信人而出现，而在另一处，他则成为当年对农村征收的埃斯蒂莫税的收税员。[91]

证据表明，佛罗伦萨的日工与它的月工、半年工、年工之间并无明显区别，就像"军事"领域与"和平"领域并非是割裂的一样。这些信息不仅对名义工资的可靠性提出质疑，而且对当时职业的概念本身也提出质疑——这一问题将在下一章中得到更全面的讨论。

此外，由于职责重叠，名义工资与实际收入之间有相当大的差距。街头公告员马蒂诺·拉皮这份工作的名义工资为每月 4

89　ASF, balie 6 fols. 4v, 114v.

90　ASF, balie 6 fol. 19v. 普奇出使 23 天并每天可赚 12 索尔多。ASF, balie 6 fol. 80v; Camera del comune, Scrivano di camera uscita 9 fol. 7r.

91　ASF, balie 6 fol. 39v; Camera del comune, Scrivano di camera uscita 6 fol. 8r.

第4章　瘟疫、士兵工资和佛罗伦萨的公职人员

里拉（80索尔多）。但在1349年6月，他为军队效力7天，在这期间他每天可多赚1里拉。[92] 7月，另一名街头公告员萨尔维·拉皮因随军出征24天而赚了24里拉，这是他月工资的6倍。1349年出现在预算中的西莫内·舒蒂玑是市政办公室的一名会计，他每月的工资为10里拉（200索尔多）。但与此同时，他还是契约办公室的会计，每月工资为3里拉（60索尔多），并且，在1349年7—8月，他担任了3天的军队发薪员（13里拉）和5天的军队督察员（11里拉）——这种额外的工作使他的收入增加一倍多，并使它超过一名德国骑兵的收入！[93] 1350年，仍然是市政办公室会计的舒蒂玑在下瓦尔达诺地区担任军队督察员27天，这使他当年的收入增加67里拉。他还作为公共税收的购买者出现在一份现存的收入预算中，这给他带来更多的收入，尽管我们不清楚数额是多少。[94] 1350年5月，塞尔·圭尔福·迪·塞尔·弗朗切斯科同时担任巴利亚的公证人和物资供应监督员，这使他的收入达到201里拉。此外，1350年身为契约办公室的一名薪酬低微的总管尼科洛·本西维尼，于1350年7月在高山地区担任军队发薪员16天（80里拉），并在斯卡尔佩里亚担任物资供应监督员（14里拉），还担任交易汇款人36天（180里拉）。[95] 虽然他的名义月工资为6里拉，但他的收入为

92　ASF, Camera del comune, Scrivano di camera uscita 7 fol. 5r. 根据督政官法令，1325年，乐手和街头公告员在为军队效劳时每天可赚15索尔多。*Statuti della Repubblica fiorentina*, vol. 2, pp. 37–39, 46.

93　ASF, Camera del comune, Scrivano di camera uscita 9 fol. 9r; Scrivano di camera uscita 7 fols. 11r, 56v; balie 6 fol. 84v.

94　这一年指从1350年1月到1350年12月。ASF, Camera del comune, camarlenghi entrata 41 fol. 207r.

95　ASF, Provvisioni, registri 37 fols. 79v–81r; Camera del comune, Scrivano di camera entrata 9 fols. 33v; Scrivano di camera uscita 9 fol. 7r; balie 6 fols. 19v, 80v.

1274 里拉。

尼科莱奥·迪·塞尔·旺蒂尔·莫纳凯的例子或许最具启发意义。莫纳凯明确地在他的日记中抱怨说,作为该城国务长官的他,薪酬"微薄"(每年 320 里拉)。但同样是在日记中,莫纳凯指出在 1349 年 7 月至 1350 年他实际上赚了 912 里拉,这几乎是他名义上"职业"工资的 3 倍。[96] 我们不清楚莫纳凯是通过何种方式赚到这些钱的。正如我们所见,他同时担任契约办公室的文书,并且他似乎从圭多·迪·奇托·甘加兰迪那里收受了大笔贿赂——后者是身为国务长官的莫纳凯的助手(*aiutatore*)。这笔贿赂是为了让甘加兰迪 1350 年 7 月跻身负责监督修复于乌巴尔迪尼战争期间在亚平宁山脉所夺取堡垒的委员会。[97] 在佛罗伦萨,关于贿赂高级政府官员的行为多有记载。小说家弗兰克·萨凯蒂称之为该城的一种"贪婪习俗"。正因为此,萨凯蒂希望他的儿子长大后成为一名"猎手",而非法学学生——有鉴于佛罗伦萨政府官员的例子,他认为这个职业会带来彻头彻尾的腐败。[98]

这些例子支持了布罗尼斯拉夫·盖雷梅克关于中世纪工资存在"异质性(caractère hétérogène)"的著名论断。[99] 正如盖雷梅克所言,对于巴黎圣雅克医院的建筑工人来说,报酬包

96　*Sonetti editi ed inediti di Ser Ventura Monachi: Rimatore fiorentino del XIV secolo*, edited by Adolfo Mabellini (Turin: G. B. Paravia e comp, 1903), p. 10.

97　*I Capitoli del Comune di Firenze*, vol. 1, edited by C. Guasti, pp. 89-90.

98　Franco Sacchetti, *Novelle* (Turin: Einaudi, 1970) #77, pp. 196-198. 也见 Chiappelli, "L'amministrazione della giustizia," p. 44。

99　Bronislaw Geremek, *Le salariat dans l'artisanat parisien aux XIIIe-XVe siècles* (Paris: La Haye, Mouton, 1968), p. 85. 关于西班牙,参见 Charles Verlinden, "La grande peste de 1348 en Espagne: Contribution à l'étude de ses conséquences économiques et sociales," *Revue Belge de Philologie et d'Histoire* 17 (1938), pp. 17-25。

括食物、衣服和小费等酬金。约翰·哈彻指出，有关瘟疫的书面材料与现存的经济文献之间经常存在明显差别，他认为，在如今的英国"追求具有内在一致性的工资序列"忽视了这样一个事实："历史学家无法把一切重要的事物……都涵盖在内"。他说，"无法被量化的额外收入"是工资的一个"极其重要的要素"。[100]

同样的话或许也适用于佛罗伦萨的公职人员。预算显示，市政办公室和军需处的总管，国务长官，执政官们的公证人，正义旗手（gonfalonieri），执政官宫的警卫，以及执政官亲随的11名成员都被提供食宿。[101] 正如第2章所述，执政团的膳食费是公共预算中每月最大笔支出之一。[102] 要塞司令生活在他们守卫的要塞中，他们的伙食和装备很可能是由公共支出提供的。[103] 1325年的督政官法令规定，督政官的警卫只能食宿在督政官宫中。[104] 佛罗伦萨每年在圣诞节和圣乔万尼节这两个节日为城市乐手、街头公告员、执政官亲随成员提供服装。该城每年四次向乐手们发放饰有象征佛罗伦萨的百合花图案的旗帜

---

100 John Hatcher, "England in the Aftermath of the Black Death," *Past and Present* 144 (1994), pp. 12-19, 21-25.

101 圭迪基于1415年的证据称，市政办公室的总管住在执政官宫一楼。国务长官在执政官宫二楼有一个房间，同样住在二楼的还有执政官和正义旗手。1355年的公民统帅法令称，执政官亲随食宿在宫中。Guidi, *Il governo della città-repubblica di Firenze del primo Quattrocento,* vol. 2, pp. 35-36; Davidsohn, *Storia di Firenze*, vol. 4, pp. 98-99. 也见 Nicolai Rubinstein, *The Palazzo Vecchio, 1298-1532* (Oxford: Oxford University Press, 1995), p. 18。

102 ASF, Camera del comune, Scrivano di camera uscita 6 fol. 3r. Camera del comune, camarlenghi uscita 60 fol. 464r.

103 Davidsohn, *I primordi della civiltà fiorentina, impulse interni, influssi esterni*, vol. 4, p. 462.

104 *Statuti della Repubblica fiorentina*, vol. 2, p. 22.

(pennone)用以装饰他们的乐器。[105] 预算显示，1350年上述服装和旗帜的花费比这些人的月工资还高。[106] 正义法规执行者使用笔墨纸张的费用由政府负担，他有时还能得到自己所罚没款项的一部分。[107] 并且，佛罗伦萨在政府官员中间举办的诗歌比赛——这或许是该城的特有传统——的奖品为华贵的服饰。[108] 毋庸置疑，在现存预算中没有明显的额外报酬，以及关于劳动力的不同规定。1325年的法令规定，督政官的警卫要和督政官来自同一个城镇，但它却特别规定，上诉法官的随从不能和该官员来自同一个城市。[109]

重新评价雇佣兵？

任职资格也适用于为佛罗伦萨效力的士兵，这是我们开始本章及结束本章时所讨论的问题。尽管我们讨论骑兵工资，但事实上我们对他们的随从是什么样子一无所知。目前尚不清楚一名队长养有几匹马，配有几名助手，以及其数量在1349—1350年是否发生变化。[110] 正如我们总体上对佛罗伦萨的公职人

---

105 McGee, *The Ceremonial Musicians of Late Medieval Florence*, pp. 53-55.
106 ASF, Camera del comune, camarlenghi uscita 67 fol. 633v.
107 关于纸张和书写用具，参见 ASF, Camera del comune, Scrivano di camera uscita 7 fol. 4r。
108 William Robins, "Poetic Rivalry: Antonio Pucci, Jacopo Salimbeni and Antonio Beccari da Ferrara" in *Firenze alla vigilia del Rinascimento*, edited by Maria Bendinelli Predelli (Fiesole: Cadmo, 2006), pp. 319-322.
109 *Statuti della repubblica fiorentina*, vol. 2, pp. 25-32.
110 例如，战争统帅配有三匹马（重型马、贵族马、军马）及作为其私人随从一部分的三名乐手（大号手、小号手、定音鼓手），他们的薪水从其工资中支付。和平状态守护人配有三匹马（军马、贵族马、矮种马）及作为其随从一部分的四名乐手，他们的薪水也从其工资中支付。

员所了解的那样,随从的规模对工资影响很大。

如果我们要把士兵工资置于相应历史语境中考虑,那么我们必须考虑这么一种可能性:士兵像其他政府雇员一样,除了名义工资外,还能获得其他收入。确实,骑兵可以从赎金和战利品中获得收益,这是众所周知的战争带来的额外好处。此外,在中世纪的意大利,雇佣骑兵在战场上取胜时有权获得双倍工资的奖励以及受伤马匹的赔偿费(*menda*)。这在城市与骑兵之间所签署的契约(*condotte*)中有明确规定,并且是双方争论的焦点。[111]这种契约就是今天所谓的"鼓励性"合约。因此,一名骑兵的基本工资更多是一种粗略的收入参考,他可以通过战利品增加收入。

1349—1350年的契约没有一份留存下来。但预算和巴利亚记录显示,德国和意大利骑兵的确因自身战功而获得奖励。1350年6月,该城向20名骑兵队长支出3123里拉以奖励他们夺取蒙特盖莫利镇。获得这笔奖励的有约翰·多尔尼克、布尔克哈德·迪·托罗、安德烈亚·萨尔蒙切利、雅各布·达·菲奥雷等队长,正如我们在第2章所见,所有这些人都在军队中扮演重要角色。[112]与此同时,通过对预算的仔细阅读,人们会发现该城还会因骑兵的坐骑在战斗中受伤或死亡而提供赔偿。[113]

---

111 关于这种契约,参见 Daniel P. Waley, "Condotte and Condottieri in the Thirteenth Century," *Proceedings of the British Academy* 61 (1975), pp. 337–371; Michael Mallett, *Mercenaries and Their Masters* (Totowa, NJ: Rowman and Littlefield, 1974), pp. 80–106; William Caferro, *John Hawkwood, an English Mercenary in Fourteenth Century Italy* (Baltimore, MD: Johns Hopkins University Press, 2006), pp. 71–79。

112 ASF, balie 6 fols. 91r–92v。

113 ASF, Camera del comune, Scrivano di camera uscita 7 fols. 48r, 56v; Scrivano di camera uscita 9 fols. 51v–54r。

预算中经常列出向那些坐骑在蒙特盖莫利、蒂尔利、苏西纳纳、洛佐尔及其他地方的小规模战斗中战死的德国、意大利骑兵提供马匹赔偿金,其数额在 15 弗罗林至 50 弗罗林之间。[114]

然而,奖金和鼓励性合约并不能完全解决这个问题。金钱奖励在战争中广泛存在。在战争之初,佛罗伦萨就设定了抓获和谋杀乌巴尔迪尼家族成员的赏金标准。文献证实,这笔钱是由军中的战争统帅用市政官员提供的资金支付的。战争统帅曾向来自蒂尔利的盾牌兵桑蒂·基亚鲁奇(1350 年 9 月 17 日)支付一笔酬金,原因是他在位于蒂尔利的乌巴尔迪尼家族的城堡前俘获一名来自蒂尔利的"反叛者"阿里盖托。[115] 1350 年 5 月 26 日,战争统帅向在蒙特盖莫利抓获马吉纳尔多·乌巴尔迪尼的一名仆从的两名步兵提供一笔酬金。[116] 该城甚至向焚毁房屋的骂阵人支付奖金。一名只知道叫作尼科洛的铃鼓手因放火烧掉苏西纳纳附近的一座住宅而得到 10 里拉的报酬。[117]

对于骑兵来说,奖金制度显然更为系统化。这是他们所签订契约的正式部分。[118] 对于步兵来说,情况并非如此,并且,他们无须饲养昂贵的马匹。值得注意的是,1349 年 7 月,当佛罗伦萨正式提高步兵工资时,虽然法律提到骑兵,但这只是确认他们有权在攻占要塞后获得双倍工资——它强调的是奖励骑

---

114 ASF, Camera del comune, Scrivano di camera uscita 7 fols. 48r, 56v; Scrivano di camera uscita 9 fols. 51v–54r, 55r; Camera del comune, camarlenghi uscita 70 fols. 41r–43r.

115 战争统帅先付钱给这些人,该城再把这笔钱给他。ASF, balie 6 fols. 84r-v, 112r.

116 ASF, balie 6 fol. 78v.

117 ASF, balie 7 fol. 35r; balie 6 fol. 112r.

118 Caferro, *John Hawkwood,* pp. 71–79.

兵的重要性，而非提高他们的工资率。[119]

然而，即便对于骑兵来说存在奖励性合约，但我们仍有理由发问：雇佣骑兵的名义工资在瘟疫面前为什么没有提高？关于该职业的贪婪属性已多有记载，并且马基雅维利的名言强调了这一点。如前所述，雇佣骑兵市场需求旺盛，整个亚平宁半岛都有用得上他们的地方，包括临近的公开反对教会的罗马涅地区。

无论这有多么违背直觉，最恰当的答案是：骑兵队长及其部属认可奖励性合约，正因为它的存在，名义工资才维持不变。如此一来，不管愿不愿意，骑兵们都接受了这种契约中所包含的"优质"服务自带奖励的理念。这一解释提出这么一种可能性，即雇佣骑兵看待自己的方式与学者们描述他们的不一样，并且，他们视自己不同于他们同时代的步兵同僚。与步兵不同，骑兵实际上代表军队劳动力中的贵族成分，这一区别或许制约了他们提高工资的要求。关于政治影响力的不可估量的回报不适用于雇佣兵，他们正因为是外邦人才被招募的，因此对当地事务不感兴趣。但战争本身是一项贵族式活动，即便在某些情况下，这些人身世可疑。一名骑着战马在战场上表现出色的士兵是从事着受人尊敬职业的、满怀荣誉感的人。这种劳动不能仅仅以名义工资来衡量。

所有这些都模糊了中世纪史上最被无情误解的雇佣兵的形象。从马基雅维利对他们的描绘，以及彼特拉克对他们众所周知的轻蔑之情来看，这似乎让人感到吃惊。但更为务实的同时代人可能不会对这种叙述吃惊，比如《骑士之书》的作者若弗鲁瓦·德·沙尔尼（Geoffroi de Charny，死于1356年），他将

---

[119] ASF, Provvisioni, registri 36 fol. 132v.

雇佣骑兵置于骑士这个标题之下。沙尔尼特别地赞扬了像佛罗伦萨军中德国人这样的外国人,他们"背井离乡,来到伦巴第、托斯卡纳和普利亚作战"。[120]

关键词是"骑兵"而非"雇佣兵"。正如我们所见,1349—1350年佛罗伦萨军中的许多弩兵是雇佣兵,他们是从佛罗伦萨以外地区招募的,并且招募方式同雇佣骑兵类似。然而他们显然寻求以及获得的是更高的名义工资。骑兵并非如此,这进一步支持了这种观点:存在着某些与骑兵服役活动相关的、制约其要求的东西。雇佣骑兵愿意向国家缴纳正直税(第3章)或许可以作为补充证据。尽管骑兵在市场上占有明显优势,但他们并未要求佛罗伦萨使他们免缴这项税收。另一方面,雇佣弩兵却专门为此讨价还价。1350年,从卡斯特杜兰特招募的弩兵拒绝服役,直到佛罗伦萨对他们免征正直税为止。[121]佛罗伦萨官员勉强同意。正如我们所见,正直税专门用于城中的"善举",用于美化大教堂和建立大学。雇佣骑兵不仅缴纳正直税,还向督察员缴纳罚款,这笔钱通常数额庞大。这两者合在一起使骑兵成为佛罗伦萨所有雇员中税负最重的人。正直税有意地要把"坏"变"好"(第3章)的事实很有可能是骑兵接受它的一个因素。这项税收也有可能被认为是一种贵族税。

雇佣骑兵分队中缺乏"学徒"可以被解读为另一种自我定义的进一步证明。学徒的数量在步兵分队中越来越多,我们已指出这反映了人员的短缺。但骑兵同样人员短缺,并且无疑有新来者加入普通士兵行列。然而,他们的分队中没有学徒。这让人联想到与行会有关的劳动的术语只用于步兵,这或许表明,

---

120 Geoffroi de Charny, *Book of Chivalry*, edited by Richard W. Kaeuper and Elspeth Kennedy (Philadelphia, PA: University of Pennsylvania Press), p. 2.
121 ASF, balie 6 fols. 38v, 53r; Signori Missive I Cancelleria 10 #145.

步兵被视为"劳动"阶层，而骑兵则属于与行会无关的贵族阶层。其实，在这方面把雇佣骑兵队长与该城的督政官做个比较会很有益。他们都来自外邦，都是各自领域的首领，并都具备或许能够向其他地方售出符合市场需求的技能。然而，他们的名义工资在1349—1350年没有变化。丹尼尔·韦利称督政官是一名"公民贵族"，我们掌握的文献称这些在1349—1350年受雇于佛罗伦萨的人为"骑士"。[122] 这项工作的贵族特质或许表明，它与骑兵一样，不属于传统的劳动范畴。

我们不能把这种修正性的解读进行得太过。如前所见，"骑士"一词确实具有经济意义。拥有此头衔的意大利骑兵队长的工资比那些没有此头衔的人高。但这种差别的经济价值并不取决于市场力量。就德国队长们而言，该差别不具经济价值，这表明，他们被视为是与意大利雇佣兵队长不同的人。事实上，意大利队长们被专门称作"忠诚的圭尔夫派"，这种政治联系在以英语为母语的历史编纂中常常被忽视，但它却是为佛罗伦萨效力的一个必要条件，在这里，圭尔夫-吉贝林派的标签仍然意义重大，并且，1349—1350年佛罗伦萨的敌人就是一个吉贝林派家族。圭尔夫派的称号似乎限制了意大利雇佣兵的市场，并有助于提高他们的工资。但这种情况没有出现，这表明，他们与德国人一样，除了薪俸之外，还有其他东西将他们与雇主联结。"圭尔夫主义"是一种意识形态，这种意识形态可能促使他们前去效劳，并在工资率不变的情况下继续，尽管市场力量已发生重大变化。

无论如何，关于骑兵尚存诸多疑问，我们需要对其进行更

122　Daniel Waley, *The Italian City Republics*, 3rd edn. (London: Longman, 1988), pp. 42–43; ASF, Camera del comune, Scrivano di camera uscita 8 fol. 2r; Scrivano di camera uscita 10 fol. 2v.

深入的研究。呈现在这里的论证与一些著名雇佣兵队长的履历并不一致,如要求获得更高薪酬,并劫持整个城镇索要赎金的约翰·霍克伍德(John Hawkwood)。然而这些人并不常见,他们相当于这个行业的"摇滚明星"。虽然他们和普通士兵有共同特性,但不能作为整体代表。我们必须承认,雇佣骑兵服役的模式可能多种多样,就像佛罗伦萨普遍存在不同类型的劳动力一样。

从前面的讨论中可以清楚地看出,正如波兰尼在《大变革》中以"鸟瞰"视角对遥远过去的经济体系所做的观察那样,"劳动组织"是"嵌入在社会的一般组织之中"的。[123] 佛罗伦萨雇佣骑兵的例子支持了波兰尼的观点,即人们"这样做并不是为了保护他在拥有物质商品方面的个人利益;他这样做是为了维护他的社会地位,他的社会权利,他的社会资产"。[124]

123　Karl Polanyi, *The Great Transformation*, p. 76.
124　Karl Polanyi, *The Great Transformation*, p. 76.

第5章　敲钟人出使阿维尼翁、厨子出使匈牙利

——对佛罗伦萨劳动力的解读，1349—1350年

> 解释工资条目……是关于解谜、发现并躲避陷阱的侦探逻辑中一件令人着迷的事情。
> ——贝弗里奇《温彻斯特庄园的工资》[1]

> 定量证据使我们能够把一个形而上学难题转化成一个实证问题。
> ——费舍尔《大浪潮》[2]

> 我说的是厨子，如你所知，他们被认为是最卑贱的仆人。
> ——彼特拉克《日常熟事书信集》第8卷第4封信[3]

1　William H. Beveridge, "Wages in the Winchester Manors," *Economic History Review* 7 (1936), p. 23.

2　David Hackett Fischer, *The Great Wave: Price Revolutions and the Rhythm of History* (Oxford: Oxford University Press, 1996), pp. xv–xvi.

3　Francesco Petrarch, *Rerum familiarum libri, I–VIII*, vol. 1, translated and edited by Aldo S. Bernardo (Albany, NY: State University of New York Press, 1975), p. 401.

在威廉·贝弗里奇爵士对 1208 年至 1453 年中世纪英国工资水平的开创性研究中,他将自己的研究模式比作"夜间驾车穿行于陌生的国度"。车灯的强光照亮的只是"一条狭长的道路和树篱",道路两边的情况无疑十分重要却模糊不清。他哀叹自己无力探究道路两边的情况,担心他的"旅程"将永远不会结束。他呼吁历史学家们更仔细地研究这幅图景,以推动"侦探逻辑中这件令人着迷的事情"。[4]

当前的研究已使贝弗里奇的灯光照得更广、更亮,正如贝弗里奇本人猜测的那样,道路两旁的确值得探究,并且或许可以更富有哲理地说,旅程本身和结果一样值得探究。当把战争添加到对瘟疫后佛罗伦萨的分析中时,分析发生变化。彼特拉克和薄伽丘似乎是更为坚定的政治人物,他们最初的友谊变得更加复杂,就像他们与他们的前辈但丁的关系一样。佛罗伦萨军队并非是临时性的,而是更为专业化的——在变化的大背景中,这是一个奇怪的常态。雇佣骑兵似乎不是那么"马基雅维利式"的,而是更为忠诚的。据称推动工资上涨的与供求相关的"得到强化的市场力量"没有对佛罗伦萨的大部分劳动力起作用。与此同时,职业的概念似乎是变化的,或者更准确地说,与当今它的概念并不相同。

最后一点值得注意。在工资和劳动力方面,我们对这个时期的假设最为顽固。[5] 学术界对确定实际工资和重建长时段生活水平的关注阻碍了对名义工资的适当研究。学者们常常认为这些数字是可靠的,没有对它们进行适当的审视。

长达几个世纪的人为工资序列加剧了这种现状,这种工资序列不加批判地利用名义工资,为的是得出把遥远过去的事件

4　Beveridge, "Winchester," p. 22.

5　ASF, balie 6 fol. 69r.

与今天的事件相联的、广泛的比较性结论。这种做法涉及对日工和工匠工资的研究：有关他们的数据被认为是对研究来说最"易获取"和最"适用"的。但这些数据既不丰富，也不具代表性。依靠"适用"数据本来就带有目的性，这是通往准确历史的一个障碍。它推动一种在经济学家中表现得尤为明显的趋势，即把一种简化的经济分析形式应用到遥远的过去，似乎这么做与那个时期本身的简单性相吻合。具有讽刺意味的是，哈佛大学经济学家克劳迪亚·戈尔丁在论证历史证据对经济理论的适用性时明确提出这一点。她指出，"实证主义者已经认识到，历史数据往往比当前数据更好"。它们的限定性条件较少，反映的是"一个诉讼较少的社会"。[6] 戈尔丁说的是 20 世纪早期的美国。这句话却揭示了关于过去研究的根深蒂固的现代假设。就中世纪——在一些现代主义者看来，这个是典型的原始社会，对这些人来说，无论数据是多么稀少和零散，都极富价值——而言，这个问题更为严重。

  名义工资为这种研究提供了联系纽带。它们是最具实证性的证据。在这里对这两年的关注使我们能够更全面地看待问题，并使起作用的一系列因素和过于相信数据实证性的危险变得更加明显。这佐证了马克·布洛赫在 1934 年说的话：短时段研究暴露了在长时段研究中被掩盖的社会的方方面面。[7] 就像文本一样，数据也具有历史情境，代表着不同的叙述。

  这个观点并不新鲜，也不局限于布洛赫。约瑟夫·熊彼特

6　Claudia Goldin, "Cliometrics and the Nobel," *Journal of Economic Perspectives* 9 no. 2 (Spring 1995), p. 191.

7　Marc Bloch, "Le salaire et les fluctuations économiques à longue période." *Revue Historique* 173 (1934), pp. 3–6. 也见 John Day, "Money, Credit and Capital Formation in Marc Bloch and Ferdinand Braudel" in *Money and Finance in the Ages of Merchant Capitalism* (London: Blackwell, 1999), p. 123.

在《经济分析史》中指出,"理解历史事实"对理解经济现象极为重要。他生动地将"历史技艺"描述为"我们称之为经济分析的公共汽车上的一名乘客",并总结道,"派生性知识总是令人感到不满意"。[8]

对于小范围内呈现出的不一致和矛盾之处,如果对它们进行仔细分析而非舍弃不管,将深化我们对社会的理解。在这一点上,布洛赫和熊彼特也同意约翰·梅纳德·凯恩斯的观点。凯恩斯在他著名的古典经济理论批判中指出,我们应该"避免把多于实际上存在的秩序置于体系中"。[9]

货币和税收

这一点在货币和税收方面表现得最为明显,这两个与工资相关的因素没有得到学术界足够的关注。前者通常由于它的"复杂性"而被留待"以后讨论",或是因它"缺乏"比较研究的"效用"而被弃之不顾。税收则是被置于"完全独立"的公共财政领域来处理的。[10]

8　Joseph Schumpeter, *History of Economic Analysis* (Oxford: Oxford University Press, 1954), pp. 12-14.

9　"古典理论只适用于特殊情况……古典理论所假设的特殊情况,碰巧与我们实际生活中的经济社会的情况并不相同。"John Maynard Keynes, *The General Theory of Employment, Interest and Money* (New York: Harcourt Brace, 1936), p. 3.

10　尽管贝弗里奇在他对1208年至1453年英国工资的研究中指出五次货币贬值,但他最终得出的结论是,"如果……货币与工资系列中任何较为引人注目的变动存在很大关系,那么他将感到吃惊"。Beveridge, "Winchester," p. 24. 托涅蒂发现记账货币比实际货币更适合于长期比较。Sergio Tognetti, "Prezzi e salari nella Firenze tardo medievale: un profile," *Archivio storico italiano* 153 (1995), pp. 268-270.

学术研究忽视了更重要的一点。货币和税收可能比较复杂，并与研究者们追寻的那种长时段结论关系不大，但它们是了解遥远过去的社会的重要历史变量。就拿当前来说，它们告诉我们关于1349—1350年工资结构的诸多信息，以及如何更好地了解佛罗伦萨的劳动力。

　　如第4章所述，佛罗伦萨的预算是以记账货币计算的。这是种"幽灵货币"，与该城付给它的雇员的实际钱数不符。经济史家传统上在他们的研究中以银的克数来表示工资。这种做法非常适合中世纪英格兰，因为这里正是该做法的发源地，并且，在这一时期的英格兰，白银是最主要的交易工具。[11] 但它不适合普遍用黄金支付的佛罗伦萨。金弗罗林的价值比银币更稳定，特别是佛罗伦萨的小币值硬币（夸特里尼、德纳里），它们很容易贬值，并局限于小规模交易。

11　贝弗里奇和其他学者效仿索罗尔德·罗杰斯定下的这个标准。索罗尔德·罗杰斯指出，这一时期英格兰普遍缺乏黄金。参见 James E. Thorold Rogers, *A History of Agriculture and Prices in England from the Year after the Oxford Parliament (1259) to the Commencement of the Continental War (1793)* (Oxford: Clarendon Press, 1866), p. 177 和 *Six Centuries of Work and Wages: The History of English Labour*, vol. 1 (London: Swan Sonnenschein and Co., 1894), pp. 323-325; Beveridge, "Winchester," pp. 23-24。最近，范赞登为使用白银进行辩护，称这便于在整个欧洲做比较，并"使得我们可以对名义工资和谷物价格进行国际比较"。Jan Luiten van Zanden, "Wages and the Standards of Living in Europe, 1500-1800," *European Review of Economic History* 2 (1991), p. 80. 也见 Robert C. Allen, "The Great Divergence in European Wages and Prices from the Middle Ages to the First World War," *Explorations in Economic History* 38 (2001), pp. 412-415; Özmucur Süleyman and Şevket Pamuk, "Real Wages and Standards of Living in the Ottoman Empire, 1489-1914," *Journal of Economic History* 62 (2002), pp. 292-321。格雷戈里·克拉克最近的比较史根本没有提及货币问题，参见 *A Farewell to Alms* (Princeton, NJ: Princeton University Press, 2007), pp. 40-43。

选择何种货币支付薪酬具有重要的经济和社会意义。卡洛·奇波拉称，白银和黄金之间的关系在14世纪的佛罗伦萨"是个普遍关注的问题"，它有可能导致"广泛的社会紧张和动荡"。[12] 他断言，金弗罗林是留给呢绒商、银行家、贸易商行、放债人、医生、律师、大地主的，并且一般来说是留给"贵族和重要行会（arti maggiori）成员"的。相反，支付给工匠和地位较低的工人的是银币。[13] 就在瘟疫暴发前的1345—1347年，为了应对黄金价格的下跌，佛罗伦萨令它的银币贬值。瘟疫和人口危机带来货币均衡。[14]

　　佛罗伦萨的预算明显地呈现出对货币的密切关注，在工资条目的边缘，它们认真地列出白银和黄金之间的每日兑换比率。这个比率也为普通大众所知，正如奇波拉所言，这使得市民们可以"对当地经济的健康状况有敏锐的认识"。[15] 在1349年和1350年，年均兑换比率为每弗罗林64索尔多。

　　遗憾的是，佛罗伦萨的市政办公室预算没有明确指出在支付时使用何种硬币（第4章），但它们却记下——如果是不一样的话——佛罗伦萨在支付给雇员时使用的货币：白银或黄金，又或两者的组合。[16] 这是写在工资条目底部的，特别是那些用

12　Carlo Cipolla, *The Monetary Policy of Fourteenth Century Florence* (Berkeley, CA: University of California Press, 1982), p. 28.

13　Cipolla, *Monetary Policy*, p. 26. 托涅蒂最近重申，黄金主要由富裕商人、银行家和较为富有的工匠支配。Tognetti, "Prezzi e salari," pp. 268-270. 也见 Giuliano Pinto, *Toscana medievale: paesaggi e realtà sociali* (Florence: Le Lettere, 1993), p. 115 和 Charles M. de La Roncière, *Prix et salaries à Florence au XIVe siècle, 1280-1380* (Rome: Palais Farnese, 1982), pp. 469-518.

14　Cipolla, *Monetary Policy*, p. 48.

15　Cipolla, *Monetary Policy*, pp. 27-28.

16　Richard A. Goldthwaite, *The Economy of Renaissance Florence* (Baltimore, MD: Johns Hopkins University Press, 2009), p. 611.

方言（斯克里瓦诺语）写就的工资条目，用的词语是"他得到"或"他们得到"（"ebbe"或"ebbero"）。通过对这些预算的审视可以看出，官员们对用何种货币单位做了区分（表 5.1）。所有薪水最终都被换算成记账货币（里拉）以便将它们汇总。有一些最初却用的是金弗罗林。关于这一做法没有任何解释。佛罗伦萨的官员们知道自己在干什么，并显然觉得对此无须解释。朱利亚诺·平托基于佛罗伦萨圣加洛医院现存的预算称，用弗罗林表示，意味着使用这种货币支付给雇员，而用里拉/记账货币表示，则意味着给了官员们使用白银或黄金的选择余地。平托解释说，用弗罗林表示是为了保护雇员不受白银和小面额钱币可能贬值的影响。[17] 这似乎也适用于佛罗伦萨市政办公室的预算中向城市雇员支付的薪水。

　　对货币的讨论揭示了 1349—1350 年的一些有趣现象。在 1349 年反对乌巴尔迪尼家族的第一次战役期间，佛罗伦萨军中的德国骑兵和意大利弩兵的工资是以弗罗林表示的——在换算成记账货币（里拉）以将它汇总前。然而，意大利雇佣骑兵和盾牌兵分队的工资却只以里拉表示。同时，让人惊讶的是，在用何种货币单位方面，构成佛罗伦萨军队的骑兵和步兵被放在一起。佛罗伦萨在骑兵内部的德国和意大利骑兵分队之间，以及在步兵内部的弩兵和盾牌兵分队之间都做了区分（表 5.1）。这些证据进一步缩小了构成佛罗伦萨军队的骑兵和步兵之间的差距，就像我们在第 2 章和第 4 章看到的那样。由于黄金是更受欢迎的货币单位，因此我们可以得出结论，1349 年德国骑兵和弩兵是更受人青睐的军队组成部分。

17　Giuliano Pinto, "Il personale, le balie e I salariati dell'Ospedale di San Gallo di Firenze (1395-1406)" in *Toscana medieval: paesaggi e realtà sociale* (Florence: Le Lettere, 1993), p. 77.

表 5.1　乌巴尔迪尼战争时期市政办公室预算中
佛罗伦萨士兵工资的货币单位

	1349	1350
德国骑兵队长	弗罗林	弗罗林
德国骑兵	弗罗林	弗罗林
弩兵队长（利古里亚/卢尼贾纳）	弗罗林	弗罗林
弩兵（利古里亚/卢尼贾纳）	弗罗林	弗罗林
弩兵队长（比别纳/摩德纳）	**弗罗林**	**里拉**
弩兵（比别纳/摩德纳，混合分队）	**弗罗林**	**里拉**
意大利雇佣骑兵队长	里拉	里拉
意大利雇佣骑兵	里拉	里拉
盾牌兵队长	里拉	里拉
盾牌兵	里拉	里拉

注：加粗表示变化。

来源：ASF, Camera del comune, Scrivano di camera uscita 6 fols. 17r–41r; Scrivano di camera uscita 7 fols. 17r–60r; Scrivano di camera uscita 8 fols. 2r–7v, 17r–36r; Scrivano di camera uscita 9 fols. 2r–9v, 17r–45v; Scrivano di camera uscita 10 fols. 17r–59r.

在第二次战役期间，弩兵工资的货币单位发生变化。来自比别纳和摩德纳镇的这些人的工资在 1349 年用弗罗林表示，在 1350 年则用里拉表示。比别纳的阿尔皮努乔·努蒂及其手下的弩兵在第一次战役期间的月工资分别为 3.5 弗罗林、2 弗罗林；在第二次战役期间，他们的月工资分别为 14 里拉、9 里拉。[18] 这一调整使队长和普通弩兵的名义工资分别增长 39%（202 索尔多到 280 索尔多）、30%（128 索尔多到 180 索尔多）。但如今士兵收到的是白银这种不太受欢迎的货币单位，而不是黄金。然而，

18　总的来说，1349 年 7 月阿尔皮努乔·努蒂赚了 25 弗罗林又 12 索尔多。ASF, Camera del comune, Scrivano di camera uscita 6 fol. 40v; Scrivano di camera uscita 7 fol. 17r. Scrivano di camera uscita 9 fol. 35r; Scrivano di camera uscita 10 fols. 23v, 34v.

与此同时，来自利古里亚和和卢尼贾纳的弩兵的工资在1349—1350年依然用弗罗林表示，德国雇佣兵的工资也是如此。意大利雇佣兵和盾牌兵的工资一直是用里拉表示的。

因而，这一证据表明，佛罗伦萨愿意给来自比别纳和摩德纳的士兵涨工资，但用的是不太受欢迎的货币。它至少还表明，佛罗伦萨以不同的方式来对待军中的弩兵。

尽管预算中载有使用的货币单位，但佛罗伦萨军中的许多士兵在第一次战役期间似乎收到的薪酬都是弗罗林。意大利雇佣骑兵队长尼诺·德利·奥比兹及其部属的工资是用里拉表示的，但根据出现在货币单位底部的"ebbero"条目，他在第一次战役期间收到的薪酬是弗罗林。[19] 由蒂尔利的桑蒂·基亚鲁奇、帕西尼亚诺的雅各布、"塞尔·梅斯托拉"、凯西斯、佛罗伦萨的弗朗切斯科·"马拉马马"·巴尔托利、加尔法尼亚纳的托恩·莱米和科洛迪的巴尔杜乔·古乔所指挥的盾牌兵分队的薪酬在1349年7/8月都是以弗罗林支付的。[20] 德国骑兵和弩兵分队的薪酬在那一年也是以黄金支付的。

由于文献资料残缺不全，我们无法进行全面分析。但有意思的是，有证据表明，从1349年的第一次战役到1350年的第二次战役，支付薪酬的货币发生从黄金到白银的转变。正如我们所见，来自比别纳和摩德纳的弩兵的工资在第二次战役期间

19　ASF, Camera del comune, Scrivano di camera uscita 6 fols. 29r-v; Scrivano di camera uscita 7 fol. 44r. 关于其他人的，参见 ASF, Scrivano di camera uscita 6 fols. 2r-10r。

20　ASF, Camera del comune, Scrivano di camera uscita 6 fols. 29v, 35r, 37r, 40v; Scrivano di camera uscita 7 fols. 19r, 25r. 这种情形与佛罗伦萨市议会的立法相一致，该立法规定盾牌兵的工资以弗罗林支付。ASF, Provvisioni registri 36 fols. 132r-v.

变成以白银支付。这也同样适用于盾牌兵分队和意大利雇佣骑兵。[21] 来自利古里亚和和卢尼贾纳的弩兵的工资依然是用弗罗林表示和支付的。仅在1350年招募的本土弩兵分队和来自卡斯特杜兰特的弩兵分队的工资是以弗罗林支付的，德国雇佣骑兵也是如此。[22]

　　佛罗伦萨的确切策略尚不清楚。我们或许可以这样解释这种做法：政府试图用一种不太受欢迎的货币来支付士兵，特别是步兵的薪酬，以减轻他们薪酬上涨的影响。然而，在把货币纳入我们的分析后可以看出，来自利古里亚和卢尼贾纳的弩兵是最受该城青睐的士兵。他们的名义工资增加，并继续以金弗罗林支付。虽然德国骑兵的薪酬在两次战役期间都是以黄金支付的，但他们的名义工资保持不变。意大利雇佣兵的境遇最糟。他们的工资没有上涨，并且在第二次战役期间，他们的薪酬是以白银，而非黄金支付的。

　　这种倾向引发一些重要问题。正如第4章所述，把1349—1350年士兵工资与佛罗伦萨其他公职人员的工资做个对比会大有裨益。表5.2显示，仅有少数城市工人的薪水在转换成里拉前是用弗罗林表示的。绝大多数工人的薪水是以记账货币表示的。

　　但是，正如士兵的工资一样，诸多佛罗伦萨公职人员的工资在1349年乌巴尔迪尼战争期间是以黄金支付的，尽管它们以记账货币表示。这些雇员包括外来法官（督政官、正义法规执

21　ASF, Camera del comune, Scrivano di camera uscita 9 fols. 20r, 35r; Scrivano di camera uscita 10 fols. 18r, 26r, 35r.

22　ASF, Camera del comune, Scrivano di camera uscita 6 fol. 29r; Scrivano di camera uscita 9 fol. 20r, Scrivano di camera uscita 10 fol. 34r. 关于其他人，见Scrivano di camera uscita 9 fols. 31r–31v.

行者、上诉法官）、司法厅的公证人、要塞司令、执政官宫的敲钟人、执政官仆人、乐手、街头公告员、军队督察员、公共医生、使节和公共厨子。[23]

这份列表进一步证明——与奇波拉的论断相反——黄金并非只是留给"贵族和重要行会的成员"的。[24]社会差异并不是这么简单划分的。作为一名重要的政府官员和拥有重要社会地位的国务长官的薪水都是用金弗罗林表示和支付的。但其他重要部门，如市政办公室和军需处的总管的工资在1349年是以里拉表示，并以白银支付的，那些给他们提供咨询的法官的工资，以及市政办公室中负责记录收支账目的公证人的工资也是如此。[25]与此同时，似乎级别较低的官员如敲钟人、军队督察员和公共厨子的工资是以黄金支付的。市政办公室的一名会计的工资是以黄金支付的，而其他会计的工资则是以白银支付的。虽然督政官的两名法官、四名公证人的工资是以黄金支付的，但督政官的其他随从的工资却是以白银支付的。

同士兵的情况一样，也有证据表明，从1349年反对乌巴尔迪尼家族的第一次战役到1350年的第二次战役，支付工资的货币发生从黄金到白银的转变。然而这种转变没有那么明显。街头公告员、公共医生、厨子的工资在1349年是以弗罗林支付的，但在1350年得到的是白银。[26]外来法官的工资继续以黄金

23　ASF, Camera del comune, Scrivano di camera uscita 6 fols. 4r–6r, 18r, 21r, 30r; Scrivano di camera uscita 7 fol. 31r.

24　Cipolla, *Monetary Policy*, p. 26; 鲍斯基对锡耶纳持相同观点。William M. Bowsky, *A Medieval Italian Commune: Siena under the Nine, 1287–1355* (Berkeley, CA: University of California Press, 1981), pp. 226–227.

25　ASF, Camera del comune, Scrivano di camera uscita 6 fols. 6r, 10r; Scrivano di camera uscita 7 fol. 10v.

26　ASF, Camera del comune, Scrivano di camera uscita 9 fols. 3v, 4v–5v, 8v; Scrivano di camera uscita 10 fol. 6r; Scrivano di camera uscita 10 fol. 39r.

支付，国务长官和要塞司令也是如此。[27] 使节的工资在这两年都是以黄金支付的。[28]

在货币方面出现这种较为有限的转变可能源自以下事实：大多数公职人员的工资在1349—1350年没有上涨。的确，只有乐手和执政官宫的警卫这两类人的工资提高了（第4章）。[29] 他们的工资在1349年都以黄金支付。乐手的工资在1350年变成以白银支付，而警卫的工资在那一年继续以黄金支付。

表5.2 乌巴尔迪尼战争期间佛罗伦萨领薪人员工资的货币单位

	1349	1350
督政官	里拉*	里拉*
正义法规执行者	里拉*	里拉*
上诉法官	里拉*	里拉*
使节	里拉*	里拉*
正义法规执行者副手	里拉	里拉
督政官的两名法官/四名公证人	**弗罗林**	**弗罗林**
军队督察员	里拉*	里拉
国务长官	**弗罗林**	**弗罗林**
要塞司令	里拉*	里拉*
司法厅的公证人	里拉*	里拉*
执政官宫的警卫队长	里拉*	里拉*
市政办公室负责支出的公证人	里拉	里拉
执政官的公证人	里拉	里拉
市政办公室的会计	**弗罗林**	**弗罗林**
市政办公室的会计	里拉	里拉
公共监狱的管理人	里拉	里拉

27　ASF, Camera del comune, Scrivano di camera uscita 9 fols. 46r–47v.

28　ASF, Camera del comune, Scrivano di camera uscita 6 fols. 3v, 4r, 4v, 5r, 8v; Scrivano di camera uscita 7 fols. 3v, 4r, 4r.

29　ASF, Camera del comune; Scrivano di camera uscita 6 fols. 3v, 4r, 4v, 5r, 8v; Scrivano di camera uscita 7 fols. 3v, 4r, 4r; Scrivano di camera uscita 9 fols. 3v, 8v.

续表

	1349	1350
契约办公室的公证人／书办	里拉	里拉
正义旗手	里拉	里拉
国务长官的公证人／助手	**弗罗林**	**弗罗林**
市政办公室的会计	里拉	里拉
公共医生	里拉 *	里拉
市政办公室负责收入的公证人	里拉	里拉
契约办公室的公证人	里拉	里拉
法官的公证人	里拉	里拉
间谍	里拉	里拉
市长	—	里拉
市政办公室的僧侣总管	里拉	里拉
司法厅的公证人的亲随	里拉	里拉
执政官宫的警卫	里拉 *	里拉 *
市政办公室的世俗总管	里拉	里拉
街头公告员	里拉	里拉
契约办公室的总管	里拉	里拉
监狱管理人的公证人	里拉	里拉
契约办公室的信使	里拉	里拉
督政官宫的警卫	里拉	里拉
乐手	里拉 *	里拉
市政办公室的看守／守卫	里拉	里拉
督政官宫的敲钟人	里拉	里拉
执政官宫的敲钟人	里拉 *	里拉
厨子	里拉 *	里拉
执政官的仆人	里拉 *	里拉
市政办公室的马萨伊	里拉	里拉
市政办公室的法官	里拉	里拉
马萨伊的公证人	里拉	里拉
厨子的听差	里拉	里拉

* 以里拉表示，但以弗罗林支付。

来源：ASF, Camera del comune, Scrivano di camera uscita 6, 7, 9, 10.

要塞司令的工资在这两年都是以黄金支付的，这与意大利雇佣骑兵不同，但他们与这些人在名义工资方面有着相似的情况。意大利骑兵的工资在1349—1350年从黄金变成白银。要塞司令与德国雇佣兵的情况一样，后者的工资率没有变化，但一直是以黄金支付的。与此同时，督政官宫的警卫与来自利古里亚和卢尼贾纳的弩兵的总体情况一样，他们的名义工资在1349—1350年都有提高，并继续以黄金支付。城市乐手的工资情况与盾牌兵和来自摩德纳和比别纳的弩兵相似，他们的名义工资提高，但支付货币从黄金变成白银。意大利雇佣骑兵的境遇似乎仍旧是最糟的。他们的名义工资不仅保持不变，而且支付货币是白银而非黄金。督政官、上诉法官和其他外来法官的工资虽然没有上涨，但在这两年都是以黄金支付的。

有必要强调的是，尽管如前所述，1349—1350年黄金和白银之间的年均兑换比率比较稳定，但支付薪水的货币仍旧在变化。[30] 然而，对日兑换率审视后可以发现，尽管它的总体趋势保持稳定，但存在短期波动。1349年4—8月，弗罗林稍有贬值，从起初价值64索尔多多一点到后来价值63索尔多多一点。1349年5月1日，其达到峰值的64索尔多又8德纳里（64.75索尔多），8月底，它下滑到谷底的62索尔多又10德纳里（62.83索尔多）。第二次战役期间，金弗罗林的价值朝相反方向发展，1350年2—9月，它兑白银的价值略有上升。2月，1金弗罗林的价值差一点儿不足63索尔多；9月，它稍高于64索尔多。1350年3月是个异常动荡的月份。3月8日，金弗罗林价值63索尔多又2德纳里（63.17索尔多），一周多后（1350年3月17日），它升至65索尔多又5德纳里

---

30 Cipolla, *Monetary Policy*, p. 48.

（65.41索尔多）。[31] 这种增长引发市议会的担忧，并成为一年后所发生事件的一个预兆，当时，金价相对于银价大幅上涨。[32] 我们不清楚为什么 1350 年 3 月会出现这种波动。无论如何，佛罗伦萨的官员似乎控制住了局势。金价得以滑落，1350 年 4 月 1 日，1 弗罗林的价值再次为 64 索尔多；1350 年 5 月 10 日，它降至 63 索尔多又 10 德纳里（63.83 索尔多），这和去年夏天是一样的。1350 年的 6 月、8 月和 9 月，弗罗林的价值稳定在 64 索尔多。[33]

表 5.3　月均兑换比率，1349—1350 年

1349 年 1 月	64 索尔多
1349 年 2 月	64 索尔多
1349 年 4 月	64 索尔多
1349 年 5 月	64 索尔多
1349 年 6 月	64 索尔多
1349 年 7 月	63 索尔多
1349 年 8 月	63 索尔多
1349 年 9 月	63 索尔多
1349 年 10 月	63 索尔多
1350 年 1 月	63 索尔多
1350 年 2 月	63 索尔多
1350 年 3 月	64 索尔多
1350 年 4 月	64 索尔多
1350 年 5 月	64 索尔多
1350 年 6 月	64 索尔多

31　ASF, Camera del comune, camarlenghi uscita 65 fol. 577r; camarlenghi uscita 66 fols. 585r-621r. 奇波拉指出，1350 年 3 月底佛罗伦萨白银过剩。Cipolla, *Monetary Policy*, p. 49.

32　ASF, Provvisioni, registri 38 fols. 3v-4r. 参见 La Roncière, *Prix et salaries*, pp. 491-493。

33　Mario Bernocchi, *Le Monete delle Repubblica Fiorentina*, vol. 1 (Florence: Leo S. Olschki, 1974), pp. 118-123, 126; vol. 3, pp. 196-197.

续表

1350 年 8 月	64 索尔多
1350 年 9 月	64 索尔多

注：该比率指 1 弗罗林可兑换的索尔多数，取近似值。

来源：该数据来自预算，与卡洛·M.奇波拉给出的数据不一致，奇波拉认为这一时期 1 弗罗林可兑换的索尔多数在 60 至 63 之间浮动。ASF, Camera del comune, Scrivano di camera uscita 6–10, camarlenghi uscita, 51–72; Cipolla, Monetary Policy, p. 49.

关于货币问题，还有太多的工作需要去做，包括战争本身对整个货币供应的影响。我们必须更仔细地研读文献资料，以确定佛罗伦萨是否在这几个月里交替使用白银和黄金支付。然而，从我们有限的解读来看，似乎明显的是，1349 年第一次战役期间，弗罗林相对价值下滑，尽管幅度很小，却是该城用黄金支付的刺激因素。相反，第二次战役期间，黄金价值上涨，特别是 1350 年 3 月的"恐慌"，使得该城官员倾向于持有金弗罗林而用白银支付。鉴于当时政府开销巨大，转变为白银支付总体上具有重大意义。对该城来说，限制弗罗林的外流在经济上大有裨益。

从本章的观点来看，最重要的是货币在工资结构中起着重要作用。我们的证据并非指向单一模式，而是指向佛罗伦萨与其雇员之间的各种模式和安排。这种差异如此之大，以致敲钟人都不能被归为一类。1350 年，督政官宫的敲钟人的工资是以白银支付的；而执政官宫的敲钟人的工资是以黄金支付的。[34]

造成这种区别的原因尚不清楚。然而，可以确定的是，佛罗伦萨的官员们仔细区分它使用的货币类型，对于那些得到黄

---

34 ASF, Camera del comune, Scrivano di camera uscita 6 fol. 8v, Scrivano di camera uscita 7 fol. 9v, Scrivano di camera uscita 8 fol. 4v; Scrivano di camera uscita 9 fol. 7r.

金薪酬的人来说，这是一种优待。1349年在穆杰洛交战区监察士兵的军队督察员的薪酬是以黄金支付的。在交战区之外监察士兵的军队督察员的薪酬是以白银支付的。[35]黄金是对较为危险工作的一种奖励。同样地，执行危险任务——比如说在围攻蒙特盖莫利要塞期间将武器和给养运至此地，以及在夜间将物资运进、运出斯卡尔佩里亚——的运输工和信使的薪酬也是以黄金支付的。[36]执行较为常规任务人员的薪酬是以白银支付的。为重要的政府委员会——比如1350年负责监督征收农村埃斯蒂莫税，并试图提高税收收入的委员会——效劳的官员的薪酬是以弗罗林支付的。[37]无论如何，我们不能仅凭瘟疫直接影响下的"供求矛盾的加剧"来解释工资的货币变化。

税收也是如此，这同样是个令人头疼的问题。不管瘟疫给工人们带来什么好处，很明显，对工资征税仍然是一个公认的惯例。佛罗伦萨的雇员要缴纳这种税，特别是那些为该城作战的士兵们（第3章）。

但与货币问题一样，我们需要细致入微地看待税收问题。如前所见，政府把免税权授予一些参与乌巴尔迪尼战争的工人，他们包括斯卡尔佩里亚的工匠和物资供应商，以及战场上的信使和运输工（第3章）。1350年从卡斯特杜兰特招募的弩兵专门提出这么一个最终获允的条件：除非对他们的工资免税，否则他们拒绝效力。[38]

35　ASF, Camera del comune, Scrivano di camera uscita 6 fols. 17r, 17v, 18r, 21r; Scrivano di camera uscita 7 9v; Camera del comune, Scrivano di camera uscita 9 fols. 38v, 35r; Camera del comune, camarlenghi uscita 53 fols. 194r–205v.

36　ASF, balie 7 fols. 33r–33v.

37　ASF, Camera del comune, Scrivano di camera uscita 10 fol. 8v.

38　ASF, balie 6 fol. 51r.

然而，卡斯特杜兰特的弩兵是个例外，证明了这一规定的存在。绝大多数士兵，包括佛罗伦萨最成功的骑兵和步兵的工资都不能免税。其实，士兵通常是城市雇员中税负最重的人（第4章）。他们不仅要为他们的工资缴税，还要为未通过考核和其他违规行为缴纳罚款。守卫该城要塞的司令也要为他的工资缴税，间谍、军队督察员和其他直接参与战争的人也是如此。使节和乐手要为他们的工资缴税，佛罗伦萨所有薪酬优渥的外来法官亦是如此。

然而，从市政办公室预算中可以看出，有一批公职人员的工资一直是免税的。他们中有契约办公室、军需处和市政办公室的总管；该城的国务长官；为市政办公室的总管提供咨询的两名法官；市政办公室的看守人和卫兵；司法厅的公证人；平衡预算的会计；将它们记录下来的公证人以及执政官宫的警卫（表5.4）。

表5.4 佛罗伦萨被专门免除工资税之人，1349—1350年

市政办公室的会计
军需处的总管
市政办公室的总管
契约办公室的总管
国务长官
市政办公室的看守/守卫
市政办公室的法官
市政办公室负责收入的公证人
市政办公室负责支出的公证人
司法厅的公证人
执政官宫的警卫

尚不清楚这些雇员为什么会被单列出来。把他们与斯卡尔佩里亚免税的工匠和其他直接参与战争的人归为一类似乎不妥。或许，这些官员应被单独地置于"城市运转所必需的人员"这

个标题之下。我们有理由发问：免税是否是对较低工资和较重公共责任的补偿？或者它是否与货币相关？又或者它是否适用于那些需要为他们的职位支付保证金的人？

这样的概括依然存在问题。虽然之前提到的总管的工资较低，并以白银支付，但国务长官和司法厅的公证人的工资较高，并以弗罗林支付。如果免税特权只是赋予那些需要为他们的工作提供担保的人，那么为他们的职位支出巨额资金的要塞司令也应在列，然而他们没有。市政办公室的其中两名总管是修士，[160] 作为教会人士他们无须为国家缴纳税收；另外两名总管是世俗官员，从理论上讲，他们从属于前者。虽然保卫执政官宫的警卫出现在免税名单上，但他们未被免税。佛罗伦萨在赋予可能有其他就业选择的斯卡尔佩里亚工匠们（第3章）免税特权时是否考虑机会成本？这样的问题值得发问。无论如何，就像工资率本身一样，税收不能完全用市场力量和1349—1350年瘟疫直接影响下的"供求矛盾的加剧"来解释。

当把税收纳入我们的整体分析中后，守卫执政官宫的警卫成为所有城市雇员中最大的幸运儿。他们是公职人员仅有的一类：1349—1350年工资得以上涨并以黄金支付，同时还无须缴税。与之相反，城市乐手的工资虽然得以上涨，但1350年是以白银支付的，并且还须缴税。显然，作为执政官宫的一名警卫，存在某些特别之处。

重新审视佛罗伦萨的公职人员

对货币和税收的考虑凸显了构成工资结构的各种因素，以及它们代表的"无数叙述"。对于那些研究工资的人来说，威廉·贝弗里奇将之称作"一个谜"恰如其分，现代经济学家、[161]

诺贝尔奖得主罗伯特·索洛重复了这一评价,他职业生涯的大部分时间都在试图揭示当今的工资模式。[39]

需要再次强调的是,我们的工资数据是关于公职人员的。这里调查的雇员都在为佛罗伦萨效劳,因而他们的工资来自公共收入。当前的学术共识通常是建立在佛罗伦萨(医院、兄弟会)和欧洲(修道院、庄园)的私人机构的数据基础之上的。这里存在着收入来源的差异。正如我们所见,佛罗伦萨的圣米迦勒教堂兄弟会在瘟疫——它影响了佛罗伦萨向它的雇员支付薪水的能力——刚一结束就因受难者的遗赠而变得富有。凯瑟琳·帕克在自己研究佛罗伦萨医生的著作中指出,工资高低取决于雇主类型,在私人宗教组织工作的人的工资要低一些。[40]

1349—1350年,佛罗伦萨的财政收入因瘟疫而减少,并变得更难征收(第3章)。[41]布鲁诺·卡西尼在对比萨简短但重要的分析中指出,该城官员在黑死病过后不久面临着类似的困境。他们被迫整合政府机构,将其中一些撤销,并将另一些暂时关闭,甚至削减工资。这种情况出现在城中工匠和农业工人的名义工资上涨之时。[42]在他关于黑死病对锡耶纳影响的开创性研

---

[39] Robert M. Solow, "Insiders and Outsiders in Wage Determination," *Scandinavian Journal of Economics* 87 no. 2, Proceedings of a Conference on Trade Unions, Wage Formation and Macroeconomic Stability (June 1985), p. 411.

[40] Katharine Park, *Doctors and Medicine in Early Renaissance Florence* (Princeton, NJ: Princeton University Press, 1985), p. 99.

[41] 1349—1350年佛罗伦萨市议会的立法中包含这种困难情形的大量证据。ASF, Provvisioni, registri 36 fols. 65r, 133v-134v; Provvisioni, registri 37 fol. 45v. 也见 Albert Benigno Falsini, "Firenze dopo il 1348: Le consequenze della peste nera," *Archivio storico italiano* 129 (1971), pp. 443-445。

[42] Bruno Casini, "Note sul potere di acquisto dei salari a Pisa nei primi anni della signoria gambacortiana," in *Studi in onore di Leopoldo Sandri*, vol. 1 (Rome: Ministero per i beni culturali e ambientali, 1983), pp. 227-275.

究中，威廉·鲍斯基虽然提到工资上涨，但他那与公职人员有关的证据（在一个附录中）表明，该部门存在着一种工资停滞的模式。1349—1350 年，锡耶纳督政官的薪水（半年 5000 里拉）维持不变，而战争统帅的名义工资实际上从 11,500 里拉降至 9500 里拉。[43] 同时，鲍斯基明确指出，同佛罗伦萨一样，锡耶纳的私人宗教组织面临的财政处境相对较好，并且国家几乎没有颁布限制工资的法律。[44]

现代劳资经济学家对这些问题并不陌生。经济学家理查德·B. 弗里曼在他为美国劳资关系委员会撰写的有关当代美国公共部门就业情况的详细分析报告中指出，公职人员的工资首先是由公共收入决定的，而公共收入每年都在变化。弗里曼强调"预算"在工资分配中的作用。政府官员会为特定的职位分配特定的资金额。佛罗伦萨的预算表明，在遥远的过去也是如此。该城通常会将一笔特定的款项直接分配给某项工作，而非分配给从事这项工作的个人。例如，该城每月拿出 42 里拉用于街头公告员这个职位，在 1349—1350 年，这笔钱由七个人分得。由于在这两年街头公告员的数量保持不变，所以每个人的名义工资也保持不变。同样地，市政官员每半年拿出 400 里拉给公共监狱（*stinche*）的六名管理人（*soprastanti*），并每半年拿出 100 里拉给市政办公室的两名修士/总管。

该做法对于理解公职人员的工资至关重要，这在如今已为我们熟知的执政官宫警卫的例子中显而易见。1350 年当该城提高他们的工资时，它将他们的总体规模从 100 人减至 90 人。在

43　William M. Bowsky, "The Impact of the Black Death upon Sienese Government and Society," *Speculum* 39 (1964), pp. 29, 34.

44　Bowsky, "The Impact of the Black Death," pp. 16, 30–31.

公共立法中宣称的理由是，"政府有必要"支出"尽可能少的钱"。[45] 因而，尽管单个警卫的工资上涨了，但在1349—1350年，佛罗伦萨实际上为这整支队伍仅多支出15里拉（从750里拉至765里拉）。同样的逻辑也出现在1349年7月14日提高佛罗伦萨军中步兵工资的立法中。该城试图对招募的士兵人数加以限制（150人），从而减少总支出。[46]

该城在多大程度上将这种做法用于其他岗位尚待研究。但最后一个例子暴露了该做法的局限性。正如我们所见，用于步兵的这个权宜之计并未奏效。佛罗伦萨继续在以越来越高的工资招募兵员。就像弗里曼本人最后对现代美国劳动力的总结那样：尽管存在预算，但公职人员的工资其实是和经济环境相关联的。[47] 在佛罗伦萨，虽然公共财政捉襟见肘，但步兵工资仍有大幅上涨。

还存在着影响佛罗伦萨工资结构的其他因素。方济各会修士兼经济思想家皮埃尔·奥利维（Pierre Olivi, 1298年去世）称，需要技能和知识的职位应获得更高的工资，理由是高级职位应因"专业知识、长期经验和学习"而得到补偿。[48] 这似乎不适用于佛罗伦萨的公职人员。重要部门的总管通常拿着微薄的以白银支付的薪水，为他提供咨询的法官也是如此。

---

45 "utilia est *modico* expedere," ASF, Provvisioni, registri 36 fol. 145v.

46 ASF, Provvisioni, registri 36 fol. 132r.

47 Richard B. Freeman, "How Do Public Sector Wages and Employment Respond to Economic Conditions?" in *Public Sector Payrolls*, edited by David A. Wise (Chicago, IL: University of Chicago Press, 1987), pp. 183−184, 202−203.

48 Odd Langholm, *Economics in Medieval Schools: Wealth, Exchange, Value, Money, and Usury According to the Paris Theological Tradition, 1200−1350* (Leiden: Brill, 1992), p. 363; Diana Wood, *Medieval Economic Thought* (Cambridge: Cambridge University Press, 2002), p. 153.

然而，技能和专业知识可能是评估公证人工资的一个因素，与其他雇员相比，公证人的工资通常较高。例如，在契约办公室的所有雇员中，公证人的工资最高（每月 15 里拉），比掌管该部门的总管工资的 2.5 倍还多。[49] 这一工资或许反映出这些人在私营部门有很多就业机会，他们也经常因在私营部门参与个人交易而获得酬劳。

社会地位也是一个类似的不确定变量。骑兵的薪水很高，这与他们的社会地位相称。但如前所述，骑士身份这个显著区别使意大利骑兵能够获得更高的工资，比那些非骑士身份的骑兵高 25%。不过，这种区别并不适用于德国骑兵，无论是否为骑士，他们的工资是一样的。文献中并未指明这是什么原因。

骑士身份是影响佛罗伦萨使节工资的一个因素。那些在预算中被列为"多米努斯（dominus）"或"米利图斯（militus, 骑士）"的人的工资比那些没有获得此类称号的人要高。在这种情况下，工资与使节所带马匹的数量有关。[50] 拥有骑士身份的使节带四匹马出行，而非骑士身份的使节通常带三匹马出行。佛罗伦萨根据每匹马可获得 1 里拉这样的标准来计算工资，因而拥有骑士身份的使节每天赚 4 里拉，与之相对的是，非骑士身份的使节每天赚 3 里拉。庞大的随行人员让出使显得更有排场，但这也增加了使节的花费。有意思的是，使节的工资似乎并未

---

49 ASF, Camera del comune, Scrivano di camera uscita 7 fol. 10v.

50 Alessandro Gherardi, "L'antica camera del comune di Firenze e un quaderno d'uscita de' suoi camarlinghi dell'anno 1303," *Archivio storico italiano* 26 (1885), p. 329. 亦可见 1325 年法令，它做出了同样的规定，并建议使节出使时带上一名公证人。*Statuti della Repubblica fiorentina, Statuto del Capitano del Popolo: 1322–25*, vol. 2, edited by Giuliano Pinto, Francesco Salvestrini, and Andrea Zorzi (Florence: Leo S. Olschki, 1999), pp. 57–59.

将他们的出行距离考虑在内。一般来说，无论是出使邻近城市，还是出使国外，使节的薪资标准保持不变。

名义工资和马匹数量之间的关系提供了一种有趣的关于身份的潜在联系。很有可能的是，身为骑士的意大利骑兵队长拥有的马匹数量要多于那些非骑士的骑兵队长，并且所有德国骑兵队长拥有同样的马匹数量。运送食物和给养的运输工的工资与他们所使用的驮畜类型有关。用驴运输的人每天赚 10 索尔多，用骡运输的人则每天赚 19 索尔多。

正如我们在第 4 章所见，随行人员（comitive）的规模是影响工资的另一个因素。佛罗伦萨外来法官的工资——佛罗伦萨所有雇员中最高的——直接取决于他们随从中助手的数量（是人数而非牲畜数），至于这些助手，他们要负担其工资。或许，随从是这些法官地位的反映；又或许这只是反映他们履行职责的现实。

骑士身份的经济价值再次让人捉摸不透。1350 年出现在市政办公室预算中的上诉法官、来自乌尔比诺的尼科莱奥·迪·马泰奥是名骑士（Messer），但 1349 年他的同僚不是。[51] 然而，两人的工资一样多。他们的随从规模或许不一样，不过我们对此并不清楚。1350 年担任正义法规执行者的来自古比奥的瓜达尼奥·迪·塞尔·兰迪·贝奇不是骑士，但奇怪的是，拿着相当低的名义工资在他手下效力的、他的搭档宾多·迪·塞尔·斯波利是名骑士。[52] 1349 年，虽然这位正义法规执行者的搭档、来自卡斯泰洛城的比阿基奥（Biaggio）不是

51　ASF, Camera del comune, Scrivano di camera uscita 9 fol. 3r; Scrivano di camera uscita 6 fol. 4r.

52　ASF, Camera del comune, Scrivano di camera uscita 10 fol. 4v.

骑士，但他和身为骑士的宾多拿着一样的工资。再次让人不清楚的是，他们各自的随从规模是否一样。其实，我们无法完全确定，头衔的不同是否归因于雇员地位的实际差别，或者这是由于编制预算的抄写员的疏忽造成的！

可以确定无疑的是，1349—1350年，这些出现在佛罗伦萨预算中刚被讨论的，并被标明是骑士的雇员的货币工资未增长，且他们的工资都是以黄金支付的。[53] 这一证据与我们在第4章末尾讨论的雇佣骑兵很好地关联在一起，虽然雇佣骑兵同样拥有要求获得更高工资的地位和技能，但他们并未获得。督政官通常是名骑士，且他的工资没有变化，尽管他拥有急需的维护治安、伸张公民正义的技能。然而很有可能，这种技能只适用于公共就业，不过由于缺乏公共收入，在瘟疫刚过后不久，公共就业机会就不仅在佛罗伦萨，而且在整个意大利都很有限。无论如何，呈现的图景是，尽管市场力量极为有利，但佛罗伦萨的那些从表面上看最具技能、最富流动性的雇员在瘟疫过后并未获得加薪。这幅图景与A. B. 法尔西尼的观点恰恰相悖，他认为这种供应短缺的工人最受青睐。[54]

最后一点值得再次强调的是佛罗伦萨公职人员的异质性。该城的大部分雇员来自其他的地方。这些人包括主要的法官，他们从自己家乡带来大批随从。1350年，正义法规执行者来自布雷西亚、督政官来自摩德纳、上诉法官来自乌尔比诺。[55] 此外，司法厅的公证人来自普拉托韦基奥（紧邻阿雷佐）、执政官

---

53 ASF, Camera del comune, Scrivano di camera uscita 8 fol. 2r; Scrivano di camera uscita 10 fol. 2v.

54 Falsini, "Firenze dopo il 1348," p. 441.

55 根据1325年的督政官法令，上诉法官的随从与他本人来自不同的市镇。*Statuti della Repubblica*, vol. 2, edited by Pinto, Salvestrini, and Zorzi, pp. 25–32.

宫的警卫队长来自蒙达奇诺（锡耶纳以南）、公共医生和市长（sindaco）来自罗马。这些"外国人"的存在——加上佛罗伦萨军队——在理解工资方面意义重大并值得注意，因为工资通常被视为取决于工人的流动性。

矛盾、反常和职业

这些证据为我们理解佛罗伦萨工资增添了重要且精微的玄妙之处。它揭示了一系列因素，以至于有必要谈论关于佛罗伦萨劳动力市场的多种社会和经济制度，还有必要谈论矛盾、反常而非一致。这些多样化的安排共同讲述了自己的故事，尽管我们的数据对长时段来说不"适用"。呈现的是各种各样的特殊情况，它们更准确地说明了实际情形。

如果我们接受反常而非抑制它，我们的证据实际上就和关于佛罗伦萨的其他工资研究更好地关联在一起。布鲁诺·迪尼和弗兰克·弗兰切斯基已强调关于佛罗伦萨最大产业呢绒业工人的多样化安排。弗兰切斯基称，雇佣条件的"极其多样化"需要"一名炼金术士动手"以厘清它们的层级关系。[56] 雇工们或是领取计件工资，或是按日、按周、按年领取工资。[57] 拉·龙西埃在他的名为《14世纪佛罗伦萨工资状况》的文章中称，呢绒业是14世纪佛罗伦萨"领薪劳动力的核心"（"le cœur du salariat"），但他得出的结论是，由于存在诸多过于混乱的服务条款

---

56 Franco Franceschi, *Oltre il "tumulto" I lavoratori fiorentini dell'Arte della lana fra Tre e Quattrocento* (Florence: Leo S. Olschki, 1993), p. 199.

57 Bruno Dini, "I lavoratori dell'Arte della Lana a Firenze nel XIV e XV secolo" in *Artigiani e salariati. Il mondo del lavoro nell'Italia dei secoli XII–XV, Pistoia, 9–13 ottobre 1981* (Bologna: Centro Italiano di Studi di Storia e d'Arte, 1984), pp. 34–40.

和工资发放条款，因而难以开展有益的研究。[58] 塞尔焦·托涅蒂对此表示赞同，他指出，呢绒业工资分配的复杂性没有提供"长时段研究的清晰模式"。[59]

迪尼提出的"两个市场"的概念——一个市场与羊毛业的"稳定"人员相关，他们于瘟疫之后在同一个工场做工，并通常拿着较低的薪酬；另一个市场与"流动性较大的工人"相关，他们从一个工场（bottega）跳槽至另一个工场，并获得较高的薪酬——并不适用于1349—1350年佛罗伦萨的公职人员。[60] 但是，这其中安排的多样性和清晰模式的缺乏与佛罗伦萨公职人员相似。它们的共同特点是支离破碎。其实，如果我们把对呢绒业的讨论从关于佛罗伦萨劳动力的"无产阶级化"和之后1378年梳毛工起义的争论局限中移开，那么我们会发现重要的支持证据。迪尼和弗兰切斯基看到黑死病带来的工人雇佣条件的变化，而不仅仅是薪酬的变化。弗兰切斯基断言，从14世纪上半叶到下半叶最重要的变化是"雇主对劳动力控制的减弱"——这些劳动力如今已不愿将自己束缚在一个工场中。[61]

这些证据与学者们在欧洲其他地方发现的一致。克里斯托弗·戴尔指出，在1349年后的英格兰，随着人们四处寻找工作"甚至寻求休闲时间"，"工作模式变得更为碎片化"。[62] 在与西

58　Charles M. de La Roncière, "La condition des salaries à Florence au XIVe siècle" in *Tumulto dei Ciompi: un momento di storia fiorentina ed Europea*, edited by Atti del Convegno internazionale (Florence: Leo S. Olschki, 1981), p. 17. 也见La Roncière, *Prix et salaries*, pp. 262-264。

59　Tognetti, "Prezzi e salari," p. 264.

60　Dini, "I lavoratori dell'Arte," p. 49.

61　Franceschi, *Oltre il "tumulto,"* pp. 203-204, 328-330; Dini, "I lavoratori dell'Arte," pp. 49-50.

62　Christopher Dyer, *Standard of Living in the Later Middle Ages: Social Change in England, 1200-1320* (Cambridge: Cambridge University Press, 1989), p. 224.

蒙·佩恩合作完成的一篇论文中，戴尔展示了这种选择的多样化。英格兰短工、季节工从事着各种各样的职业，其中包括一些看似重大的转变，比如一名农夫同时是一名水手。[63] 这一证据与法国和西班牙1351年的立法相一致，上述立法不仅试图控制工资率，还试图限制短期就业和工人的流动性。[64]

这种支离破碎性使人对当时的职业概念进一步产生疑问，我们不能轻易地以今天的含义来理解它。对工资造成影响的这场瘟疫也影响了雇佣条件。从佛罗伦萨的市政办公室预算中可以看出该城将它纳入考虑范围的证据。比如，契约办公室的雇员每四个月发薪一次。正如我们在第2章所见，这是因为他们还有别的工作。[65] 很少有佛罗伦萨的公共部门或私人部门的工资是按年计算的，并且几乎没有证据表明，当时佛罗伦萨人设想的工资是我们今天这样的年度工资。市国务长官是为数不多的按年计算工资的公职人员之一。大量证据表明，佛罗伦萨考虑的是短期工资。事实上，市政办公室的预算就是每两月编制一次，而非一年编制一次。

这一点至关重要，因为长期以来的研究恰恰是把工资扩展成年薪。学者们有意地选择那些能被"转换"为今日情形的数据。拉·龙西埃选取的是新圣母玛利亚医院工人的日薪数据——他承认它们"非常不完整"——因为他认为它们最符合当今对工资的理解。[66] 学者们以250天作为换算年薪的天数，得出这一数据考虑到宗教节日，因为中世纪人在宗教节日并不

63　Simon Penn and Christopher Dyer, "Wages and Earnings in Late Medieval England: Evidence from the Enforcement of the Labour," *Economic History Review* 43 (1990), pp. 360–366.

64　Wood, *Medieval Economic Thought*, p. 145.

65　ASF, Camera del comune, Scrivano di camera uscita 10 fol. 4r.

66　La Roncière, "La condition des salaries," pp. 14, 17.

工作。[67] 正如我们所见，他们以 22 天作为换算月薪的天数。然而，这种转换忽略了人们在其历史语境中的基本就业性质。[68] 比如，在佛罗伦萨，督政官和其他外来法官的任期为"半年"或六个月，并据此获得薪酬（每半年）。公共法令规定，他们在任期结束后要被撤换。他们没有任职，也不能任职一整年。根据 1322 年法令，要塞司令不得连任。[69] 因此，把工资扩展以符合当今认知的做法与历史不符。

这对于战争来说尤其如此。如前所述，除了向军队官员支付月薪外，佛罗伦萨还向他们支付日薪。日薪的存在正是因为这种工作是临时性的。工作完成后，日薪就停付。因此，从日薪，甚或月薪来推算年薪是大错特错的。

关于佛罗伦萨雇工的一大共同特征是他们的工资停滞不前。这与呢绒业的情况非常相符。弗兰切斯基精心筛选的数据表明，从 14 世纪后三十几年至 15 世纪前三十几年，工资水平（日薪和计件工资）总体上保持稳定，甚至还出现下滑。[70] 费尔普斯·布朗和霍普金斯在他们著名的关于英国建筑行业工资的综合研究中发现，在他们研究的 690 年中，有 500 年在总体上呈现出"黏性"这个特征。[71] 就连威廉·贝弗里奇——尽管他接受索罗尔德·罗杰斯关于瘟疫刚结束后市场上出现一种"恐慌和冲动"的想法——事实上也发现，在源自温彻斯特庄园的数

---

67 Allen, "Great Divergence," pp. 425–426; Tognetti, "Prezzi e salari," p. 265.

68 正如经济学家罗伯特·艾伦所言，设定生活水平的第一步是确定一年的总收入。Allen, "Great Divergence," p. 413.

69 *Statuti della Repubblica fiorentina*, vol. 1, pp. 23–24.

70 Franceschi, *Oltre il "tumulto,"* pp. 246–247.

71 E. H. Phelps Brown and Sheila V. Hopkins, "Seven Centuries of Building Wages," *Economica* 22 (1955), p. 202.

据中，1349—1350 年的工资率几乎没有增长。[72]

因此，当抛开工资研究中目的论层面的东西后，我们所能得出的最基本的结论是，当时的职业和与之相关的报酬与今天不同。佛罗伦萨的工人经常干着不止一份工作。劳动力变化无常，并在瘟疫刚结束后变得更甚。[73]

我们不应对这一点感到惊讶。在中世纪的佛罗伦萨，关于职业观念存在差异的证据可以轻易地从该城的学生身上找到。博纳科尔索·皮蒂（Buonaccorso Pitti）写于 14 世纪的著名日记描绘的简直是传奇式流浪冒险小说中主人公所过的生活。但它回避了这个问题：博纳科尔索到底以何谋生？答案是他以多种手段谋生。他贩卖马匹和商品，在各个宫廷碰运气，并作为一名雇佣兵参加百年战争。同样地，多纳托·韦卢蒂的日记清楚地表明，"法官"这个头衔对他来说是不够的。他还是商人和外交官，并担任过多个政府职位。

仆人、敲钟人和厨子

使节这份工作是在职业多变性方面最明显的证据。在中世纪的佛罗伦萨，这是个短期职位，并由杰出公民担任，正如理查德·特雷克斯勒所言，他们代表该城"最高的荣誉和最深切的期望"。[74] 如前所述，就在第二次针对乌巴尔迪尼

72　Beveridge, "Winchester," pp. 26–27.

73　Dyer, *Standard of Living*, p. 213; Z. Razi, "Family, Land and the Village in Later Medieval England," *Past and Present* 93 (1981), pp. 31–33.

74　Richard Trexler, *Public Life in Renaissance Florence* (New York, NY: Academic Press, 1980), pp. 279–330. 参见 Isabella Lazzarini, *Communication and Conflict: Italian Diplomacy in the Early Renaissance*, 1350–1520 (Oxford: Oxford University Press, 2015).

家族的战役打响前，多纳托·韦卢蒂曾担任前往博洛尼亚的使节。

然而，佛罗伦萨劳动力的紧缺令使节这个职位向更广泛的人群开放。1349 年 7 月，佛罗伦萨的两名街头公告员萨尔维·拉皮和马蒂诺·拉皮出使蒙托波利镇。1349 年 4 月，曾于战争期间在斯卡尔佩里亚做工的石匠师傅斯特凡诺·普奇在穆杰洛地区担任使节。[75] 1350 年 8 月，四名城市乐手帕尼奥·贝尔蒂尼、盖蒂诺·图雷（这两人是长号手）、贝托·瓦努奇（定音鼓手）、布鲁内洛·杜兰特（小号手）出使普拉托七天。[76]

这种做法很容易被忽略，因为文件中根本没有将这些使节与其他使节相区别。正如蒂莫西·麦吉所言，城市乐手有时会和使节一起执行外交任务。[77] 圭杜巴尔多·圭迪曾说，"曼达塔里（mandatari）"这种低级别的非正式使者有时会先于正式使节出发。[78] 我们的例子却是，佛罗伦萨与这项工作无关的雇员担任独立的全权使节。文献中称他们为"光荣的公民使者""亲佛罗伦萨公社的佛罗伦萨平民使者"。"雄辩家"这个方言词汇也被用上。[79] 用在多纳托·韦卢蒂和尼科洛·迪·巴尔托洛·德·博诺——后者是薄伽丘的富有的朋友，他曾于 1349 年 5 月彼特拉克的朋友遇袭前不久在"罗马涅地区"担

---

75 ASF, Camera del comune, Scrivano di camera uscita 7 fol. 9r; Camera del comune, camarlenghi uscita 53 fol. 200v.

76 ASF, Camera del comune, Scrivano di camera uscita 10 fol. 8v.

77 Timothy McGee, *The Ceremonial Musicians of Late Medieval Florence* (Bloomington, IN: Indiana University Press, 2009), p. 51.

78 Guidubaldo Guidi, *Il governo della città-repubblica di Firenze del primo quattrocento*, vol. 2 (Florence: Leo S. Olschki, 1981), pp. 217-219.

79 ASF, Camera de comune, camarlenghi uscita 60 fol. 466v.

任使节——这两个使节身上的词正是引文的用词。[80]

还有很多这样的人被派上这种用场,其中最频繁也是最引人注目地被派上场的人是佛罗伦萨的执政官亲随,吉恩·布鲁克尔称这些城市雇员是执政团中的"小官",尼科莱·鲁宾斯坦称他们是"仆人",因为他们要照顾执政官们的饮食起居。[81] 佛罗伦萨的执政官亲随在1349年和1350年由十一人构成:六名仆人、执政官宫的两名敲钟人、一名公共厨子及其两名助手。[82] *Donzelli*,*servitori*,*famigliari* 这三个词在预算中是交替使用的。[83]

佛罗伦萨曾聘用执政官的亲随长途跋涉前往重要的目的地开展长期出使活动。1349年6月,即乌巴尔迪尼战争爆发之初,佛罗伦萨派三名仆人(乔万尼·皮耶里、法斯特罗·博纳依乌蒂、阿里戈·马泽伊)和执政官宫的敲钟人(弗朗切斯

---

80 ASF, Camera del comune, Scrivano di camera uscita 7 fol. 5r. 使节的相似性向学者们隐瞒了这种做法。虽然奇波拉指出乔万尼·保利和皮耶罗·阿尔德罗蒂连同其他人在1350年6月的出使,但并未言明这些人的职业。Carlo Cipolla, *Francesco Petrarca e le sue relazioni colla corte Avignonese al tempo di Clemente VI* (Turin: Vincenzo Bona, 1909), p. 41.

81 Gene Brucker, "Bureaucracy and Social Welfare in the Renaissance," *Journal of Modern History* 55 (March 1983), p. 4; Nicolai Rubinstein, *The Palazzo Vecchio, 1298–1532* (Oxford: Oxford University Press, 1995), p. 21; 圭迪称他们为"执政团的行政人员",基于1415年的情形,他认为他们包括办事人员,使节(12)号手(8)。Guidi, *Il governo della città-repubblica di Firenze*, vol. 2, pp. 38–39.

82 关于执政官亲随的规模存在不同看法。布鲁克尔称这个群体由140人构成,该数据将警卫包含在内。Brucker, "Bureaucracy and Social Welfare," p. 4. 笔者所用数据来自市政办公室预算本身,并且这些官员在其中专门被称作亲随。

83 ASF, Camera del comune, Scrivano di camera uscita 6 fol. 5v.

科·米尼）出使"德国"（ad partes Magna）达 68 天。[84] 1349 年 8 月，佛罗伦萨派厨子尚比诺·詹尼尼和执政官宫的另一名绰号为"小傻瓜"（il schocchino）的敲钟人乔万尼·保利出使匈牙利长达 104 天。[85] 在"小傻瓜"从匈牙利归来后不久，他和仆人皮耶罗·阿尔德罗蒂被派出使教皇驻地阿维尼翁达 40 天。[86]

敲钟人出使阿维尼翁？厨子出使匈牙利？我们在当前的学术论著中并未看到这类使节。[87] 佛罗伦萨的 1325 年法令提到给

84　每名仆人带三匹马出行，日薪 3 里拉；敲钟人米尼带两匹马出行，日薪 2 里拉。ASF, Camera del comune, Scrivano di camera uscita 6 fol. 8v.

85　每人带三匹马出行，日薪 3 里拉。ASF, Camera del comune, Scrivano di camera uscita 7 fol. 10r.

86　ASF, Camera del comune, camarlenghi uscita 65 fol. 580r.

87　关于这些著作，参见 Nicolai Rubinstein, "Florence and the Despots: Some Aspects of Florentine Diplomacy in the Fourteenth Century," *Transactions of the Royal Historical Society* 2 (1952), pp. 21-45; Donald Queller, "The Development of Ambassadorial Relazioni" in *Renaissance Venice*, edited by J. R. Hale (London: Faber and Faber, 1973), pp. 174-196; *Politics and Diplomacy in Early Modern Italy: The Structure of Diplomatic Practice, 1450-1800*, edited by Daniela Frigo (Cambridge: Cambridge University Press), p. 262; Riccardo Fubini, "L'istituzione diplomatica e la figura dell'ambasciatore nel XV secolo (in particolare riferimento a Firenze)" in *L'Italia alla fine del Medioevo: I caratteri originali nel quadro europeo*, edited by Francesco Salvestrini (Florence: Florence University Press, 2006), pp. 333-354; Michael Mallett, "Ambassadors and Their Audiences in Renaissance Italy," *Renaissance Studies: Journal of the Society for Renaissance Studies* 8 no. 3 (1994), pp. 229-243; Sharon Dale, "Contra damnationis filios: the Visconti in Fourteenth-Century Papal Diplomacy," *Journal of Medieval History* 33 no. 1 (March 2007), pp. 1-32; William M. Bowsky, "Italian Diplomatic History: A Case for the Smaller Commune" in *Order and Innovation in the Middle Ages: Essays in Honor of Joseph R. Strayer*, edited by William C. Jordan, Bruce McNab, and Teofilo F. Ruiz (Princeton, NJ: Princeton University Press, 1976), pp. 55-74。

予被派往"教皇、国王和皇帝"等处使节特别优先权,让他们获得更高的工资,并不允许他们的雇佣期超过六个月。[88] 此外,布鲁克尔称,佛罗伦萨的执政官亲随成员是从社会"下层民众"中招募而来的。[89] 彼特拉克在《日常熟事书信集》第8卷第4封信中称,厨子被认为是"最卑贱"的仆人。当代学者克里斯托弗·戴尔在他对英国生活水平的研究中称,这个国家的仆人是社会等级中"地位最低的人"。[90]

然而,佛罗伦萨执政团的仆人是所有公共雇员中出使最频繁的人。1349年10月,两名仆人皮耶罗·阿尔德罗蒂和盖拉尔多·阿玛南蒂出使教皇驻地阿维尼翁达74天。[91] 12月,阿尔德罗蒂回到佛罗伦萨,这么长时间足以使他——据市政办公室预算的说法——完成为执政官和执政团成员的膳食而采买食物和酒水的国内任务。接着,阿尔德罗蒂于同一天和另一名仆人法斯特罗·博纳依乌蒂前往匈牙利,他在这里待了115天。[92] 在这之后,1350年初,阿尔德罗蒂和敲钟人乔万尼·保利去了阿维尼翁。[93] 1350年6月,阿尔德罗蒂和保利前往米兰并待了60天。[94] 如果我们算上1349年5月底阿尔德罗蒂出使普利亚的61天,那么从1349年5月至1350年8月这一年多的时间,阿尔德罗蒂有350天是在执行出使任务的。[95] 他先后访问普利亚、阿维尼翁、匈牙利、德国、米兰。

88　*Statuti della Repubblica fiorentina*, vol. 2, pp. 57-59.

89　Brucker, "Bureaucracy and Social Welfare," p. 4.

90　Dyer, *Standards of Living*, p. 233.

91　ASF, Camera del comune, camarlenghi uscita 35 fol. 213v.

92　ASF, Camera del comune, camarlenghi uscita 60 fol. 464r.

93　ASF, Camera del comune, camarlenghi uscita 65 fol. 580r.

94　ASF, Camera del comune, Scrivano di camera uscita 9 fol. 4v.

95　ASF, Camera del comune, camarlenghi uscita 58 fol. 508v; camarlenghi uscita 60 fol. 404r; Scrivano di camera uscita 6 fol. 4v.

第 5 章　敲钟人出使阿维尼翁、厨子出使匈牙利

这趟行程非比寻常！阿尔德罗蒂所去的地方对佛罗伦萨的外交——教皇、神圣罗马帝国皇帝、米兰领主、匈牙利国王、普利亚安茹家族征战不休的各派系——都至关重要。执政官亲随其他成员的行程与之类似。1349 年 6 月，仆人阿里戈·马泽伊出使"德国"达 68 天，[96] 1349 年 8 月出使匈牙利达 105 天，[97] 1349 年 12 月出使阿维尼翁达 173 天。[98] 在一年之中，马泽伊担任 346 天的使节！敲钟人、"小傻瓜"乔万尼·保利去匈牙利待了 104 天（1349 年 8 月）[99]、去德国待了 71 天（1349 年 10 月）、去阿维尼翁待了 40 天（1350 年 4 月）[100]、去米兰待了 60 天（1350 年 6 月）[101]。从 1349 年 8 月至 1350 年 8 月，保利出使 275 天！在同一时间段，厨子尚比诺·詹尼尼出使德国、匈牙利、伦巴第，时长 253 天。[102]

因此，执政官亲随是佛罗伦萨为数不多的实际工作天数达到学者们用作比较工资研究基准的雇员。加勒特·马丁利曾提出一个著名论断：长期使节是 15、16 世纪"意大利文艺复兴的产物"，并且是与"古典学的新风格"相契合的一种"新型国家即文艺复兴国家"出现的表现。[103] 鉴于此，他们漫长的工作期

172

96　ASF, Camera del comune, Scrivano di camera uscita 6 fol. 5r; camarlenghi uscita 56 fol. 552v.

97　ASF, Camera del comune, Scrivano di camera uscita 7 fol. 10r.

98　ASF, Camera del comune, camarlenghi uscita 60 fol. 464r.

99　ASF, Camera del comune, Scrivano di camera uscita 5 fol. 3v; Scrivano di camera uscita 7 fol. 10r.

100　ASF, Camera del comune, camarlenghi uscita 65 fol. 580r.

101　ASF, Camera del comune, camarlenghi uscita 67 fol. 629r.

102　ASF, Camera del comune, Scrivano di camera uscita 10r; Camera del comune, camarlenghi uscita 35 fol. 21r; camarlenghi uscita 60 fol. 424v.

103　Garrett Mattingly, *Renaissance Diplomacy* (New York, NY: Penguin Books, 1955), p. 51.

着实让人感到吃惊。

将1349—1350年的使节描述为马丁利理解的那种长期使节并不准确。马丁利所说的文艺复兴时期的外交官是常驻于某个特定地方的。佛罗伦萨执政官亲随的成员似乎是在几个地方之间轮转,他们最常去的是阿维尼翁、德国和匈牙利。从1349年至1350年,佛罗伦萨一直在教皇——他是佛罗伦萨最重要也是最棘手的盟友——所在的阿维尼翁的宫廷派有一名仆人、敲钟人或是厨子。佛罗伦萨的预算明确地称他们在"阿维尼翁的教皇宫廷",也就是说,在拜访教皇及他的随从。

执政官亲随的工作再次凸显把现代职业概念用在遥远过去的做法存在问题。它也凸显了第4章叙述的名义工资和实际收入之间的差异。执政官亲随的成员位于佛罗伦萨公职人员薪资表的底端,他们每月只赚4里拉。但事实上,当把他们的出使活动计算在内后,他们成为佛罗伦萨收入最高的官员之一。

仆人普奇诺·巴尔托利因出使那不勒斯74天而赚得222里拉,这笔钱是以弗罗林支付的(69弗罗林)。敲钟人乔万尼·保利因出使275天而赚725里拉,这笔钱也是以弗罗林支付的(227弗罗林)。厨子尚比诺·詹尼尼因出使253天而赚655里拉,即205弗罗林;仆人阿里戈·马泽伊从1349年8月至1350年8月因出使活动而赚得令人吃惊的1038里拉(324弗罗林)。[104] 马泽伊的工资是该城国务长官的年薪(100弗罗林)的三倍还多,且仅比上诉法官的半年工资(350里拉)少一点儿,至于上诉法官,他也要用自己的薪水支付他的一大

104　ASF, Camera del comune, Scrivano di camera uscita 5 fol. 3v; Scrivano di camera uscita 7 fol. 10r.

第 5 章　敲钟人出使阿维尼翁、厨子出使匈牙利　247

批随从的工资。[105] 同时像这些人一样，使节的工资是以弗罗林支付的。

此外，他们旷日持久的出使活动似乎使执政团失去处理日常杂务的常备人员。1349 年 10 月，在执政官亲随的 11 人中，9 人外出执行出使任务，其中包括前往德国的厨子詹尼·尚比尼，以及分别前往阿奎莱亚和德国的两名敲钟人。我们有理由发问：这样一来，谁给执政团准备膳食？谁在晚上照顾执政官就寝？谁在执政官宫敲钟？ 1350 年 6 月，在执政官亲随的 11 人中，又有 9 人外出执行出使任务，其中包括两名敲钟人。

这些问题至关重要，因为敲钟人在日常生活中不可或缺。正如罗伯特·达维德松所言，钟声既可以用来召集议会开会，也可以用来提醒人们敌人来犯。但更为令人吃惊的是，佛罗伦萨是以一种完全出乎意料的方式推行其外交政策的。它会在重要时刻把执政官亲随派往政治敏感的地方。当匈牙利国王为控制那不勒斯王国而与安茹家族内部敌对支系作战时，执政官亲随拜访了他。当米兰正在罗马涅积极策划阴谋时，他们前往该城。[106] 1349 年 6 月 3 日，皮耶罗·阿尔德罗蒂出使普利亚时（历时 72 天）几乎正是梅雷托之战爆发的时间（1349 年 6 月 6 日），在这场决定性战斗中，匈牙利的安茹王朝被法国的安茹

105　出使活动是预算中列出的最大笔开支之一。1349 年 5 月出使普利亚 61 天使该城总计花费 236 弗罗林。ASF, Camera del comune, Scrivano di camera uscita 6 fol. 4v. 1349 年 6 月出使德国使该城花费 265 弗罗林。ASF, Camera del comune, Scrivano di camera uscita 6 fol. 8v. 出使阿奎莱亚花费 203 弗罗林。ASF, Camera del comune, Scrivano di camera uscita 10 fol. 7v. 1349 年 8 月初出使德国和匈牙利 105 天花费 400 弗罗林。ASF, Camera del comune, Scrivano di camera uscita 7 fol. 10r.

106　Gene Brucker, *Florentine Politics and Society, 1343-1378* (Princeton, NJ: Princeton University Press, 1962), pp. 141-142.

174 王朝击败。1349 年 8 月,厨子和敲钟人出使匈牙利时,正是结束那不勒斯战争的停战协定签署的时间。1349 年 9 月,普奇诺·巴尔托利待在那不勒斯时,恰逢一场毁灭性大地震袭击该地区。[107] 1350 年 5 月和 6 月,敲钟人乔万尼·保利出使米兰时,恰逢佛罗伦萨军队和乌巴尔迪尼家族在作战,以及米兰和教皇之间的紧张关系因罗马涅问题而进一步加剧,以致到了战争边缘。[108] 就连仆人法斯特罗·博纳依乌蒂、乔万尼·皮耶里、阿里戈·马泽伊和敲钟人弗朗切斯科·米尼于 1350 年 6 月出使阿奎莱亚也值得一提。[109] 阿奎莱亚是一个势力强大的主教区的首府,也是德国人进入意大利及商品进出亚平宁半岛的门户。当这支佛罗伦萨使团见到主教、圣热内修斯的贝特朗时,这名加斯科涅人正在和邻近的戈里齐亚伯爵作战。[110]

  这些证据与我们对这一时期佛罗伦萨的外交人员和公共外交的基本认识相悖。编年史家乔万尼·维拉尼在他的编年史中花大量笔墨对 1347 年佛罗伦萨使节拜访匈牙利国王的情形进行叙述。他描绘了一幅奢华的场面,使节们——他们都是佛罗伦萨的杰出公民——身着红袍陪伴在这位君王左右。维拉尼哀叹道,这次出使事实上不够光鲜,因为使团中没有贵族成员,而他们本可以为此次出使增光添彩。历史学家理查德·特雷克斯勒强调佛罗伦萨外交重注仪式的一面,以及它与公民认同之间

---

107 Paolo Antonio Costantino Galli and José Alfredo Naso, "Unmasking the 1349 Earthquake Source: Paleoseismological and Archaeoseismological Indications from the Aquae Iuliae fault," *Journal of Structural Geology* 31 (2009), pp. 128–149.

108 ASF, Camera del comune, Scrivano di camera uscita 9 fol. 4v.

109 ASF, Camera del comune, camarlenghi uscita 58 fol. 507v.

110 Carlo Cipolla, *Documenti per la Storia delle relazioni diplomatiche* (Venice: A spese della Societa, 1907), pp. 477–478, 483–488.

的联系。[111] 近年，学者们强调这一时期出现的聘用人文主义者担任使节的萌芽，以及人文主义对外交实践的普遍影响。[112] 正如我们所见，薄伽丘就是在此时开始为佛罗伦萨的外交活动效力的，他于1350年9月拜访但丁女儿，而最著名的是，1351年春他前往帕多瓦会见彼特拉克。彼特拉克本人也多次担任使节，其中包括1347年拜访匈牙利国王（代表教皇）。

佛罗伦萨的执政官亲随不是人文主义者。其实，我们不知道他们是谁，也不知道他们出使的确切性质。说来也怪，这些年写给使节们的指示信得以留存，其中包括与乌巴尔迪尼家族相关的写给多纳托·韦卢蒂和桑德罗·比廖蒂的信。这些信收存于《书信集》第10卷（*Missive I Cancelleria 10*），19世纪德梅特里奥·马尔齐和阿戈斯蒂诺·佩波利翻译了其中的一部分。[113] 但《书信集》中保存下来的指示信没有一封涉及执政官亲随成员出使活动的。人们怀疑这是否是有意为之；是否出于该

111　Trexler, *Public Life in Renaissance Florence*, p. 291.

112　参见 Patrick Gilli, "La fonction d'ambassadeurs d'après les textes juridiques italiens du XVe siècle et le traité de Martino Garati da Lodi: une impossible representation," *Mélanges de l'Ecole française de Rome. Moyen Âge* 121 no. 1 (2009), pp. 173-187 和 "Il discorso politico fiorentino nel Rinascimento e l'umanesimo civile" in *Firenze e la Toscana. Genesi e trasformazioni di uno stato (XIV-XIX secolo)*, edited by Jean Boutier, Sandro Landi, Olivier Rouchon (Florence: Mandragora, 2010), pp. 255-271; Brian Maxson, *The Humanist World of Renaissance Florence* (Cambridge: Cambridge University Press, 2014), pp. 14, 15, 89, 110-111。

113　参见 Demetrio Marzi, *La cancelleria della repubblica fiorentina* (Rocca S. Casciano: Capelli, 1910) 和 Agostino Pepoli, *Documenti storici del secolo XIV estratti dal R Archivio di Stato Fiorentino* (Firenze: Arnaldi Forni, 1884)。一些使节指示信也转载于 Guiseppe Canestrini, "Di alcuni documenti riguardanti le relazioni politiche dei papi di Avignone coi Comuni d'Italia avanti e dopo il tribunato di Cola di Rienzo e la calata di Carlo IV," *Archivio Storico Italiano* 7 (1849), pp. 347-446。

城想对这些出使活动保密。

无论如何，对这些人的依赖或许可以被解读为使节这个岗位不受人欢迎的证据。多纳托·韦卢蒂本人在日记中谈到这一点。韦卢蒂抱怨1350年出使博洛尼亚时他的牺牲。[114]旅途的艰辛和不便以及必须抛家弃子、抛开生意的无奈让他大吐苦水，而当时他的妻子正远在罗马参加教皇大赦年活动。尽管"苦不堪言"，但韦卢蒂发现佛罗伦萨坚持让他去的官员们"毫无同情之心"[115]。该城的强硬立场完全可以理解，因为正如我们所见，韦卢蒂扮演了这场战争鼓吹者的重要角色。

担任使节无疑是一种负担，尤其是对于像韦卢蒂这样想要照料自己生意的著名商人来说。瘟疫加剧了这个岗位的不受欢迎性，它使得所有活动都变得危险重重，特别是长途旅行。

重新审视佛罗伦萨政治？

无论任命执政团亲随担任使节的确切动机是什么，这种现象引发一个关于瘟疫过后不久佛罗伦萨政府性质的基本问题。尼科莱·鲁宾斯坦曾提出一个著名论断：在这一时期，佛罗伦萨有意地将自己定义为一个反对亚平宁半岛上日益增强的贵族权威的"共和"国家。[116]他特别强调在公共外交中对"自由语言"的使用，这是14世纪末佛罗伦萨采取的著名立场——作为共和自由的堡垒反对米兰的贵族式压迫——的前奏。奎多·帕

---

114 *La cronica domestica di Messer Donato Velluti*, edited by Isidoro del Lungo and Guglielmo Volpi (Florence: G. C. Sansoni, 1914), pp. 193–196.

115 "对于我的无助，我的疲惫，以及要抛家弃子，都毫无同情之心", *La cronica domestica di Messer Donato Velluti*, p. 194。

116 Rubinstein, "Florence and the Despots," p. 22.

帕罗尼明确指出外交是"佛罗伦萨宪法"——他称之为该城的"特色",它发挥着现代民主般的作用——的一部分。佛罗伦萨的权力并非集中在一个部门,而是谨慎地分散于各个部门。[117]

我们的证据恰恰与之相反。至少在瘟疫过后不久,佛罗伦萨的外交实践更像是他们所谴责的贵族式的,而不是他们所声称的共和式的。非选举产生的与该城执政官存在亲密私人关系的"小官"(用布鲁克尔的话说)在那些最显赫的宫廷中开展着重要谈判。[118]给这些使节们的指示信的缺失或许表明,他们的工作具有秘密性,或是对于这些与执政官的关系如此密切的使节来说,根本无须指示。

无论如何,学者们从实际工资和生活水平角度解读的佛罗伦萨在瘟疫后的劳动力短缺状况给该城带来非常真实、出乎意料的政治影响。该城在之后的岁月里对执政官亲随的利用程度仍需进一步研究。然而,有一些早期证据表明,执政官亲随仍然是佛罗伦萨城市事务的关键人物。在《共和国杂记》的活页中,留存下来两份未注明日期的文件,根据内在证据可以看出,它们的年份为1364年和1370年,在这两个年份,佛罗伦萨分别在与比萨和米兰作战。这两份文件都提到被称作"大傻瓜"(schocco)的乔万尼·保利的活动,此人在1349—1350年是我们的敲钟人,如今随着年龄的增长他已不再是"小傻瓜"而成为大傻瓜。文件表明,保利仍与佛罗伦萨的事务存在着颇深的瓜葛。1364年,他亲自监督向与比萨作战的雇佣兵发放工资一事——这一大笔钱来自市政办公室。1370年,他作为佛罗伦萨的使节参与1370年与帕多瓦领主弗朗切斯科·卡拉拉的谈判,

---

117　Guido Pampaloni, "Gli organi della Repubblica fiorentina per le relazioni," *Rivista di studi politici internazionali* 20 (1953), pp. 265-266.

118　Brucker, "Bureaucracy and Social Welfare," p. 7.

谈判内容是对从德国直接招募军队做出安排。[119]

1370 年，保利已至少为佛罗伦萨效力 21 年。如此长的效力时间让人想起另一位敲钟人安东尼奥·普奇，1349 年这位著名方言诗人在督政官宫当值，1350 年他成为一名街头公告员，并在这个岗位上一干就是 17 年。[120] 这些例子进一步证明，在瘟疫过后的佛罗伦萨，这种"小官"事实上并非微不足道。公共官僚机构具有私人性、可渗透性，并且最重要的是，用现代术语并不容易理解。[121] 瘟疫结束后不久，执政官牢牢控制远距离外交，执政官亲随则在宫中扮演着家臣的角色。整个城市的管理似乎不可避免地落在一小撮心腹的手中，他们执行了许多任务。

这些奇特现象清楚地表明，瘟疫对佛罗伦萨的直接影响超出它为劳动阶层所开创的"肥牛"时代的范畴。劳动力短缺带来复杂的后果。该城官僚和政治机构的可渗透性、私人性为将彼特拉克、薄伽丘描绘成卷入个人影响力网络的、有权势的公众人物提供额外支持，在这张个人影响力网络中，一封呼吁向一个贵族家族开战的信件能够得到响应，特别是当其中的动机与城市国家的动机大体一致的时候。

119　ASF, Miscellanea Repubblicana 120 #7.
120　McGee, *The Ceremonial Musicians of Late Medieval Florence*, p. 54.
121　在研究佛罗伦萨市政办公室时，布鲁克尔谈到一种韦伯式的官僚理性在 15 世纪的发展。Brucker, "Bureaucracy and Social Welfare," p. 7.

结语　为什么这两年很重要
（短时段与长时段并不矛盾）

> 在我们的文化中依然缺乏长时段的眼光。这种疾病甚至还有一个名字叫作短期主义。短期主义……如今在我们的制度中已成为一种根深蒂固的、经常被遵循却很少被证明是正确的习惯。
> ——古尔迪和阿米蒂奇《历史学宣言》[1]

> 如果，由于［对数据的］关注，读者偶尔会感到倦怠，我们将高兴地说……太糟糕了！
> ——布洛赫《长时段下的工资和经济变化》[2]

我预计在这几卷中所载的事实和评论将不会吸引多少读者。这部著作在形式上不可避免地会让人反感，

---

[1] Jo Guldi and David Armitage, *The History Manifesto* (Cambridge: Cambridge University Press, 2014), p. 2.

[2] "Et si, de ce soin même, il resulte, par moments, quelque fatigue pour le lecteur, nous dirons volontiers ... tant pis!" Marc Bloch, "Le salaire et les fluctuations économiques à longue periode," *Revue Historique* 173 (1934), p. 3.

> 它充斥着枯燥的细节……对公众不会有吸引力。
> ——索罗尔德·罗杰斯《英国农业及价格史》[3]

我们对彼特拉克的战争的研究有助于阐明瘟疫暴发后不久在佛罗伦萨运转的各种力量。当历史学家们带着发现"大观念"和让历史有意义的良好意图,呼吁回归长时段研究法时,本研究强调从小范围中也能够发现重要思想和意义。[4] "短期主义的危机"被严重夸大,它与"长期主义"的对立是人为造成的。[5]正如克利福德·格尔茨所言,这两种方法都需要仔细研读数据,以走出"重叠和交织在一起的层层迷雾"。并且,恰如在本结语开头引用的那篇文章中,马克·布洛赫所指出的那样,对经济现象进行如此细致的研究(第5章)可能会让读者感到乏味,但强调长时段趋势会掩盖可能改变结论的重要短时段变量。本书希望这里所揭示的趋势将来能成为更深思熟虑的长时段研究的基础。

有关这场瘟疫的研究指出,1349—1350年的佛罗伦萨"发生翻天覆地的变化"。但它在某些方面与当前共识所描绘的情形截然不同。在我们研究的时间段,存在着一组有地点和时间

---

3 James E. Thorold Rogers, *A History of Agriculture and Prices in England from the Year after the Oxford Parliament (1259) to the Commencement of the Continental War (1793)* (Oxford: Clarendon Press, 1866) vol. 1, p. vi.

4 Guldi and Armitage, *The History Manifesto*, p. 7.

5 Guldi and Armitage, *The History Manifesto*, p. 38. 关于对《历史学宣言》的批判,参见 *American Historical Review* 120 (April 2015), pp. 530-542 中的意见交流。关于微观研究和长时段研究的益处,参见 Francesca Trivellato, "Is There a Future for Italian Microhistory in the Age of Global History?" *California Italian Studies* 2 no. 1 (2011) http://escholarship.org/uc/item/0z9 4n9hq(上次访问是在2017年2月15日)。

限定的变量，它以一种意想不到的方式将著名文学人物相联系，并将佛罗伦萨社会中经常被割裂的军事、政治和经济方面相结合。敲钟人、仆人和厨子等人长期执行重要外交任务是14世纪中期佛罗伦萨存在截然不同现实的鲜明例证。

总的来说，这种证据强化了中世纪史学家宣称的他们所研究时代的"他异性"，即它很难从现在的角度去理解。但这也肯定了关注细节、细微差别和矛盾——这是历史学家技艺的核心——的永恒重要性。关注边缘可以更好地理解核心。托马斯·库恩曾说过一句著名的话：改变范式的不是"常规科学"的追随者。用亚伯拉罕·弗莱克斯纳的话说（见序言），对"无用的满足"的追求往往是"意想不到的实用性的源泉"。[6] 还有更多的变量需要考虑。

作为结语，有必要再次强调长时段工资研究的问题本质，以及推动这种研究的计量学派和年鉴学派的潜在缺陷。学者们常常使用数字作为一种"实证"手段，来穿透历史的层层迷雾。即使是克利福德·格尔茨，在提倡谨慎地"走出层层迷雾"（"这是一种冒险"）以及"深描"的重要性时，也认为"数据收集的自动化程序"更加可靠。大卫·兰德斯说，统计研究从它的本质上来说是很难遭到批评的，因为"很少有人愿意为了检验它的准确性而重复十年的工作"。[7] 大卫·哈克特·费舍尔有力地肯定了数据的重要性。在他借鉴年鉴学派和计量学派传统所作的畅销书《大浪潮》中，费舍尔称，"数据使我们有可能把碎片拼在一起。它们使我们能够比较若非如此就无法比较的

---

6 Abraham Flexner, "The Usefulness of Useless Knowledge," *Harper's Magazine* 179 (June 1939), p. 549.

7 David Landes, "The Statistical Study of French Crises," *Journal of Economic History* 10 no. 2 (November 1950), p. 196.

事件。它们告诉我们世界是如何运转的。它们帮助我们从总体上思考特定事件,然后用实证指标的证据来检验我们的概括。"费舍尔总结道,虽然探究"变化的本质"是"哲学家"的事情,但"越来越多的定量证据使我们能够将一个形而上学的难题转化为一个实证性问题"。[8] 因此,他在书中追溯了从中世纪到当代美国的价格和工资变化。

本书第4、5章中关于工资的讨论——根据诸多限定条件——已清楚地表明,数据是处在历史情境之中的,是嵌入在某个社会体系之内的,理解它们需要我们像理解文本一样审视细节。构成佛罗伦萨名义工资结构的因素包括货币、地位、危险性、随从规模以及公共预算,此外还有众所周知且受到广泛讨论的工资中是否包含食宿的问题。从事某一份工作不影响从事另一份工作,因此工资率和实际薪酬之间通常存在巨大差距。职业的概念也与今天的理解不同,这种区别往往在长期主义中看不到。其实,我们可以将佛罗伦萨公职人员的"异常"数据与佛罗伦萨最大的私人雇佣行业呢绒业现存的、(对拉·龙西埃来说)不怎么"适用"的数据更好地整合在一起。执政官仆人、厨子和敲钟人执行长距离、长时间的外交任务引发以下质疑:佛罗伦萨的政治性质以及黑死病之后它那著名的"专制君主包围中的共和国"的自我定义。

本书的目的是用一种更为自我反思和批判的选择取代一种衍生的综合"实证主义"。当前长时段方法论概念既顽固又有害。经济学家要么用中世纪来衡量当今世界,要么把黑死病作为西方文明更广阔的经济史上的一个转折点,这些做法都加

---

8 David Hackett Fischer, *The Great Wave: Price Revolutions and the Rhythm of History* (Oxford: Oxford University Press, 1996), p. xiii.

剧了上述种情形。长时段工资研究的先驱詹姆斯·E. 索罗尔德·罗杰斯是维多利亚时代英国的一名议会议员和社会事业的倡导者,为了解自身所处时代,他有意识地研究了过去数个世纪的工资和劳动力状况。他认为,英国"不是由它的宪法和法律塑造成今天这个样子的",而是由随着时间的推移基本上保持不变的"经济"动机塑造的。[9] 威廉·阿贝尔的颇具影响力并被广泛引用的综合研究成果《欧洲的农业波动:从13世纪至20世纪》(最初于1935年在德国出版)追溯了英国、法国、意大利、德国和奥地利的工资和价格的长期变动情形,其明确意图是将这些国家的经济轨迹与现代的进行比较。[10] 斯利谢·范巴斯的同样有名的著作《西欧农业史,500—1800年》将阿贝尔的研究进一步往前追溯,以获取对工业化之前欧洲经济状况的更多了解。[11] 经济学家罗伯特·艾伦、谢夫凯特·帕慕克、扬·卢腾·范赞登和格雷戈里·克拉克等人最近的重要研究使用了从黑死病时期开始的工资和价格数据,以帮助评估生活水平和"大分流"——当时西方尤其是北欧,与东方相比出现工业化(且得意扬扬)。[12] 帕慕克写道,"即使粗略地看一下实际工资序列,也能清楚地看出,现代经济增长和黑死病是导致过去一千

9　Thorold Rogers, *A History of Agriculture and Prices in England*, pp. vii, viii.

10　Wilhelm Abel, *Agricultural Fluctuations in Europe: From the Thirteenth to the Twentieth Centuries* (London: Metheun, 1980 English edn.).

11　B. H. Slicher van Bath, *The Agrarian History of Western Europe, 500–1800*, translated by Olive Ordish (London: E. Arnold, 1963).

12　Robert C. Allen, "The Great Divergence in European Wages and Prices from the Middle Ages to the First World War," *Explorations in Economic History* 38 (2001), pp. 411–447; Jan Luiten van Zanden, "Wages and the Standards of Living in Europe, 1500–1800," *European Review of Economic History* 2 (1991), pp. 75–95; Süleyman Özmucur and Şevket Pamuk, "Real Wages and Standards of Living in the Ottoman

年来工资和收入发生最重大变化的两个事件"。[13] 保罗·马拉尼玛提出一个关于意大利的"大论点",通过结合众多区域研究,描述了从中世纪至今意大利的工资、价格和生活水平状况,并带着悲伤的心情解释了为什么亚平宁半岛没有成为现代世界的"赢家",尽管中世纪时期它在经济上居于领先地位。[14]

这些研究的重要性显而易见。它们塑造了自身领域,并成为一个重要的提醒,即过去影响着现在。然而,在学术研究中逐渐丢失的是与所使用数据相关的限定条件和历史情境。正如这里所讨论的那样,它们非常重要,并构成历史学家任务的精髓。

索罗尔德·罗杰斯公开承认他那来自牛津大学和剑桥大学的学院及地产账簿的工资数据存在问题。他指出,名义日工资取决于季节、任务类型和持续时间,并包括食物、酒水和各种其他津贴,其中有些就连索罗尔德·罗杰斯本人也并不完全了解。他认为打谷者的工资是"市场力量的最好例子",但他把重点放在木匠和建筑工身上,因为有关他们的记录更丰富、更"连续",因此更适合现今的模型。[15] 新一代学者 E. H. 菲尔普

Empire, 1489–1914," *The Journal of Economic History* 62 (2002), pp. 292–321; Şevket Pamuk, "The Black Death and the Origins of the 'Great Divergence' across Europe, 1300–1600," *European Review of Economic History* 11 (2007), pp. 289–317; van Zanden, "Wages and the Standards of Living," pp. 79–82.

13　Pamuk, "The Black Death and the Origins of the 'Great Divergence'," p. 292.

14　Paolo Malanima, *L'economia italiana: della crescita medievale alla crescita contemporanea* (Bologna: Il Mulino, 2012).

15　Thorold Rogers, *A History of Agriculture and Prices in England*, pp. 254–275; 索罗尔德·罗杰斯最终认为,数据在很长一段时间内的可获得性很重要,并将其用于对工人的单独研究。James E. Thorold Rogers, *Six Centuries of Work and Wages: The History of English Labour*, vol. 1 (London: Swan Sonnenschein and Co., 1894), p. 177. 对早期英国有关这场瘟疫的文献的评价,参见 John Hatcher, "England in the Aftermath of the Black Death," *Past and Present* 144 (August 1994), pp. 3–6.

斯·布朗和希拉·霍普金斯在他们的《七个世纪的建筑行业工资》中借鉴索罗尔德·罗杰斯关于木匠和建筑工的数据。[16] 这两位作者谈到索罗尔德·罗杰斯对自身数据的保留意见，甚至指出他在方法论上的缺陷：他在一处取平均工资，而在另一处取最高工资。但是他们赞同他的证据，理由是木匠和建筑工的工资数据是"最多的和最连续的"，因此对于比较而言最为有用，而这是构建一个价格序列以确定实际工资和生活标准必需的下一步。像索罗尔德·罗杰斯一样，菲尔普斯·布朗和霍普金斯也指出数据的稀缺性，在他们研究的700年中的大部分时间，每年约有15名工匠的数据被提及。[17] 威廉·贝弗里奇对温彻斯特庄园和地产上工人的数据也表达了类似的担忧。正如我们在第5章所见，他把其技术局限比作汽车前灯发出的强光，这种强光必然会让边缘区域处在黑暗中。贝弗里奇指出，他缺乏场所和必要的资金来处理他的数据中诸多的限制条件和矛盾之处。[18]

在展示长时段模式和寻找历史转折点的过程中，艾伦在对从中世纪到第一次世界大战期间欧洲20个城市的工匠工资进行比较研究时，虽然简要地指出他的数据组所存在的异常，但他通过"改进"自己的"分析技术"纠正了它们。这就需要建立一个在数学上更为微妙的"消费者价格指数"——把这个概念

16　E. H. Phelps Brown and Sheila V. Hopkins, "Seven Centuries of Building Wages," *Economica* 22 (1955), p. 200. 紧接着又完成一部相关的价格研究著作。"Seven Centuries of the Prices of Consumables, Compared with Builders' Wage-Rates," *Economica* 23 (1956), pp. 296-314.

17　Phelps Brown and Hopkins, "Seven Centuries of Building Wages," pp. 195-196, 202.

18　William Beveridge, "Wages in the Winchester Manors," *Economic History Review* (1936), pp. 22-43.

应用于遥远过去本身就不合时宜。这使艾伦得出一个与直觉相反的结论：正是1500年到1750年这段时期，而非工业革命本身，导致各国不同的经济发展轨迹。[19]他的这个结论的重要性掩盖了这样的事实，即他的工资数据是派生出来的，并有太多的限定条件以致无法提供这样的结论。该研究的更大目标是追踪欧洲的工业化道路，这足以为艾伦所称的统计上的"小"缺陷开脱。事实上，艾伦颇为有意地将他的目标放在他的方法之前，他公开表述一种令人不安的目的论。他使用的数据是唯一足以"全面回答我们的问题"的材料。[20]同样地，菲尔普斯·布朗和霍普金斯为"当需要做更细致、更扎实研究工作的原始材料或许就在那里时，却使用二手资料拼凑和修补"表示歉意。但他们认为，"那些可以直接获得的结果似乎值得从宏观角度阐述"。[21]斯利谢·范巴斯为他的数据列出诸多限定条件，但他的结论是"农场工人和木匠"的工资数据很有用，因为"在相当长的一段时间内"可以获取它们。[22]

工资数据的可获得性和可译性是关键。这一选择取决于学者们希望得出的结论类型。正如我们所见的关于佛罗伦萨的情况，拉·龙西埃特意为佛罗伦萨选取来自新圣母玛利亚医院的日薪数据来开展他的研究，尽管他认为呢绒业是"领薪劳动力的核心"。他这样做是因为前者提供了用于比较目的的"适用"模式，即使这种数据极其有限。[23]苏莱曼·厄兹穆古和帕慕克利

19　Allen, "The Great Divergence in European Wages," pp. 412–413.

20　Allen, "The Great Divergence in European Wages," pp. 412–414.

21　Phelps Brown and Hopkins, "Seven Centuries of Building Wages," p. 195.

22　Slicher van Bath, *The Agrarian History of Western Europe*, pp. 98, 102.

23　Charles M. de La Roncière, "La condition des salaries à Florence au XIVe siècle" in *Tumulto dei Ciompi: un momento di storia fiorentina ed Europea*, edited by Atti del Convegno internazionale (Florence: Leo S. Olschki, 1981), pp. 14, 17.

用工匠的工资来比较奥斯曼帝国和欧洲的经济状况，其目的是像艾伦一样更好地理解现代工业化——在这种情况下，奥斯曼人是如何最终在世界市场的激烈竞争中失败的。[24] 在另外一篇文章中，谢夫凯特·帕慕克明确地称赞工匠的工资是比较研究欧洲和东地中海地区的"基本工具"。[25]

目的论显而易见。学者们将日薪扩展至 250 天以代表现代的年薪概念，并将工资换算为白银，假定这是所有这种工人被支付的货币（第 5 章）。艾伦补充了一个由妻子和两个孩子构成的"理论上的中世纪家庭"，并提出这些工资是为了让他们提高生活水平。但正如第 5 章所述，日薪不能转化为年薪。斯卡尔佩里亚的日工和佛罗伦萨军中的官员只是在短时期内领薪，他们的工资是根据这一点计算的。督政官、正义法规执行者及其他职位有明确的任期限制。就连发明这种方法的索罗尔德·罗杰斯也认为，将英国的日薪扩展至 312 天以估算年薪更恰当，因为他发现在自己的数据中"不用工作"的假日比他最初预计的要少。正如我们所见，佛罗伦萨的工人通常获得的薪酬是黄金，这在工资之外具有重要的社会和经济意义。从一种货币转向另一种货币本身就构成工资性质的变化。但这个问题并未被研究。

这是一场经受了时间考验的权宜婚姻。[26] 一个基本的学术目标是确定过去的生活水平：人们是如何生活的。这一目标值得称赞，并触及使历史变得有吸引力的核心。但它涉及推断"一

24　Süleyman Özmucur and Şevket Pamuk, "Real Wages and the Standards of Living in the Ottoman Empire, 1469-1914."

25　Pamuk, "The Black Death and the Origins of 'the Great Divergence'," p. 292.

26　托涅蒂指出，取自受制于自身市场力量的大型机构的工匠工资数据存在缺陷。但他最终断定，这种工资模式极有可能（molto probabilmente）与其他领薪工人的工资模式相同。Sergio Tognetti, "Prezzi e salari nella Firenze tardo medievale: un profile," *Archivio storico italiano* 153 (1995), p. 305.

篮子商品"——工资就是用来购买这些生活必需品的——的额外的认识论上的飞跃（第 4 章）。篮子的构成因学者而异。阿贝尔根据小麦的价格来判断工资，他认为小麦是中世纪饮食中的基本主食。[27] 许多人仍在追随阿贝尔的脚步。但范巴斯（1960年）认为使用小麦并不恰当，并主张最好用包括全部生活成本或至少包括所有食物消费的指数数字来表示劳动。[28] 艾伦不喜欢使用谷物"作为一种物价折算指数"——他是这样称它的——因为它并不适用于跨时空的比较研究，原因在于谷物在不同的情境中有不同的含义。朱利亚诺·平托为 14 世纪的佛罗伦萨制定出的典型的每日"预算"：包括 50% 的谷物、25% 的葡萄酒、15% 的肉类、5% 的油及 5% 的木材。[29] 拉·龙西埃的"预算类型"包括特定的卡路里摄入量。[30] 克里斯托弗·戴尔着重指出数据存在的诸多问题，以及确定中世纪英格兰的一篮子商品的困难，他总结道，生活水平"无法被精确衡量"，因为它会根据社会阶层的不同而发生很大变化。[31]

未被人们关注的是名义工资的可变性以及劳动力之间的差别。当学者们寻求更宏大、更具意义的结论时，危险之处在于现实将进一步变得模糊不清。[32] 经济学家格雷戈里·克拉克在他

27　Abel, *Agricultural Fluctuations in Europe*. 他在 1978 年写了第三篇序言。Allen, "The Great Divergence in European Wages."

28　Slicher van Bath, *The Agrarian History of Western Europe*, p. 101.

29　Giuliano Pinto, *Toscana medieval: paesaggi e realtà sociali* (Florence: Le Lettere, 1993), pp. 129–130.

30　La Roncière, *Prix et salaires*, pp. 381–396.

31　Christopher Dyer, *Standards of Living in Later Middle Ages: Social Change in England, 1200–1320* (Cambridge: Cambridge University Press, 1989), pp. 274–277 (quote p. 274).

32　Phelps Brown and Hopkins, "Consumables," p. 196.

的畅销书《告别施舍》中追溯了上至巴比伦王国、下迄现代美国的工资情况。克拉克认为黑死病是"实际工资增长"的转折点，这种增长水平"直至1880年才再次达到"。[33] 克拉克由此总结道，工资和生活水平提高的一个"最明显效果"是"使人们长得更高"。[34] 更高的工资带来更好的生活方式，进而使人们的营养更好、个子更高。工业化世界不仅在经济上更富裕，还让人们在体格上更魁梧。艾伦也宣称："工资数据似乎证实了18世纪的收入和身高之间的关系。"[35] 作为一个在工业化的西方长大的矮个子，我发现很难接受这样的结论。

无论如何，假设是建立在假设之上的。《历史学宣言》的作者们斥责了经济学家的这种倾向：他们认为历史数据是不变的，可以插入现成的公式中。但正如本结语开篇的引言所表明的那样，历史学家自己也对讨论其数据组的细节感到不自在，除了它们可能的长时段含义之外。索罗尔德·罗杰斯称这种细节分析"必然令人反感"。[36] 布洛赫说了类似的话，但他又毫无歉意地补充道，这对处于困境的读者来说"真是倒霉"。

真正具有建设性的对话尚未建立。主要研究领域为历史的经济史家，和主要研究领域为经济的经济史家之间的互动少得惊人。杰出经济史家内奥米·拉摩洛克斯提出一个关于此的原因。她指出，历史学家在经济概念方面存在一种"令人痛苦的

33　Gregory Clark, *A Farewell to Alms* (Princeton, NJ: Princeton University Press, 2007), p. 40.

34　Clark, *Farewell to Alms*, p. 55.

35　Allen, "The Great Divergence in European Wages," p. 413.

36　索罗尔德·罗杰斯也在《六个世纪的工作和工资》(*Six Centuries of Work and Wages*)中直接对读者说，如果他对自己"枯燥的叙述"有耐心，那么他将看到"我们的祖先"[英国人]并非"没有希望"，第183、179页。

幼稚"，他们无法理解理论模型。[37] 这无疑是正确的。但反过来说，不管模型多么复杂，它们的好坏取决于它们所基于的数据。而像艾伦为欧洲所做的那种假设——即通过调整一个公式可以使有问题的数据变得更适用——纯属无稽之谈。它代表对过去的一种根本误解。[38] 正如经济学家约瑟夫·熊彼特所言："经济学的主题本身就是一种独特的历史过程。"[39] 经济学家和历史学家合作开展严肃对话的专业动机尚不存在。

年鉴学派在学术现状中的作用必须再次强调，特别是鉴于最近一些历史学家呼吁回归费尔南·布罗代尔的方法论。[40] 年鉴学派对量化的兴趣在很大程度上要归功于布罗代尔和勒华拉杜里以及鼓励这种做法的"第二代"年鉴派学者。[41] 但正如布罗代

---

37 Naomi R. Lamoreaux, "Economic History and the Cliometric Revolution" in *Imagined Histories*, edited by Anthony Molho and Gordon S. Wood (Princeton, NJ: Princeton University Press, 1998), p. 75.

38 经济学家中有人持不同意见，参见 J. Humphries and J. Weisdorf, "The Wages of Women in England, 1260–1850," *Journal of Economic History* 75 (2015), pp. 405–447。

39 Joseph Schumpeter, *History of Economic Analysis* (Oxford: Oxford University Press, 1954), p. 14.

40 Guldi and Armitage, *History Manifesto*, pp. 15–19.

41 伊格尔斯认为布罗代尔为1960年代及1970年代的量化研究铺平了道路。1966年勒华拉杜里在他的《朗格多克的农民》(*The Peasants of Languedoc*)中进行量化研究。Georg G. Iggers, *Historiography in the 20th Century: From Scientific Objectivity to the Post-Modern Challenge* (Hanover, NH: Wesleyan Press, 1997). 1960年代及1970年代，年鉴学派在长时段量化研究方面取得成功。参见 John Day, "François Simiand and the *Annales* School of History" in *Money and Finance in the Ages of Merchant Capitalism* (Oxford: Blackwell, 1999), pp. 139–150。也见 F. Braudel, and F. Spooner, "Prices in Europe from 1450 to 1750" in E. E. Rich and C. H. Wilson, *The Cambridge Economic History of Europe* (Cambridge: Cambridge University Press, 1967), pp. 378–486; Emmanuel Le Roy Ladurie, "Motionless History," *Social Science History* 1 no. 2 (Winter 1977), pp. 120, 121。

尔本人在他论述长时段的文章中指出的那样（1958 年），关于量化的最初推动力来自 1930 年代弗朗索瓦·西米昂（François Simiand）和埃内斯特·拉布鲁斯的研究，他们从数据中看到"对过去社会进行科学研究的信念"。[42] 拉布鲁斯直截了当地说："要成为一名历史学家，你得知道如何算数"（pour être historien, il faut savoir compter）。[43] 彼得·伯克将这些学者著作中"量化的爆炸式增长"与他们所处时代的经济状况——特别是 1920 年代袭击欧洲的恶性通胀和 1929 年的股市崩盘——相联系。[44] 威廉·阿贝尔称西米昂和拉布鲁斯于 1935 年创作的作品是他的《欧洲的农业波动》的灵感来源。贝弗里奇是和西米昂及拉布鲁斯同时开展量化研究的，尽管他在这方面紧随索罗尔德·罗杰斯之后。正如序言所述，佛罗伦萨研究者在研究他们的城市方面特别受影响。[45] 拉·龙西埃专门指出年鉴学派是他研究佛罗伦萨工资的灵感来源。另外，《托斯卡纳人及其家庭》这部著作评估了 1427 年地籍簿的统计数据，该书作者之一克里斯蒂安娜·克拉皮什-祖贝尔是布罗代尔的学生。勒华拉杜里热衷于支持 1960 年代和 1970 年代在美国经济学家中流行的计量史学的趋势。[46]

42　John Day, "Money, Credit and Capital Formation in Marc Bloch and Ferdinand Braudel" in *Money and Finance in the Ages of Merchant Capitalism* (Oxford: Blackwell, 1999), p. 127. 关于对西米昂的讨论，参见 F. Crouzet, "The Economic History of Modern Europe," *The Journal of Economic History* 31 (1971), pp. 135–152。

43　Peter Burke, *The French Historical Revolution, 1929–2014* (Cambridge: Polity Press, 2015), p. 128.

44　Burke, *The French Historical Revolution*, p. 129.

45　Jacob Burckhardt, *The Civilization of the Renaissance in Italy*, translated by S. G. C. Middlemore (New York, NY: Penguin, 1954), pp. 61, 63.

46　Claudia Goldin, "Cliometrics and the Nobel," *Journal of Economic Perspectives* 9 no. 2 (Spring 1995), pp. 191–208.

寻找长时段答案和使用数据作为"实证"手段的问题在于，它不仅导致学者们往往在不知情的情况下进行目的论分析，而且还使他们倾向于择优挑选例子来证明某个观点。事实上，布罗代尔在他的名著《文明与资本主义》中对"劳动力市场"的论述正是如此。[47] 在论述一开始，他就告诉我们，他的目的是展示"西方工资收入的历史转折"是如何"比我们想象的更早"发展起来的。[48] 这种说法并不会引起争议。布罗代尔接着却列举了一系列简明扼要的例子，他先是从13世纪的巴黎开始，然后是同时期皮亚琴察砖工的"奇怪合同"，再之后是13、14世纪葡萄牙农村地区的雇佣劳动者，最后是1393年勃艮第的雇佣劳动者，从中我们认识到存在着一个组织工人的工头。布罗代尔向后推100年来到1480年的汉堡，这里有过一个"短暂的劳动力市场"。他接着说劳动力市场开始显得"更正式，并出现更清晰的规则"，同时，他引用17世纪的一部法国论著、都铎王朝时期的英国、17世纪的汉萨同盟以及约一半人口是雇佣劳动者的城市施特拉尔松德的活动为例子。

这种发展是人为的，实际上毫无意义。对于意大利研究者来说这根本不正确。正如我们所见，1350年在斯卡尔佩里亚已存在工头。佛罗伦萨的呢绒业拥有许多类型的雇佣劳动者，该城的军队中也是如此——欧洲各地的军队中同样如此，像其他人一样，布罗代尔没有将之视为劳动力市场的一部分。对长时段中来自完全不同传统的例子的使用制造了一种线性发展的感觉，这使得布罗代尔总结道，"随着时间推移，劳动力市场变得更正式，并且其规则变得更清晰"。[49] 虽然这种说法是对的，但

47　Guldi and Armitage, *History Manifesto*, pp. 9–10, 15–19, 124.

48　Fernand Braudel, *Civilization and Capitalism, The Wheels of Commerce*, vol. 2, translated by Sian Reynold (New York, NY: Harper and Row, 1979), p. 52.

49　Braudel, *Civilization and Capitalism*, pp. 49–54.

没有什么学术价值。

布罗代尔这部著作的重要性显而易见，它在全球框架下提出关于资本主义的更重大的问题，这些问题在学术讨论中产生巨大影响——远远超出本研究将产生的影响。正如《历史学宣言》的作者们所指出的那样，布罗代尔关于地理和气候的长时段研究法仍然是未来研究的重要范式。年鉴学派长时段量化研究的一大优点是，它能让我们大致了解那些在前现代社会占绝大多数的农村中"默默无闻"的人，否则，我们对他们的了解将少之又少。[50] 但是，本书强烈反对从一个单一的又往往是相当有限的数据组推断大趋势的普遍态势。这种危险之所以如此巨大，是因为这么做的冲动出于本能。塞韦里奥·拉·索萨在他关于圣米迦勒教堂兄弟会的研究中指出，1329 年受雇于该机构的公证人的工资为每月 4 里拉。然而，黑死病过后不久，他们的工资升至 100 弗罗林。他基于出现在少数人身上的证据得出结论：瘟疫带来工资的巨幅增长——这与本研究中关于同一时期同一行业的数据不符。虽然这个结论或许适用于圣米迦勒教堂兄弟会，但一概而论显然是错误的。[51]

不管研究的主题或范围是什么，对历史情境的正确理解是历史学家的核心任务。这与开展长时段研究或短时段研究没有关系。正如序言所述，为了避免"盲目崇拜"档案的倾向（正如一些学者指责其他学者的这种做法），历史学家们甘冒盲目崇拜他们的学界前辈的风险，虽然他们的方法值得称赞，但总是有缺陷，就像所有方法一样。后一种倾向尤其棘手，因为

---

50 参见 Emmanuel Le Roy Ladurie, *The Peasants of Languedoc*, translated by John Day (Urbana, IL: University of Illinois Press, 1974)。

51 Saverio La Sorsa, *La Compagnia d'Or San Michele, ovvero una pagina della beneficenza in Toscana nel secolo XIV* (Trani: V. Vecchi, 1902), pp. 97–98.

它深深根植于学术结构中,并提供很多潜在的专业回报。这一点值得重申,因为伴随崇敬而来的往往是歪曲和误解。其实,正如古尔迪和阿米蒂奇所言,如果我们把布罗代尔作为长时段研究的学术典范,那么我们应该记住,布罗代尔本人是以不同的尺度,包括短时段和长时段,来对待历史时间的。[52] 古尔迪和阿米蒂奇指出的这一特点是这位伟大学者本人未必会承认的。

这里所表达的批评既非鲜见也非独特。对使用数据的批评性意见其实深深地根植于历史学之中,学者们要是加以审视的话就会发现。早在14世纪,与乔万尼·维拉尼同时代的穆斯林作家、被一些现代学者视为"经济学之父"的伊本·赫勒敦就认为,在历史书写中,数据是"产生虚假信息的好机会"。[53] 在他的通史著作《历史绪论》(*Muqaddimah*)中,赫勒敦警告历史学家不要轻易用现在来了解过去,这很像布洛赫数个世纪后发出的警告。这么做的作者会因"迷失在毫无根据的假设的沙漠中"而感到内疚,他们最好研究"现存事物的本质,以及不同民族、地区和时代在生活方式、品格特质、风俗习惯、教派和学派方面的差异"。赫勒敦说:"世界及各国的情况并非以同样的形式或一贯的方式持续存在。"[54] 赫勒敦或许完全配得上经济学家这个头衔,因为他的结论与卡尔·波兰尼的社会嵌入性概念、约瑟夫·熊彼特对"历史情境"的呼吁以及约翰·梅纳

52　Francesca Trivellato, "Is There a Future for Italian Microhistory in the Age of Global History?" *California Italian Studies* 2 no. 1 (2011).

53　Ibn Khaldun, *The Muqaddimah*, translated and introduced by Franz Rosenthal, abridged and edited by N. J. Darwood (Princeton, NJ: Princeton University Press, 2005), pp. 4–5.

54　Ibn Khaldun, *The Muqaddimah*, pp. 5, 11.

德·凯恩斯祈求我们务必避免"在体系中置入超出实际的秩序"相一致。

但当前学术模仿的吸引力非常强大，并会出现在意想不到的地方。例如，索罗尔德·罗杰斯称英国拥有整个欧洲最丰富的档案资料——"比其他任何民族的更丰富、更连续"。[55] 这句话是索罗尔德·罗杰斯带着炫耀之情和赤裸裸的民族主义情感说出来的，然而，它在后来的许多著作中都有体现。并非英国人的阿贝尔在他关于欧洲的比较研究中重申这句话（没有注明出处），诺贝尔奖得主道格拉斯·诺斯在他关于西方世界崛起的新制度经济学研究中也重申了这一点，他说："来自英国的定量证据最为完整。"[56] 克拉克称英国的"工资和价格的历史记录非常详细"。[57] 这使得他把英国作为对整个西方历史进程整体陈述的基础。

自知拥有丰富档案数据的佛罗伦萨研究者会对这种过分的夸大之辞嗤之以鼻。但在整个意大利半岛，还存在比佛罗伦萨更完整的数字数据档案。与此同时，索罗尔德·罗杰斯对后续研究的影响，无论是显性的还是隐性的，再怎么讲也不为过。当贝弗里奇在他关于温彻斯特工匠工资的研究中发现，1349年至1350年在他们的工资实际上没有增长时——这与索罗尔德·罗杰斯指出的牛津大学在这两年的情形（市场的"恐慌和

---

55 Thorold Rogers, *A History of Agriculture and Prices in England*, vol. 1, p. v. "我认为除了英国以外，没有哪个欧洲国家的档案能够提供令人满意的价格证据。"索罗尔德·罗杰斯在《六个世纪的工作和工资》第 15 页重申了这一点："英国历史的档案比其他任何民族的更丰富、更连续。"

56 Douglass C. North and Robert Paul Thomas, *The Rise of the Western World: A New Economic History* (Cambridge: Cambridge University Press, 1973), p. 74.

57 Clark, *Farewell to Alms*, p. 40.

冲动")相反——贝弗里奇解释说,这种差异是"对黑死病引起的劳动条件变化的一种延迟性让步"。如果发现的情形与大师指出的情形不符,我们必须设法使它们与之相符。贝弗里奇认为增长只是在1352年后才开始的,并在1362年和1370年最为显著,而其他研究表明工资率在这个时间段保持稳定。[58]

最近的学术研究在继续遵循19世纪的模式,以十年为单位来评估长时段的工资变动。索罗尔德·罗杰斯、菲尔普斯·布朗和霍普金斯以及贝弗里奇在研究英国时是这么做的;拉·龙西埃和托涅蒂在研究佛罗伦萨时也是这么做的;保罗·马拉尼玛和乔万尼·费德里戈(Giovanni Federigo)在研究意大利时总的来说是这么做的;其他很多学者在研究别的地方时也是这么做的。[59] 以十年为单位来编排工资既方便又实用。但这种方法也可以用来强化趋势或弱化趋势。索罗尔德·罗杰斯将英国的工资分成1341—1350年和1351—1360年这两个时段。他把自己发现的1349—1350年工匠(和打谷者)工资的急剧增长放在第一个时间段,因而凸显了瘟疫的影响。另一方面,威廉·贝弗里奇将他的工资数据分成1340—1348年和1349—1359年这两个时段。这种变化看起来微乎其微,但的确很重要。它有效地掩盖了贝弗里奇发现的1349—1350年工资缺乏变动的令人吃惊的现象,并使他把自己发现的1352年后的出乎意料的工资增长放在第二个时段,从而强化瘟疫的直接影响。[60] 因此贝弗里奇的数据和索罗尔德·罗杰斯的一致,棘手的黏性现象得以消除。

---

58 Beveridge, "Winchester," pp. 26–27.

59 Phelps Brown and Hopkins, *Seven Centuries of Building Wages*, p. 205; Beveridge, "Winchester," pp. 38–43; La Roncière, *Prix et salaries*, pp. 280, 348; Tognetti, "Prezzi e salari," pp. 302–305.

60 Beveridge, "Winchester," pp. 38–43.

正如我们所见,拉·龙西埃称1349—1350年佛罗伦萨工匠的名义工资"大幅提升"。但他将工匠工资分成1340—1348年和1350—1360年这两个时段,这实际上漏掉了出现重要变化的那些年份。[61] 他为什么要这么做尚不完全清楚,但塞尔焦·托涅蒂重复了他的这种分法。

在前面的例子中,我们真的在比较工资率吗?布洛赫在评论弗朗索瓦·西米昂的《长时段下的经济波动和世界危机》(*Les fluctuations économiques à longue période et la crise mondiale*)时提醒说,虽然西米昂的1900—1920年的工资图表显示了一种能够很容易地归因于第一次世界大战的工资增长,但更仔细研究的话,包括对战前趋势的考虑,或许可以揭示其他变量的存在。[62] 这种不精确性也适用于学者使用的语言。在有的地方,他们把砌砖工称为典型的日工／工匠;而在其他地方,他们指的是木匠和石匠。这些术语并非同义。[63] 此外,学者们使用的历史分期也不一样。艾伦的中世纪包含15世纪;阿贝尔的中世纪只到1300年。马拉尼玛的目标是将意大利不同地区的工资和价格研究整合在一起,进行广泛的"全国性"研究。但这一目标,无论多么值得赞许,需要多么大的工作量,都是个具有目的论性质的目标,因为当时的意大利并非一个国家,而是一个城市国家集合体。将并不存在的"国家"加入到意大利的遥远过去合适吗?

这些话并不是要嘲笑学者们的宏大目标,或"大"研究的重要性。这里只是想说,有必要改进我们的方法论,有必要讨

---

61 La Roncière, *Prix et salaries*, pp. 280, 348. Tognetti, "Prezzi e salari," pp. 302–305.

62 Bloch, "Le salaire et les fluctuations économique à longue periode," pp. 3–6.

63 Giovanni Federico and Paolo Malanima, "Progress, Decline, Growth: Product and Productivity in Italian Agriculture, 1000–2000," *Economic History Review* LVII no. 3 (2004), p. 441.

论枯燥的细节,以及承认而不是忽视反常和矛盾的信息。细致的短时段研究是长时段研究的基础。

本着这种精神,并作为结论,我们可以——鉴于市政办公室大量的预算记录——把黑死病前后的工资数据预先扩展到人们熟悉的十年这个时间跨度(1345—1354)。笔者在这么做时很谨慎,并加上所有相关限定条件。士兵的工资来自 20 至 25 人构成的旗帜分队,这是预算中军队的常见组成部分。[64]

这种长视角证实了 1349—1350 年的情形。步兵的名义工资增长(并最终下降),与建筑工人工资的情形大致相同(表 E.2 和 E.4)。雇佣骑兵的工资存在黏性(表 E.1)。意大利队长及其部属的工资在这十年间完全没有发生变化(分别为每月 40 里拉、20 里拉)。德国雇佣兵队长及其部属的工资在 1345—1351 年间没有发生变化(分别为每月 30 弗罗林、8 弗罗林又 10 索尔多)。在此期间,由于黄金和白银汇率的变化,以黄金计价的德国人的工资价值略有上升(表 E.4)。然而 1351 年,佛罗伦萨官员将德国骑兵的工资单位改成里拉,队长和普通骑兵的工资分别为每月 96 里拉、27 里拉又 4 索尔多(表 E.1),这种情况持续至 1354 年。

表 E.1 意大利旗帜分队和德国雇佣骑兵的名义月工资,1345—1354 年

年份	意大利队长	德国队长	意大利骑兵	德国骑兵
1345	40 里拉 (800 索尔多)	30 弗罗林 (1860 索尔多)	20 里拉 (400 索尔多)	8 弗罗林,10 索尔多 (506 索尔多)
1346	40 里拉 (800 索尔多)	30 弗罗林 (1860 索尔多)	20 里拉 (400 索尔多)	8 弗罗林,10 索尔多 (506 索尔多)
1347	40 里拉 (800 索尔多)	30 弗罗林 (1830 索尔多)	20 里拉 (400 索尔多)	8 弗罗林,10 索尔多 (498 索尔多)

---

64 这个样本使用的是 1345—1354 年 5 月/6 月的预算。

结语　为什么这两年很重要（短时段与长时段并不矛盾）

续表

年份	意大利队长	德国队长	意大利骑兵	德国骑兵
1348	40 里拉（800 索尔多）	30 弗罗林（1890 索尔多）	20 里拉（400 索尔多）	8 弗罗林，10 索尔多（514 索尔多）
1349	40 里拉（800 索尔多）	30 弗罗林（1920 索尔多）	20 里拉（400 索尔多）	8 弗罗林，10 索尔多（522 索尔多）
1350	40 里拉（800 索尔多）	30 弗罗林（1920 索尔多）	20 里拉（400 索尔多）	8 弗罗林，10 索尔多（522 索尔多）
1351	40 里拉（800 索尔多）	**96 里拉**（1920 索尔多）	20 里拉（400 索尔多）	**27 里拉，4 索尔多**（544 索尔多）
1352	40 里拉（800 索尔多）	**96 里拉**（1920 索尔多）	20 里拉（400 索尔多）	**27 里拉，4 索尔多**（544 索尔多）
1353	40 里拉（800 索尔多）	**96 里拉**（1920 索尔多）	20 里拉（400 索尔多）	**27 里拉，4 索尔多**（544 索尔多）
1354	40 里拉（800 索尔多）	**96 里拉**（1920 索尔多）	20 里拉（400 索尔多）	**27 里拉，4 索尔多**（544 索尔多）

注：工资数据最初列于预算中，然后被换算成皮乔利索尔多。
黑体表示名义工资发生变化。

来源：ASF, Camera del comune, camarlenghi uscita 14 fols. 512r–529r; camarlenghi uscita 26 fols. 591r–604r; camarlenghi uscita 33 fols. 723r–732r; Scrivano di camera uscita 1 fols. 16r–20r; Scrivano di camera uscita 6 fols. 2r–10r, 17r–41r; Scrivano di camera uscita 9 fols. 2r–9r, 17r–45r camarlenghi uscita 80 fols. 237r–271r; camarlenghi uscita 89 (1352) fols. 478r–501r; camarlenghi uscita 90 (1353) fols. 102r–129r; Scrivano di Camera uscita duplicato #5 fols. 12r–52r; camarlenghi uscita 96 fols. 14r–66r; camarlenghi uscita 102 fols. 289r–342r; camarlenghi uscita 104 fols. 3r–24r.

1351 年的变化值得注意，因为它发生在与白银相比黄金价格开始上涨的时候（表 E.3），并且在 1351—1353 年，佛罗伦萨和米兰之间爆发一场波及意大利北部和中部大部分地区的全面邦际战争。[65] 佛罗伦萨招募了一支介于 5000 至 7000 人之间的

65　Carlo Cipolla, *The Monetary Policy of Fourteenth Century Florence* (Berkeley, CA: University of California Press, 1982), pp. 49–54; Mario Bernocchi, *Le Monete delle Repubblica Fiorentina*, vol. 1 (Florence: Leo S. Olschki, 1974), pp. 118–126; Bernocchi, *Le Monete delle Repubblica Fiorentina*, vol. 3 (Florence: Leo S. Olschki, 1974), pp. 67, 252; ASF, balie 10 fols. 24r–24v.

军队，这比乌巴尔迪尼战争时招募的人多。[66] 因而，随着对士兵需求的增加，佛罗伦萨官员实际上冻结了那些技艺最高、流动性最强的军事人员的工资。德国队长的工资水平在 1350—1351 年间没有任何变化（1920 索尔多），其分队中普通骑兵的工资略有增长（从 522 索尔多至 544 索尔多）。如果佛罗伦萨继续以黄金作为工资单位，那么在整个战争期间工资将大幅增长。队长的工资将从 1351 年的 1980 索尔多增至 1352 年的 2040 索尔多；骑兵的工资将在 1354 年增至 560 索尔多。

这种冻结产生降低骑兵工资和使佛罗伦萨免受黄金增值影响的效果。佛罗伦萨是否用银币支付士兵工资尚不清楚，这需要更多的研究（所有这些年的数据可能并不存在）。但这种表述上的变化就意味着如今有可能用该货币支付工资，并且不管怎样，工资水平将不再与这两种货币之间比率有关。

表 E.2　盾牌兵旗帜分队（20—25 人）的名义月工资，1345—1354 年

年份	盾牌兵队长	利古里亚弩兵队长	盾牌兵	弩兵
1345	10 里拉（200 索尔多）	4 弗罗林（248 索尔多）	5 里拉（100 索尔多）	2 弗罗林（124 索尔多）
1346	10 里拉（200 索尔多）	4 弗罗林（248 索尔多）	5 里拉（100 索尔多）	2 弗罗林（124 索尔多）
1347	10 里拉（200 索尔多）	4 弗罗林（244 索尔多）	5 里拉（100 索尔多）	2 弗罗林（122 索尔多）
1348	10 里拉（200 索尔多）	4 弗罗林（252 索尔多）	5 里拉（100 索尔多）	2 弗罗林（126 索尔多）
1349	10 里拉（200 索尔多）	7 弗罗林（448 索尔多）	6 里拉（120 索尔多）	3 弗罗林，15 索尔多（207 索尔多）
1350	17 里拉（340 索尔多）	8 弗罗林（512 索尔多）	8 里拉/10 索尔多（170 索尔多）	4 弗罗林（256 索尔多）
1351	20 里拉（400 索尔多）	8 弗罗林（528 索尔多）	10 里拉（200 索尔多）	4 弗罗林（264 索尔多）

66　C. C. Bayley, *War and Society in Renaissance Florence: The De Militia of Leonardo Bruni* (Toronto: University of Toronto Press, 1961), p. 20.

续表

年份	盾牌兵队长	利古里亚弩兵队长	盾牌兵	弩兵
		18 里拉 （360 索尔多）		12 里拉 （240 索尔多）
		11 里拉，10 索尔多 （230 索尔多） （平均值）=373 索尔多		9 里拉 （180 索尔多） （平均值）=228 索尔多
1352	20 里拉 （400 索尔多）	8 弗罗林 （544 索尔多）	12 里拉 （220 索尔多）	4 弗罗林 （272 索尔多）
		18 里拉 （360 索尔多）		12 里拉 （240 索尔多）
		11 里拉，10 索尔多 （230 索尔多） （平均值）=373 索尔多		9 里拉 （180 索尔多） （平均值）=231 索尔多
1353	16 里拉 （320 索尔多）	24 里拉，10 索尔多 （490 索尔多）	9 里拉，5 索尔多 （185 索尔多）	12 里拉，10 索尔多 （250 索尔多）
		20 里拉 （400 索尔多）		10 里拉，10 索尔多 （220 索尔多）
		（平均值）=445 索尔多		（平均值）=235 索尔多
1354	15 里拉，10 索尔多 （310 索尔多）	20 里拉 （400 索尔多）	9 里拉，5 索尔多 （185 索尔多）	10 里拉 （200 索尔多）

注：工资数据最初列于预算中，然后被换算成了皮乔利索尔多。

来源：ASF, Camera del comune, camarlenghi uscita 14 fols. 512r–529r; camarlenghi uscita 26 (1346) fols. 591r–604r; camarlenghi uscita 33 (1347) fols. 723r–732r; Scrivano di camera uscita 1 (1348) fols. 16r–20r; Scrivano di camera uscita 6 fols. 2r–10r, 17r–41r; Scrivano di camera uscita 9 fols. 2r–9r, 17r–45r; camarlenghi uscita 80 (1351) fols. 237r–271r; camarlenghi uscita 89 (1352) fols. 478r–501r; camarlenghi uscita 90 (1353) fols. 102r–129r; Scrivano di camera uscita duplicato #5 fols. 12r–52r; camarlenghi uscita 96 fols. 14r–66r; camarlenghi uscita 102 fols. 289r–342r; camarlenghi uscita 104 fols. 3r–24r.

如第 5 章所述，这些证据强化了货币在制定工资中的重要性。骑兵的工资似乎更多地依赖于货币力量，而非严格的市场力量。除此之外，骑兵的雇佣条件没有明显变化。这些士兵签署的依然是 4—6 个月的雇佣合同，就像步兵一样。而且，如前所述，意大利和德国的骑兵不能完全归入雇佣军的范畴。由于黄金价格波动，市政官员让德国骑兵的工资出现小幅上涨，但在整个时期，他们设定了意大利骑兵的工资。

表 E.3　年均兑换比率

年份	比率（1 弗罗林＝）
1345	62 索尔多
1346	62 索尔多
1347	61 索尔多
1348	63 索尔多
1349	64 索尔多
1350	64 索尔多
1351	66 索尔多
1352	68 索尔多
1353	68 索尔多
1354	70 索尔多

来源：同表 E.1 和表 E.2。

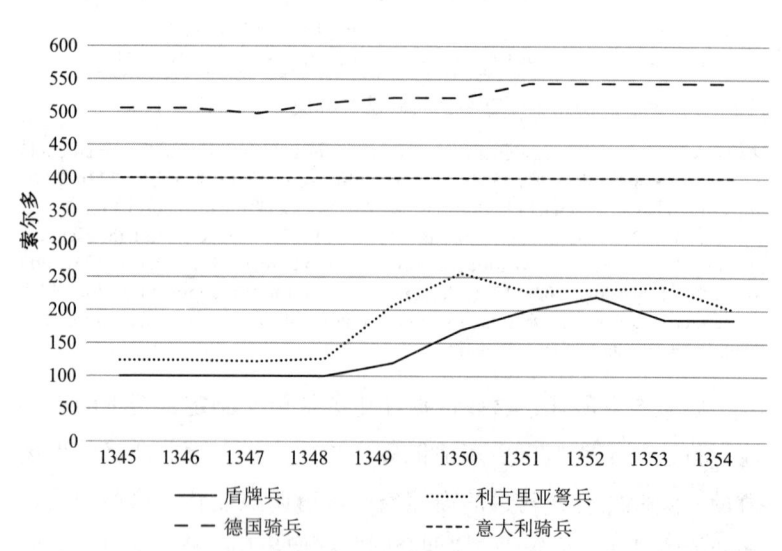

图 E.1　佛罗伦萨军中士兵的名义月工资，1345—1354 年（旗帜分队）

表 E.4　建筑工人的名义日工资，1345—1354 年

年份	熟练建筑工	非熟练建筑工
1345	7 索尔多	4.3 索尔多
1346	8 索尔多	3.7 索尔多
1347	—	—
1348	12.5 索尔多	6.9 索尔多
1349	13.4 索尔多	8.4 索尔多
1350	16.8 索尔多	10 索尔多
1351	18.3 索尔多	9.5 索尔多
1352	17.8 索尔多	10 索尔多
1353	17.8 索尔多	8.7 索尔多
1354	17.0 索尔多	9.4 索尔多

来源：Richard Goldthwaite, *The Building of Renaissance Florence*. Baltimore, MD: Johns Hopkins University Press, 1980, pp. 436-437.

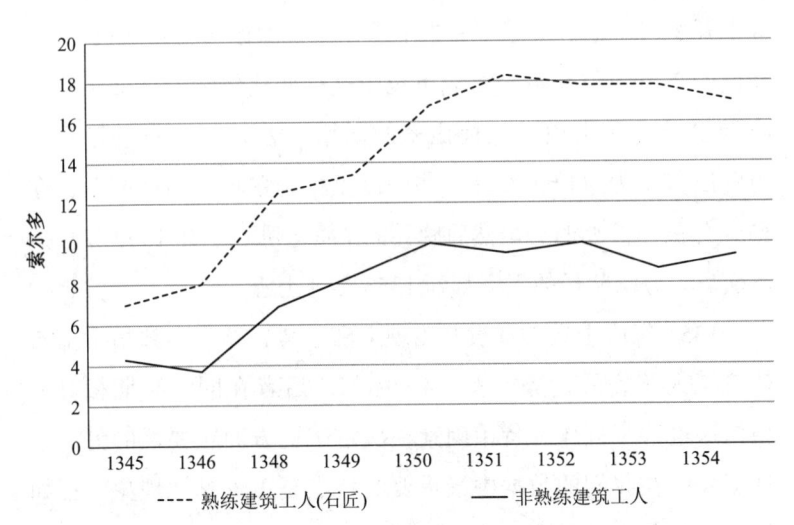

图 E.2　佛罗伦萨建筑工人的名义日工资，1345—1354 年

无论如何，这些数据进一步驳斥了将雇佣军简单地等同于贪婪的做法（第 4 章）。尽管马基雅维利说过这种话，但这些人

的"忠诚性"不仅仅取决于"他们薪酬的多少"——在对他们需求最旺盛的时期,其薪酬保持不变,甚至有所下降。尽管我们不能排除这么一种可能性,即由于瘟疫的影响出现很多这样的人(第4章),但很有可能是,士兵们对自己及其技艺的认知与现代学者们的看法大不相同。他们接受了奖励性合约,懂得优质服务会带来回报,也懂得战争本身是荣耀的。不管怎样,这两个假设并不互相排斥。

必须再次强调这是种初步证据。尚有公共立法需要人们去研究;如果能找到的话,尚有更多的巴利亚记录、市政会议记录、市政办公室预算记录需要人们去审视。但我们的数据呈现的情形加剧了基于单一工资模式做出宽泛假设的难度。佛罗伦萨存在不同的趋势,它们并非在讲述一个单一的故事。比如说,利古里亚弩兵的工资受到瘟疫的影响。但在1351年那场重大战争开始时,他们的工资并未上涨,并且像德国骑兵队长一样,他们的工资单位从黄金变成里拉。这种变化伴随着名义工资的降低以及首次出现的兑换比率的激增(表E.2)。有些弩兵的工资以黄金为单位,而另一些则以里拉为单位。与此同时,在1351年战争开始时,虽然盾牌兵的工资上涨,但在1352年保持不变。其分队队长的工资直到1353年才上涨。

1351年后士兵工资没有出现上涨趋势,这在大致情形上与建筑工人工资的走势(表E.4)相似,后者在同一时期相对平稳,这也许可以作为货币因素在决定工资方面重要性的另一个证据。但在我们的数据中最重要的特点是工资黏性现象。正如保罗·克鲁格曼在论及当今情形时所言,这是"现实世界的一个显著特征"。事实上,步兵的工资从1345年至瘟疫暴发一直保持不变,在这方面它们与工匠的工资不同。与此同时,通过对第4章中论述的44个额外公共岗位的工资状况观察后可以看出，从1345年到1354年，只有5个岗位的工资发生变化。他们是如今我们已熟悉的执政官宫警卫、城市乐手——这两类人的名义工资从1349年至1350年上涨——以及街头公告员、执政官仆人和督政官（表E.5）。

表E.5 公职人员名义工资的变化情形，1345—1354年

年份	督政官	执政官宫警卫	街头公告员	乐手	执政官仆人
1345	26,667	120	95	73	80
1346	26,667	120	95	62	80
1347	26,667	120	95	62	80
1348	26,667	150	140	80	80
1349	26,667	150	140	80	80
1350	26,667	170	140	100	80
1351	26,667	200	121	100	100
1352	40,000	200	121	100	100
1353	40,000	200	210	100	100
1354	40,000	200	168	100	100

注：工资以皮乔利索尔多表示，取近似值。

来　源：ASF, Camera del comune, camarlenghi uscita 13 (1345) fols. 496r–511r; camarlenghi uscita 25 (1346) fols. 576r–590r; camarlenghi uscita 32 (1347) fols. 706r–711r; Camera del comune, scrivano di camera uscita 1 (1348) fols. 1r–15r; camarlenghi uscita 81 (1351) fols. 372r–380r; camarlenghi uscita 79 fols. 671r–678r; camarlenghi uscita 88 fols. 400r–403r; camarlenghi uscita 90 fols. 102r–129r; camarlenghi uscita 96 (1353) fols. 32r–58r; scrivano di Camera uscita duplicato 5 fols. 12r–52r; camarlenghi uscita 102 (1354) fols. 289r–344r; camarlenghi uscita 104 fols. 3r–24r.

他们的情形也各不相同。1351年，督政官和执政官仆人的名义工资上涨，而其他人的则维持不变或是下降。督政官的工资要供养他那由法官和其他官员组成的随从队伍。在大多数情况，这些人的规模不得而知，但1346年的一份市政办公室预算显示，督政官的随从为66人（13名法官、3名"助手"、38名公证人、12名仆人）；1354年一份预算显示，这个随从队伍仅由49人组成（11名法官、3名"助手"、26名公证人、12名仆

人）。因此，1354年督政官的工资比1346年增长33%，而同期相比他的随从规模却缩减26%。这种情况出现的原因以及仆人工资为何会增长尚不清楚。

乐手和街头公告员的工资证实了第5章中提到的公共预算的重要性。这两项职业的工资是一次性支付总额的，然后再在所有人员中分配。佛罗伦萨每月给乐手团拨40里拉，给街头公告员拨42里拉。这种做法解释了这些人的工资在瘟疫前后高低波动的原因。1345—1346年，佛罗伦萨将乐手的数量从11人增至13人，因而每人每月的工资从72里拉降至63里拉。1348年的瘟疫使乐手团减为6人，如前所述（第4章），这导致佛罗伦萨专门提高工资以招募更多对城市庆祝活动来说最为重要的大号手。乐手的数量增至9人，直至1354年仍是如此。佛罗伦萨如今每月给其乐手团拨45里拉，仅比瘟疫之前多5里拉。

佛罗伦萨一直没有调整过拨给街头公告员的金钱数额（每月42里拉）。因此，这些人名义工资的升降仅仅取决于他们人数的多寡。1345—1347年，该城雇用9名街头公告员（每人每月的工资为95索尔多）。1348年瘟疫期间，这个数字降至6人，他们的工资出现上涨（每月142索尔多），并一直保持到1351年之前。1351年，他们的人数增至7人，因而他们的工资下降。1353年，该城将街头公告员队伍减至区区4人。这种变化的原因尚需进一步研究。但它导致我们研究的整个时期中个人工资的增长最显著（57%），比瘟疫暴发之初的工资上涨幅度还大。第二年，他们的工资下降，原因是他们的人数增至5人。

想要得到更完整的答案需等待本著作自始至终提倡的对历史情境的认真解读。这些证据支持了现代经济学家理查德·弗里曼和罗伯特·索洛的论断，他们称要调查雇佣劳动的复杂性，关注起作用的多种因素，以及重要的是，要避免那种在对历史情境缺乏正确理解的情况下,将数字视为"实证"的倾向。正如经济学家克劳迪亚·戈尔丁所言,如果过去是一个"经济思想的巨大实验站",那么,我们以开放的心态对待它,并愿意关注经常相互矛盾的数据是至关重要的。[67] 中世纪既不是一块可以书写现代性的白板,也不是一个在更宽泛和更"相关的"假设中被当作稻草人的"他者"。它有自己在许多方面对我们来说是陌生的气质——如果这是个恰当的词语的话——这种气质存在地区差异,但这需要得到那些想要开展量化的人的认可。来自遥远过去的数字资料不应被置于普洛克路斯忒斯之床,以适应预先形成的颇具吸引力的模型。摘自档案的"棘手"数据讲述了一个更丰富多彩、更准确并最终更"适用"、更有趣的故事。

---

67 Claudia Goldin, "Cliometrics and the Nobel," *Journal of Economic Perspectives* 9 no. 2 (Spring 1995), p. 191.

参考文献

档案

Archivio di Stato di Firenze

Balie, 6, 7

    Camera del comune

    Camarlenghi entrata, 32–42

    Camerlenghi uscita, 53–72

    Camerlenghi uscita duplicato, 5

    Scrivano di camera entrata, 5, 7, 8, 10

    Scrivano di camera uscita, 1, 5–10, 13–14, 25–26, 32–33, 80–81, 88–90, 96, 102, 104

Consulte e pratiche, 1

Miscellanea Repubblicana, 120

Provvisioni, registri, 36–38

Signori, Missive I Cancelleria, 10

Ufficiali delle Castella, 5

一手材料

Boccaccio, Giovanni. *Trattatello in laude di Dante*, edited by Pier Giorgio Ricci. In *Tutte le opere di Giovanni Boccaccio*, edited by Vittore Branca. Milan: Mondadori, 1974.

    The Decameron, translated by Mark Musa and Peter E. Bondanella. New York, NY: Norton, 1977.

Epistole e lettere, edited by Gianetta Auzzas. In *Tutte le opere di Giovanni Boccaccio*, edited by Vittore Branca. Milan: Mondadori, 1992.

Cicero. *Epistulae ad Quintum Fratrem et M. Brutum*, edited by D. R. Schackleton- Bailey. Cambridge: Cambridge University Press, 2004.

Codice diplomatico dantesco, edited by Renatto Piattoli. Florence: Libreria Luigi Gonnelli e figli, 1950.

Commissioni di Rinaldo degli Albizzi per il comune di Firenze (1339–1433), edited by Cesare Guasti. Florence: Tipi di M. Cellini, 1867–1873.

Cronaca malatestiane, edited by Aldo Massèra, *Rerum Italicarum Scriptores* 15. Bologna: Zanichelli, 1922–1924.

Dante. *De Vulgari Eloquentia*, translated and edited by Steven Botterill. Cambridge: Cambridge University Press, 1996.

The Divine Comedy, translated and edited by Robert M. Durling. 3 vols. Oxford: Oxford University Press, 1997–2011.

Documenti storici del secolo XIV, estratto dal Archivio di stato Fiorentino, edited by Agostino Pepoli. Florence: Arnaldo Forni, 1884.

Francisci Petrarcae epistolae de rebus familiares et varie, edited by Giuseppe Fracassetti. Florence: Le Monnier, 1859–1863.

Francisci Petrarchae Poemata minora quae extant Omnia, or *Poesia minori del Petrarca*, vol. 3., edited by D. Rossetti. Milan: Societas Tipografica, 1831–1834

I Capitoli del Comune di Firenze, inventario e regesto, edited by C. Guasti and A. Gherardi. 2 vols. Florence: Cellini, 1866–1893.

Ibn Khaldun. *The Muqaddimah*, translated and introduced by Franz Rosenthal; abridged and edited by N. J. Darwood. Princeton, NJ: Princeton University Press, 2005.

Keynes, John Maynard. *The General Theory of Employment, Interest and Money*. New York: Harcourt Brace, 1936.

La cronica domestica di Messer Donato Velluti, edited by Isidoro del Lungo and Guglielmo Volpi. Florence: G. C. Sansoni, 1914.

Machiavelli, Niccolò. *The Discourses*, translated by Leslie J. Walker and edited by Bernard Crick. New York, NY: Penguin, 1970.

The Discourses on Livy, translated by Harvey Mansfield and Nathan Tarcov. Chicago, IL: University of Chicago Press, 1996.

The Art of War, translated by Christopher Lynch. Chicago, IL: University of Chicago Press, 2003.

The Prince, translated and edited by David Wootton. Indianapolis, IN: Hackett Publishing Co., 1995.

The Prince, translated by Peter Bondanelli, with introduction by Maurizio Viroli. Oxford: Oxford University Press, 2005.

Montaigne, Michel. *Journal de voyage*, edited by Louis Lautrey. Paris: Hatchette, 1906.

Petrarch, Francesco. *Le familiari*, edited by Vittorio Rossi. 4 vols. Florence: Sansoni, 1933–1942.

Rerum familiarum libri, I–VIII, vol. 1, translated and edited by Aldo S. Bernardo. Albany, NY: State University of New York Press, 1975.

Rerum familiarum libri, IX–XVI, vol. 2, translated and edited by Aldo S. Bernardo. Baltimore, MD: Johns Hopkins University Press, 1982.

Rerum familiarum libri, XVII–XXIV, vol. 3, translated and edited by Aldo S. Bernardo. Ithaca, NY: Italica Press, 2005, 2nd edn.

Petrarch's Lyric Poems, translated by Robert M. Durling. Cambridge, MA: Harvard University Press, 1976.

Pucci, Antonio. *Centiloquio in Delle poesie di Antonio Pucci*, edited by Ildefonso di San Luigi. Florence: Gaet. Cambiagi, 1772–1775.

Sacchetti, Franco. *Novelle*. Turin: Einaudi, 1970.

Smith, Adam. *An Inquiry into the Nature and Causes of the Wealth of Nation*, edited by Edwin Cannan. New York, NY: Modern Library, 1937.

Sonetti editi ed inediti di Ser Ventura Monachi: Rimatore fiorentino del XIV secolo, edited by Adolfo Mabellini. Turin: G. B. Paravia e comp, 1903.

Statuti della Repubblica fiorentina. Statuto del Capitano del Popolo degli anni 1322–1325, vol. 1, edited by Romolo Caggese. Florence: Tip. Galileiana, 1910.

Statuti della Repubblica fiorentina, Statuto del Capitano del Popolo:1322–25, edited by Giuliano Pinto, Francesco Salvestrini, and Andrea Zorzi. 2 vols. Florence: Leo S. Olschki, 1999.

Statuti dell'Università e Studio fiorentino dell'anno MCCCLXXXVII, edited by Alessandro Gherardi. Florence: Arnaldo Forni, 1973.

Statuti e legislazione a Firenze dal 1355 al 1415, Lo Statuto cittadino del 1409, edited by Lorenzo Tanzini. Florence: Leo S. Olschki, 2004.

"Statuto della Parte Guelfa di Firenze, compilato nel 1335." *Giornale storico degli archivi toscani* (1857): 1–41.

Stefani, Marchionne di Coppo. *Cronaca Fiorentina*, edited by N. Rodolico. In *Rerum Italicarum scriptore*, edited by L. A. Muratori. Città di Castello: S. Lapi, 1910.

Tutte le opere di Giovanni Boccaccio, vol. 3, edited by Vittore Branca. Milan: Mondadori, 1974.

Villani, Giovanni. *Nuova Cronica*, vols. 2–3, edited by Giuseppe Porta. Parma: Fondazione Pietro Bembo, 1991.

Villani, Matteo. *Nuova Cronica*, vol. 1, edited by Giuseppe Porta. Parma: Fondazione Pietro Bembo, 1995.

二手材料

Abel, Wilhelm. *Agricultural Fluctuations in Europe: From the Thirteenth to the Twentieth Centuries*. London: Metheun, 1980 English edn.

Albanese, Gabriella. "La corrispondenza fra Petrarca e Boccaccio." In *Motivi e forme delle "Familiari" di Francesco Petrarca*, edited by Claudia Berra. Milan: Cisalpino, 2003, 39–99.

Allen, Robert C. "The Great Divergence in European Wages and Prices from the Middle Ages to the First World War," *Explorations in Economic History* 38 (2001): 411–447.

Antognini, Roberta. *Il progetto autobiografico delle Familiares di Petrarca*. Milan: Edizioni Universitarie di lettere economica diritto, 2008.

Arfaioli, Maurizio. *The Black Bands of Giovanni*. Pisa: Pisa University Press, 2005.

Ascoli, Albert and Unn Falkeid, eds. *The Cambridge Companion to Petrarch*. Cambridge: Cambridge University Press, 2015.

Auzzas, Gianetta. "Studi sulle epistole: L'invito della signoria fiorentina al Petrarca." *Studi sul Boccaccio* 4 (1967): 203–240.

Baldasseroni, Francesco. "La Guerra tra Firenze e Giovanni Visconti." *Studi storici* 11 (1902): 361–407.

Baranski, Zygmunt G. and Lino Pertile. *Dante in Context*. Cambridge: Cambridge University Press, 2015.

Baranski, Zygmunt G. and Theodore J. Cachey, Jr., eds. *Petrarch and Dante: Anti-Dantism, Metaphysics, Tradition*. Notre Dame, IN: University of Notre Dame Press, 2009.

Barbadoro, Bernardino. *Le finanze della repubblica fiorentina. Imposta diretta e debito pubblico fino all'istituzione del Monte*. Firenze: Leo S. Olschki, 1929.

———. "Finanza e demografia nei ruoli fiorentine d'imposta del 1352–1353." *Atti di Congresso internazionale per lo studio dei problemi della popolazione* 9 (1933): 624–629.

Barducci, Roberto. "Politica e speculazione finanziaria a Firenze dopo la crisi del primo Trecento (1343–1358)." *Archivio Storico Italiano* 137 (1979): 177–219.

Barlucchi, Andrea. "I centri minori delle conche Appenininiche (Casentino e Alta Valtinertina)." In *I centri minori della Toscana nel medioevo*, edited by Giuliano Pinto and Paolo Pirillo. Florence: Leo S. Olschki, 2013, 57–95.

Barolini, Teodolinda. *The Undivine Comedy: Detheologizing Dante*. Princeton, NJ: Princeton University Press, 1992.

———. "'Only Historicize': History, Material Culture (Food, Clothes, Books), and the Future of Dante Studies." *Dante Studies* 127 (2009): 37–54.

Baron, Hans. "The Evolution of Petrarch's Thought: Reflections on the State of Petrarch Studies." In *From Petrach to Leonardo Bruni in Studies in Humanistic and Political Literature*. Chicago, IL: University of Chicago Press, 1968, 7–50.

———. "Franciscan Poverty and Civic Wealth in the Shaping of 'Trecento' Thought: The Role of Petrarch." In *In Search of Civic Humanism*. Princeton, NJ: Princeton University Press, 1988, 172–175.

Bayley, C. C. *War and Society in Renaissance Florence: The De Militia of Leonardo Bruni*. Toronto: University of Toronto Press, 1961.

Berardi, D., Cassi Ramelli, A. E. Montevecchi, G. Ravaldini, and E. Schettini, eds. *Rocche e castelli di Romagna*. Bologna: University Press of Bologna, 1970–1971.

Bernardo, Aldo S. "Letter-Splitting in Petrarch's Familiares." *Speculum* 33 (1958): 237–241.

Bernocchi, Mario. *Le Monete delle Repubblica Fiorentina*, vols. 1, 3. Florence: Leo S. Olschki, 1974.

Beveridge William. "Wages in the Winchester Manors." *Economic History Review* 7 (1936): 22–43.

Westminster Wages in the Manorial Era." *Economic History Review* 8 (1955): 18–35.

Prices and Wages in England from the Twelfth to the Nineteenth Century. London: Frank Cass, 1965.

Billanovich, Giuseppe. *Petrarca Letterato: Lo scrittoio del Petrarca*. Rome: Edizioni di Storia e letteratura, 1947.

Blastenbrei, Peter. *Die Sforza und ihr Heer*. Heidelberg: Winter Universitätsverlag, 1987.

Bloch, Marc. "Le salaire et les fluctuations économique à longue period." *Revue Historique* 173 (1934): 1–31.

"Le maçon médiéval: problèmes de salariat." *Annales* 7 (1935): 216–217.

Boli, Todd. "Boccaccio's Trattatello in laude di Dante, or Dante Resartus." *Renaissance Quarterly* 41 (1988): 395–398.

Böninger, Lorenz. *Die Deutsche Einwanderung Nach Florenz Im Spatmittelalter*. Leiden: Brill, 2006.

Bothwell, James, P. J. P. Goldberg, and W. M. Ormrod, eds. *The Problem of Labour in Fourteenth-Century England*. Woodbridge, Suffolk: York Medieval Press, 2000.

Bowsky, William M. "The Impact of the Black Death upon Sienese Government and Society." *Speculum* 39 (1964): 1–34.

The Finance of the Commune of Siena, 1287–1355. Oxford: The Clarendon Press, 1970.

"Italian Diplomatic History: A Case for the Smaller Commune." In *Order and Innovation in the Middle Ages: Essays in Honor of Joseph R. Strayer*, edited by William C. Jordan, Bruce McNab, and Teofilo F. Ruiz. Princeton, NJ: Princeton University Press, 1976, 55–74.

A Medieval Italian Commune: Siena under the Nine, 1287–1355. Berkeley, CA: University of California Press, 1981.

Branca, Vittore. *Giovanni Boccaccio. Profilo biografico*. Florence: G. C. Sansoni, 1997.

Braudel, Fernand. "Histoire et sciences sociales: La longue durée." *Annales. Économies, Sociétés, Civilisations* 4 (1958): 725–753.

The Mediterranean and the Mediterranean World in the Age of Philip II, vol. 1, translated by Sian Reynold. New York, NY: Harper Books, 1966.

Civilization and Capitalism: The Wheels of Commerce, translated by Sian Reynold. New York, NY: Harper and Row, 1979.

Brucker, Gene. *Florentine Politics and Society, 1343–1378*. Princeton, NJ: Princeton University Press, 1962.

"An Unpublished Source on the Avignonese Papacy: The Letters of Francesco Bruni." *Traditio* 19 (1963): 351–370.

Civic World of the Early Renaissance. Princeton, NJ: Princeton University Press, 1977.

"Bureaucracy and Social Welfare in the Renaissance," *Journal of Modern History* 55 no. 1 (March 1983): 1–21.

Brunetti, Mario. "La Battaglia di Castro, 1350." *Rivista marittima* 43 (1910): 269–282.

"Contributo alla storia delle relazioni veneto-genovesi 1348–50." In *Miscellanea di storia veneta*, 3rd series IX. Venice: Viella, 1916.

Burckhardt, Jacob. *The Civilization of the Renaissance in Italy*, translated by S. G. C. Middlemore. New York, NY: Penguin, 1954.

Burke, Peter. *The French Historical Revolution, 1929–2014*. Cambridge: Polity Press, 2015.

Caferro, William. *Mercenary Companies and the Decline of Siena*. Baltimore, MD: Johns Hopkins University Press, 1998.

John Hawkwood, an English Mercenary in Fourteenth Century Italy. Baltimore, MD: Johns Hopkins University Press, 2006.

"Continuity, Long-Term Service and Permanent Forces: A Reassessment of the Florentine Army in the Fourteenth Century." *Journal of Modern History* 80 (2008): 219–251.

"Warfare and Economy of Renaissance Italy, 1350–1450." *Journal of Interdisciplinary History* 39 (2008): 167–209.

"Honor and Insult: Military Rituals in Late Medieval Tuscany." In *Ritual and Symbol in Late Medieval and Early Modern Italy*, edited by Samuel K. Cohn Jr., Marcello Fantoni, and Franco Franceschi. Turnhout: Brepols, 2013, 125–143.

"Petrarch's War: Florentine Wages at the Time of the Black Death" *Speculum*

88 (2013): 144-165.

"Military Enterprise in Florence at the Time of the Black Death, 1349-50." In *War, Entrepreneurs, and the State in Europe and the Mediterranean, 1300-1800*, edited by Jeff Fynn-Paul. Leiden: Brill, 2014, 15-31.

"Le Tre Corone Fiorentine and War with the Ubaldini." In *Boccaccio 1313-2013*, edited Francesco Ciabattoni, Elsa Filosa, and Kristina Olson. Ravenna: Longo editore, 2015, 43-55.

Campbell, Bruce. *The Great Transition: Climate, Disease and Society in the Late Medieval World*. Cambridge: Cambridge University Press, 2016.

Canestrini, Giuseppe. "Di alcuni documenti risguardanti le relazioni politiche dei papi d'Avignone coi comuni d'Italia Avanti e dopo il tribunato di Cola di Rienzo e la calata di Carlo IV." *Archivio storico italiano* 7 (1849): 347-446.

"Documenti per servire alla storia della milizia italiana dal XIII secolo al XVI." *Archivio storico italiano* 15 (1851): i-549.

Capini, Stefania and Paolo Galli. "I terremoti in Molise." In *I terremoti in Molise, Guida alla mostra*, edited by R. De Benedittis, A. Di Niro, and D. Di Tommaso. Muccilli Campobasso: Ministero per i Beni e le Attivita` Culturali, Campobasso, 2003.

Cardini, Franco. *L'Acciar de cavalieri*. Florence: Le Lettere, 1997.

Casini, Bruno. "Note sul potere di acquisto dei salari a Pisa nei primi anni della signoria gambacortiana." In *Studi in onore di Leopoldo Sandri*, vol. 1. Rome: Ministero per i beni culturali e ambientali, 1983, 227-275.

Cherubini, Giovanni. "I lavoratori nell'Italia dei secoli XIII-XV: considerazioni storiografiche e prospettive di ricerca." In *Artigiani e salariati. Il mondo del lavoro nell'Italia dei secoli XII-XV*. Bologna: Centro Italiano di Studi di Storia e d'Arte, 1984, 1-26.

L'Italia rurale del basso medioevo. Rome-Bari: Laterza, 1996.

Chiappelli, Luigi. "L'amministrazione della giustizia in Firenze durante gli ultimi secoli del medioevo e il periodo del Risorgimento, secondo le testimonianze degli antichi scrittori." *Archivio storico italiano* 15 (1885).

Chittolini, Giorgio. *La formazione dello stato regionale e le istituzioni del contado. Secoli XIV e XV*. Turin: G. Einaudi, 1979.

"Signorie rurali e feudi alla fine del Medioevo." In *Storia d'Italia*, edited by G. Galasso. Turin: UTET, 1981, 597-613.

"City-States and Regional States in North-Central Italy." *Theory and Society* 18 (1989): 689–706.

Ciappelli, Giovanni. "Il cittadino fiorentino e il fisco alla fine del trecento e nel corso del quattrocento: Uno studio di due casi." *Societa e Storia* XLVI (1989): 828–844.

Cipolla, Carlo. *Documenti per la Storia delle relazioni diplomatiche*. Venice: A spese della Societa, 1907.

—— *Franceco Petrarca e le sue relazioni colla corte Avignonese al tempo di Clemente VI*. Turin: Vincenzo Bona, 1909.

—— *The Monetary Policy of Fourteenth Century Florence*. Berkeley, CA: University of California Press, 1982.

Clark, Gregory. *A Farewell to Alms*. Princeton, NJ: Princeton University Press, 2007.

—— "The Long March of History: Farm Wages, Population and Economic Growth, England 1209–1869." *Economic History Review* 60 (2007): 97–135.

Cochin, Henri. *Un amico del Petrarca: lettere del Nelli al Petrarca*. Florence: Le Monnier, 1901.

Cohen, Deborah and Peter Mandler, "The History Manifesto: A Critique, " *American Historical Review* (April 2015): 530–542.

Cohn, Samuel K. *The Cult of Remembrance and the Black Death: Six Renaissance Cities in Central Italy*. Baltimore, MD: Johns Hopkins University Press, 1997.

—— *Creating the Florentine State: Peasants and Rebellion*. Cambridge: Cambridge University Press, 1999.

—— "After the Black Death: Labour Legislation and Attitudes towards Labour in Late-Medieval Western Europe." *Economic History Review* 60 (2007): 457–485.

Connell, William and Andrea Zorzi, eds. *Florentine Tuscany: Structure and Practices of Power*. Cambridge: Cambridge University Press, 2000.

Contamine, Philippe. *War in the Middle Ages*, translated by Michael Jones. Oxford: Blackwell Publishing, 1980.

Coulton, G. G. *Black Death*. London: Ernest Benn, 1929.

Covini, Maria Nadia. "Political and Military Bonds in the Italian State System, Thirteenth to Sixteenth Century." In *War and Competition between States*, edited by Philippe Contamine. Oxford: Oxford University Press, 2000, 9–33.

Crouzet, F. "The Economic History of Modern Europe." *Journal of Economic History* 31 (1971): 135–152.

Dale, Sharon. "'Contra damnationis filios:' The Visconti in Fourteenth-Century Papal Diplomacy." *Journal of Medieval History* 33 (2007): 1–32.

Dalton, Amy H. "A Theory of the Organization of State and Local Government Employees." *Journal of Labor Research* 3 (1982): 163–177.

Davidsohn, Robert. *Storia di Firenze: Le ultime lotte contro l'impero*. Florence: G. C. Sansoni, 1960.

Storia di Firenze IV I Primordi della civilta fiorentina, part 1 impulsi interni, influssi esterni e cultura politica. Florence: G. C. Sansoni, 1977.

Davies, Jonathan. *Florence and Its University during the Early Renaissance*. Leiden: Brill, 1998.

Day, John. "Francois Simiand and the Annales School of History." In *Money and Finance in the Ages of Merchant Capitalism*. Oxford: Blackwell, 1999, 139–150.

Money and Finance in the Age of Merchant Capitalism, 1200–1800. Oxford: Blackwell, 1999.

Dean, Trevor. "Lords, Vassals and Clients in Renaissance Ferrara." *English Historical Review* 100 (1985): 106–119.

Del Treppo, Mario, ed. *Condottieri e uomini d'arme nell'Italia del Rinascimento*. Naples: Liguori Editore S. R. L., 2001.

Dini, Bruno. "I lavoratori dell'Arte della Lana a Firenze nel XIV e XV secolo." In *Artigiani e salariati. Il mondo del lavoro nell'Italia dei secoli XII–XV, Pistoia, 9–13 ottobre 1981*. Bologna: Centro Italiano di Studi di Storia e d'Arte, 1984, 27–68.

Doren, Alfred. *Die Florentiner Wollentuchindustrie*. Stuttgart: Cotta, 1901.

Le arti fiorentine, translated into Italian by G. B. Klein. Florence: F. LeMonnier, 1940.

Dotti, Ugo. *Vita di Petrarca*. Bari: Laterza, 1987.

Dyer, Christopher. *Standards of Living in the Later Middle Ages: Social Change in England, 1200–1320*. Cambridge: Cambridge University Press, 1989.

Ehrenberg, Ronald. *The Demand for State and Local Government Employees: An Economic Analysis*. Toronto: Lexington Books, 1972.

"The Demand for State and Local Government Employees." *American Economic Review* 63 (1973): 366-379.

Eisner, Martin. *Boccaccio, and the Invention of Italian Literature: Dante, Petrarch, Cavalcanti and the Authority of the Vernacular*. Cambridge: Cambridge University Press, 2013.

Emiliani, Paolo. *Storia dei Comuni italiani*. Florence: Le Monnier, 1866.

Epstein, Stephan R. "Cities, Regions and the Late Medieval Crisis: Sicily and Tuscany Compared." *Past and Present* 130 (1991): 3-50.

———. "Town and Country: Economy and Institutions in Late Medieval Italy." *Economic History Review* 46 (1993): 453-477.

———. *Freedom and Growth: The Rise of States and Markets, 1300-1700*. London: Routledge, 2000.

Epstein, Steven A. "The Theory and Practice of the Just Wage." *Journal of Medieval History* 17 (1991): 53-69.

———. *Wage Labor and Guilds in Medieval Europe*. Chapel Hill, NC: University of North Carolina Press, 1991.

Falsini, Alberto Benigno. "Firenze dopo il 1348: Le consequenze della peste nera," *Archivio storico italiano* 129 (1971): 425-503.

Farmer, D. L. "Prices and Wages." In *The Agrarian History of England and Wales, vol. II, 1042-1350*, edited by H. E. Hallam. Cambridge: Cambridge University Press, 1967, 716-817.

———. "Crop Yields, Prices and Wages in Medieval England." *Studies in Medieval and Renaissance History* 6 (1983): 331-348.

———. "Prices and Wages, 1350-1500." In *The Agrarian History of England and Wales*, edited by Edward Miller. Cambridge: Cambridge University Press, 1991, 431-525.

Federico, Giovanni and Paolo Malanima. "Progress, Decline, Growth: Product and Productivity in Italian Agriculture, 1000-2000." *Economic History Review* 3 (2004): 437-464.

Filosa, Elsa. "To Praise Dante, To Please Petrarch ('Trattatello in laude di Dante')." In *Boccaccio: A Critical Guide to the Complete Works*, edited by Victoria Kirkham, Michael Sherberg, and Janet Smarr. Chicago, IL: University of Chicago Press, 2013, 213-220.

Fiorilli, Carlo. "I dipintori a Firenze nell'arte dei Medici, Speziali e Merciai."

Archivio storico italiano 78 (1920): 5-74.

Fischer, David Hackett. *The Great Wave: Price Revolutions and the Rhythm of History*. Oxford: Oxford University Press, 1996.

Fiumi, Enrico. "Fioritura e decadenza dell'economia fiorentina." *Archivio storico italiano* 115 (1957): 385-439.

Flexner, Abraham. "The Usefulness of Useless Knowledge, " *Harper's Magazine* 179 (June/November 1939): 544-553.

Folena, Gianfranco. "La tradizione delle opere di Dante Alighieri." In *Atti del Congresso Internazionale di Studi Danteschi*, edited by Centro di studi e documentazione dantesca e medievale. Florence: G. C. Sansoni: 1965, 54-56.

Foresti, Aldo. *Annedoti della vita di Francesco Petrarca*. Padua: Antenore, 1977 reprint.

Franceschi, Franco. *Oltre il "tumulto" : i lavoratori fiorentini dell'Arte della Lana fra Tre e Quattrocento*. Florence: Leo S. Olschki, 1993.

"The Economy: Work and Wealth." In *Italy in the Age of the Renaissance, 1300-1550*, edited by John M. Najemy. Oxford: Oxford University Press, 2004, 124-144.

Francovich, Riccardo. *I Castelli del contado fiorentino nei secoli XII e XIII*. Florence: CLUSF, 1976.

Francovich, R. and M. Ginatempo, eds. *Castelli, Storia e archeologia del potere nella Toscana medievale*. Florence: All'Insegna del Giglio, 2000.

Freedman, Paul and Gabrielle Spiegel. "Medievalisms Old and New: The Rediscovery of Alterity in North American Medieval Studies." *American Historical Review* 103 (1998): 677-704.

Freeman, Richard B. *Labor Economics*. Englewood Cliffs, NJ: Prentice-Hall, 1979.

"How Do Public Sector Wages and Employment Respond to Economic Conditions?" In *Public Sector Payrolls*, edited by David A. Wise. Chicago, IL: University of Chicago Press, 1987, 183-216.

Friedman, David. *Florentine New Towns: Urban Design in the Late Middle Ages*. Cambridge, MA: Harvard University Press, 1989.

Frigo, Daniela, ed. *Politics and Diplomacy in Early Modern Italy: The Structure of Diplomatic Practice, 1450-1800*. Cambridge: Cambridge University Press, 2000.

Fubini, Riccardo. "L'istituzione diplomatica e la figura dell'ambasciatore nel XV secolo (in particolare riferimento a Firenze)." In *L'Italia alla fine del Medioevo: I caratteri originali nel quadro europeo*, edited by Francesco Salvestrini. Florence: Florence University Press, 2006, 333–354.

Galassi, N. *Dieci secoli di storia ospitaliera a Imola*. Imola: Galeati, 1966–1970.

Galli, Paolo Antonio Costantino and José Alfredo Naso. "Unmasking the 1349 Earthquake Source (Southern Italy): Paleoseismological and Archaeoseismological Indications from the Aquae Iuliae Fault." *Journal of Structural Geology* 31 (2009): 128–149.

Garbini, Paolo. "Francesco Nelli." In *Dizionario Biografico degli Italiani*. Milan: Treccani, 2013, 173–183.

Gasquet, Francis Aidan. *The Great Pestilence*. London: G. Bell, 1893.

Geremek, Bronislaw. "I salari e il salariato nelle citta del Basso Medio Evo." *Rivista Storica Italiana* 78 (1966): 368–386.

Le Salariat dans l'artisanat parisien aux XIIIe–XVe siècles. Etude sur le marché de la main d'œuvre au Moyen Âge. Paris: Mouton et Cie, 1968.

Salariati e artigiani e nella Parigi medievale. Florence: G. C. Sansoni, 1975.

Gessler, Eduard A. "Huglin von Shoenegg. Ein Basler Reiterfuhrer des 14. Jahrhunderts in Italien: Ein Beitrag zur damaligen Bewaffnung." *Basler Zeitschrift fur Geschichte und Altertumskunde* XXI (1923): 75–126.

Gherardi, Alessandro. "L'antica camera del comune di Firenze e un quaderno d'uscita de' suoi camarlinghi dell'anno 1303." *Archivio storico italiano* 26 (1885): 313–361.

Gilli, Patrick. "La fonction d'ambassadeurs d'après les textes juridiques italiens du XVe siècle et le traité de Martino Garati da Lodi: une impossible representation." *Mélanges de l'Ecole française de Rome-Moyen Âge* 121 (2009): 173–187.

"Il discorso politico fiorentino nel Rinascimento e l'umanesimo civile." In *Firenze e la Toscana. Genesi e trasformazioni di uno stato (XIV–XIX secolo)*, edited by Jean Boutier, Sandro Landi, and Olivier Rouchon. Florence: Mandragora, 2010, 255–271.

"Ambasciate e ambasciatori nella legislazione statutaria italiana (secc. XIII–XIV)." In *Il laboratorio del Rinscimento: Studi di storia e cultura per Riccardo Fubini*, edited by Lorenzo Tanzini. Florence: Le lettere, 2015, 7–26.

Gilson, Simon. *Dante and Renaissance Florence*. Cambridge: Cambridge University Press, 2005.

Ginatempo, Maria. *Prima del debito. Finanziamento della spesa pubblica e gestione del deficit nelle grandi città toscane (1200–1350 ca)*. Florence: Leo S. Olschki, 2000.

Goldin, Claudia. "Cliometrics and the Nobel, " *Journal of Economic Perspectives* 9 no. 2 (Spring 1995): 191–208.

Goldthwaite, Richard A. *The Building of Renaissance Florence*. Baltimore, MD: Johns Hopkins University Press, 1980.

The Economy of Renaissance Florence. Baltimore, MD: Johns Hopkins University Press, 2009.

Goldthwaite, Richard A., Enzo Settesoldi, and Marco Spallanzani, eds. *Due libri mastri degli Alberti: una grande compagnia di Calimala, 1348–1358*. Florence: Cassa di Risparmio, 1995.

Gordon, Robert J. "A Century of Evidence on Wage and Price Stickiness in the United States, the United Kingdom, and Japan" in *Macroeconomics, Prices, and Quantities*, edited by James Tobin. Washington, DC: Brookings, 1983, 85–133.

Green, Louis. *Chronicle in History*. Cambridge: Cambridge University Press, 1972.

Grillo, Paolo. *Cavalieri e popoli in armi: Le istitutioni military nell'Italia medievale* Bari: Editori Laterza, 2008.

Grohmann, Alberto. "Economia e società a Perugia nella seconda metà del Trecento." In *Società e istituzioni dell'Italia comunale: l'esempio di Perugia*. Perugia: Deputazione di storia patria per l'Umbria, 1988, 57–87.

Guidi, Guidubaldo. *Il governo della città-repubblica di Firenze del primo quattrocento*. 3 vols. Florence: Leo S. Olschki, 1981.

Guldi, Jo and David Armitage. *The History Manifesto*. Cambridge: Cambridge University Press, 2014.

Hale, John. *War and Society in Renaissance Europe*. Baltimore, MD: Johns Hopkins University Press, 1986.

Harriss, G. L. *King, Parliament, and Public Finance in Medieval England to 1369*. Oxford: Clarendon Press, 1975.

Shaping the Nation: England 1360–1461. Oxford: Clarendon Press, 2005.

Hatcher, John. "Plague, Population and the English Economy, 1348–1530." In *Studies in Economic and Social History*. London: Macmillan, 1977.

"England in the Aftermath of the Black Death." *Past and Present* 144 (1994): 3–35.

Henderson, John. *Piety and Charity in Late Medieval Florence*. Chicago, IL: University of Chicago Press, 1994.

Henneman, John Bell. "The Black Death and Royal Taxation, 1347–1351." *Speculum* 43 (1968): 405–428.

Royal Taxation in Fourteenth Century France: The Development of War Financing, 1322–1356. Princeton, NJ: Princeton University Press, 1971.

Herlihy, David and Christiane Klapisch-Zuber. "Direct and Indirect Taxation in Tuscan Urban Finance, c. 1200–1400." In *Finances et comptabilité urbaines du 13e au 16e siècle*. Brussels: Centre "Pro Civitate," 1964, 385–405.

Tuscans and Their Families: A Study of the Florentine Catasto of 1427. Chicago, IL: University of Chicago Press, 1985.

Hollander, Robert. Dante: A Life in Works. New Haven, CT: Yale University Press, 2001.

Houston, Jason M. *Building a Monument to Dante*. Toronto: University of Toronto Press, 2010.

"Boccaccio at Play in Petrarch's Pastoral World." *Modern Language Notes* 127 (2012): S47–S53.

Humphries J. and J. Weisdorf. "The Wages of Women in England, *1260–1850*." *Journal of Economic History* 75 (2015): 405–447.

Iggers, Georg G. *Historiography in the 20th Century: From Scientific Objectivity to the Post-Modern Challenge*. Hanover, NH: Wesleyan Press, 1997.

Jones, P. J. *The Malatesta Lords of Rimini*. Cambridge: Cambridge University Press, 1974.

Kallendorf, Craig. "The Historical Petrarch." *American Historical Review* 101 (1996): 130–141.

Kaueper, Richard W. *Medieval Chivalry*. Cambridge: Cambridge University Press, 2016.

Kirkham, Victoria and Armando Maggi, eds. *Petrarch: A Critical Guide to the Complete Works*. Chicago, IL: University of Chicago Press, 2009.

Kirkham, Victoria, Michael Sherberg, and Janet Levarie Smarr, eds. *Boccaccio:*

A Critical Guide to the Complete Works. Chicago, IL: University of Chicago Press, 2013.

Klapisch-Zuber, Christiane. *Ritorno alla politica: I magnati fiorentini, 1340–1440*. Rome: Viella, 2009.

Knapton, Michael. "City Wealth and State Wealth in Northeast Italy, 14th–17th Centuries." In *La ville, la bourgeoisie et la genise de l'etat moderne (xii-xviii siecles)*, edited by Neithard Bulst and J. -Ph. Genet. Paris: Éd. du CNRS, 1985, 183–209.

Kohl, Benjamin G. *Padua under the Carrara, 1318–1405*. Baltimore, MD: Johns Hopkins University Press, 1998.

Kuhn, Thomas S. *The Structure of Scientific Revolutions*. Chicago, IL: University of Chicago Press, 1962.

La Roncière, Charles M. de. "Indirect Taxes or 'Gabelles' at Florence in the Fourteenth Century: The Evolution of Tariffs and the Problems of Collection." In *Florentine Studies: Politics and Society in Renaissance Florence*, edited by Nicolai Rubinstein. London: Faber and Faber, 1968, 140–192.

"La condition des salariés à Florence au XIVe siècle." In *Tumulto dei Ciompi: un momento di storia fiorentina ed Europea*, edited by Atti del Convegno inter- nazionale. Florence: Leo S. Olschki, 1981, 13–40.

Prix et salaries à Florence au XIVe siècle, 1280–1380. Rome: Palais Farnese, 1982.

La Sorsa, Saverio. *La Compagnia d'Or San Michele, ovvero una pagina della beneficenza in Toscana nel secolo XIV*. Trani: V. Vecchi, 1902.

Labrousse, Ernest. *Esquisse du mouvement des prix et des revenus en France au XVIIIe siècle*. Paris: Librairie Dalloz, 1933.

Lamoreaux, Naomi R. "Economic History and the Cliometric Revolution." In *Imagined Histories*, edited by Anthony Molho and Gordon S. Wood. Princeton, NJ: Princeton University Press, 1998, 59–84.

Landes, David S. "The Statistical Study of French Crises." *Journal of Economic History* 10 (1950): 195–211.

Lane, Frederic C. *Venice and History*. Baltimore, MD: Johns Hopkins University Press, 1966.

Venice: A Maritime Republic. Baltimore, MD: Johns Hopkins University Press, 1973.

Langholm, Odd. *Economics in Medieval Schools: Wealth, Exchange, Value, Money, and Usury According to the Paris Theological Tradition, 1200–1350*. Leiden: Brill, 1992.

Lanza, Antonio. *Polemiche e berte*. Rome: Bulzoni, 1989.

Larner, John. *Lords of the Romagna*. Ithaca, NY: Cornell University Press, 1965.

"Crossing the Romagnol Apennines in the Renaissance." In *City and Countryside in Late Medieval and Renaissance Italy: Essays Presented to Philip Jones*, edited by Trevor Dean and Chris Wickham. London: Bloomsbury, 1990, 147–170.

Law, John E. *The Lords of Renaissance Italy, the Signori, 1230–1300*. London: Davenant Press, 1981.

Lazzarini, Isabella. *Communication and Conflict: Italian Diplomacy in the Early Renaissance, 1350–1520*. Oxford: Oxford University Press, 2015.

Le Roy Ladurie, Emmanuel. *The Peasants of Languedoc*, translated by John Day. Urbana, IL: University of Illinos Press, 1974.

"Motionless History." *Social Science History* 1 no. 2 (Winter 1977): 115–136.

Lepore, Jill. "Historians Who Love Too Much: Reflections on Microhistory and Biography." *Journal of American History* 88 (2011): 129–144.

Levi, Giovanni. "On Microhistory." In *New Perspectives on Historical Writing*, edited by Peter Burke. Cambridge: Polity Press, 1991, 97–117.

Magna, Laura. "Gli Ubaldini del Mugello: una signoria feudale nel contado fiorentino." In *I ceti dirigenti dell'età comunale nei secoli XII e XIII*. Pisa: Pacini, 1982, 13–65.

Magnati e popolani nell'Italia comunale. Pistoia: Centro Italiano di Studi di Storia e d'Arte, 1997.

Mainoni, Patrizia. "Capitali e imprese: Problemi di identita del ceto mercantile a Milano nel XIV secolo." In *Strutture del potere ed elites economiche nelle citta europee dei secoli XII–XVI*, edited by Giovanna Petti Balbi. Naples: Liguori, 1996.

Le radici della discordia: Ricerche sulla fiscalità a Bergamo tra XIII e XV secolo Milan: Edizioni Unicopli, 1997.

"Finanza pubblica e fiscalità nell'Italia centro-settentrionale fra XIII e XV secolo." *Studi Storici* XL (1999): 449–470.

Malanima, Paolo. *L'economia italiana dalla crescita medievale alla crescita con-*

temporanea. Bologna: Il Mulino, 2002.

"Labour, Productivity, Wages in Italy, 1270–1913." Paper presented at Towards a Global History of Prices and Wages, Utrecht, Netherlands, 19–21 August 2004.

Mallett, Michael. *Mercenaries and Their Masters*. Totowa, NJ: Rowman and Littlefield, 1974.

"Ambassadors and Their Audiences in Renaissance Italy." *Journal of the Society for Renaissance Studies* 8 (1994): 229–243.

Marzi, Demetrio. "Notizie storiche intorno ai documenti e agli archivi piu antichi della repubblica *(secc. XI–XIV)*." *Archivio storico italiano* 20 (1897): 74–335.

La Cancelleria della Repubblica Fiorentina. Rocca San Casciano: Cappelli, 1909.

Masi, G. *Il sindaco delle magistrature comunali nel secolo xiv con speciale riferimento a Firenze*. Rome: Attilio Sampaolesi editore, 1930.

Mattingly, Garrett. *Renaissance Diplomacy*. New York, NY: Penguin Books, 1955.

Maxson, Brian. *The Humanist World of Renaissance Florence*. Cambridge: Cambridge University Press, 2014.

Mazzoni, Vieri. *Accusare e proscrivere il nemico politico. Legislazione antighibellina e persecuzione giudiziaria a Firenze (1347–1378)*. Pisa: Pacini, 2010.

Mazzotta, Giuseppe. "Petrarch's Epistolary Epic: The Letters on Familiar Matters." In *Petrarch: A Critical Guide to the Complete Works*, edited by Victoria Kirkham and Armando Maggi. Chicago, IL: University of Chicago Press, 2009, 309–320.

The Worlds of Petrarch. Durham, NC: Duke University Press, 1993.

McGee, Timothy. "Dinner Music for the Florentine Signoria, 1350–1450." *Speculum* 74 (1999): 95–114.

The Ceremonial Musicians of Late Medieval Florence. Bloomington, IN: Indiana University Press, 2009.

McNeill, William H. *The Pursuit of Power*. Chicago, IL: University of Chicago Press, 1982.

Medin, Antonio. "I Visconti nella poesia contemporanea, " *Archivio Storico Lombardo* 28 (1891): 784–785.

Meek, Christine. *Lucca 1369–1400: Politics and Society in the Early Renais-*

sance State. Oxford: Oxford University Press, 1978.

The Commune of Lucca under Pisa Rule, 1342–1369. Cambridge, MA: The Medieval Academy of America, 1980.

Meiss, Millard. *Painting in Florence and Siena after the Black Death: The Arts, Religion, and Society in the Mid-Fourteenth Century*. Princeton, NJ: Princeton University Press, 1979.

Mercuri, Roberto. "Genesi della tradizione letteraria italiana in *Dante, Petrarca e Boccaccio*." In *Letteratura italiana, Storia e geografia*, vol. 1, edited by Roberto Antonelli, Angelo Cicchetti, and Giorgio Inglese. Turin: Einaudi, 1987, 229–455.

Michaud, François. "Apprentissage et salariat à Marseille avant la peste noire." *Revue historique* 589 (1994): 3–36.

Milner, Stephen. "Fanno bandire: Town Criers and the Information Economy of Renaissance Florence." *I Tatti Studies in The Italian Renaissance* 16 (2013): 107–151.

Molho, Anthony. *Florentine Public Finance in the Early Renaissance, 1400–1433*. Cambridge, MA: Harvard University Press, 1971.

"Città-stato e i loro debiti pubblici: Quesiti e ipotesi sulla storia di Firenze, Genova e Venezia." In *Italia 1350–1450: Tra crisi, trasformazione, sviluppo. Tredicesimo convegno di studi, Pistoia, 10–13 maggio 1991*. Pistoia: Centro Italiano di Studi di Storia e d'Arte, 1993, 185–215.

Mucciarelli, Roberta, G. Piccinni, and G. Pinto. *La costruzione del dominio cittadino sulle campagne. Italia centro-settentrionale, secoli XII–XIV*. Siena: Protagon, 2009.

Mueller, Reinhold. *The Venetian Money Market: Banks, Panics, and the Public Debt, 1200–1500*. Baltimore, MD: Johns Hopkins University Press, 1997.

Munro, John. "Industrial Transformations in the North-West European Textile Trades, c. 1290–c. 1340: Economic Progress or Economic Crisis?" In *Before the Black Death: Studies in the "Crisis" of the Early Fourteenth Century*, edited by Bruce M. S. Campbell. New York, NY: St. Martin's Press, 1991, 110–148.

"Urban Wage Structures in Late-Medieval England and the Low Countries: Work Time and Seasonal Wages." In *Labour and Leisure in Historical Perspective, Thirteenth to Twentieth Centuries*, edited by Ian Blanchard. Stuttgart: F. Steiner, 1994, 65–78.

"Wage-Stickiness, Monetary Changes and Real Incomes in Late-Medieval England and the Low Countries, 1300–1450: Did Money Really Matter?" In *Research in Economic History*, edited by Alexander J. Field, Gregory Clark, and William A. Sundstrom. Amsterdam: JAI, 2003, 185–297.

Muzzi, Oretta. "Un castello del contado fiorentino nella prima metà del Trecento. Certaldo in Valdelsa." *Annali dell'Istituto di Storia della Facoltà di Magistero dell'Università di Firenze* 1 (1979): 67–111.

Najemy, John M. *Corporatism and Consensus in Florentine Electoral Politics 1280–1400*. Chapel Hill, NC: University of North Carolina Press, 1982.

A History of Florence, 1200–1575. Malden, MA: Blackwell Publishing, 2006.

"Dante and Florence." In *The Cambridge Companion to Dante*, edited by Rachel Jacoff. Cambridge: Cambridge University Press, 2007, 245–253.

Nef, John U. "War and Economic Progress, 1540–1640." *Economic History Review* 12 (1942): 13–38.

War and Human Progress. Cambridge, MA: Harvard University Press, 1950.

North, Douglass C. and Robert Paul Thomas. *Rise of the Western World: A New Economic History*. Cambridge: Cambridge University Press, 1973.

Olson, Kristina M. *Courtesy Lost: Dante, Boccaccio and the Literature of History*. Toronto: University of Toronto Press, 2014.

Ormrod, W. Mark. "The Crown and the English Economy, 1290–1348." In *Before the Black Death: Studies in the "Crisis" of the Early Fourteenth Century*, edited by Bruce M. S. Campbell. Manchester: Manchester University Press, 1992, 149–183.

"England in the Middle Ages." In *Rise of the Fiscal State in Europe*, edited by Richard Bonney. Oxford: Oxford University Press, 1999, 19–52.

Edward III. New Haven, CT: Yale University Press, 2011.

Özmucur, Süleyman and S̩evket Pamuk. "Real Wages and the Standards of Living in the Ottoman Empire, 1469–1914." *Journal of Economic History* 62 (2002): 293–321.

Pampaloni, Guido. "Gli organi della Repubblica fiorentina per le relazioni." *Rivista di studi politici internazionali* 20 (1953): 261–296.

Firenze al tempo di Dante. Documenti sull'urbanistica fiorentina. Rome: Ministero dell'Interno, 1973.

Pamuk, S̩evket. "The Black Death and the Origins of the 'Great Divergence' across Europe, 1300–1600." *European Review of Economic History* 11 (2007): 289–317.

Paoli, C. "Rendiconto e approvazioni di spese occorse nell'esercito fiorentino contro Pistoia nel Maggio 1302." *Archivio Storico Italiano* 6 (1867): 3–16.

Park, Katharine. *Doctors and Medicine in Early Renaissance Florence*. Princeton, NJ: Princeton University Press, 1985.

Pelli, Giuseppe. *Memorie per servire alla vita di Dante Alighieri*. Florence: Guglielmo Piatti, 1823.

Penn, Simon A. C. and Christopher Dyer. "Wages and Earnings in Late Medieval England: Evidence from the Enforcement of the Labour." *Economic History Review* 43 (1990): 356–376.

Persson, Gunnar. "Consumption, Labour and Leisure in the Late Middle Ages." In *Manger et Boire au Moyen Age,* edited by Denis Menjot. Nice: Les Belles Lettres, 1984, 211–223.

Preindustrial Economic Growth. Social Organization and Technological Progress in Europe. Oxford: Basil Blackwell, 1988.

Pezzolo, Luciano. "Government Debt and State in Italy, 1300–1700." Working paper, 2007, University of Venice "Ca' Foscari, " Department of Economics. www. dse. unive. it/en/pubblicazioni (last accessed February 2016).

Phelps Brown, E. H. and Sheila V. Hopkins. "Seven Centuries of Building Wages." *Economica* 22 (1955): 195–206.

"Seven Centuries of the Prices of Consumables, Compared with Builders' Wage-Rates." *Economica* 23 (1956): 296–314.

Piccini, Daniele. "Franceschino degli Albizzi, uno e due." *Studi petrarcheschi* 15 (2002): 129–186.

Pieri, Piero. "Alcune questioni sopra fanterie in Italia nel periodo comunale." *Rivista storica italiana* (1933): 561–614.

Rinascimento e la crisi militare italiana. Turin: Einaudi, 1952.

Pini, A. I. "Dal Comune città-stato al Comune ente amministrativo." In *Storia d'Italia*, edited by G. Galasso. Turin: UTET, 1981, 509–515.

Pini, E. "Alcuni dati sui prezzi e i salari nell'età dei comuni (Italia settentrionale e centrale)." In *Studi economico giuridici pubblicati per cura della Facoltà di giurisprudenza*, edited by R. Università di Cagliari. Cagliari: Presso la R. Università degli Studi, 1914, 65–91.

Pinto, Giuliano. "Persone, balie e salariati dell'ospedale di S. Gallo." *Ricerche storiche* 2 (1974): 113–168.

——, ed. *Il libro del biadaiolo carestie e annona a Firenze della metà del 200 al 1348*. Florence: Leo S. Olschki, 1978.

——. "I livelli di vita dei salariati cittadini nel periodo successivo al Tumulto dei Ciompi (1380–1430)." In *Il Tumulto dei Ciompi. Un momento di storia fiorentina ed europea*, edited by Atti del Convegno internazionale. Florence: Leo S. Olschki, 1981, 161–198.

——. "L'organizzazione del lavoro nei cantieri edili (Italia centro settentrionale)." In *Artigiani e salariati. Il mondo del lavoro nell'Italia dei secoli XII–XV*. Bologna: Centro Italiano di Studi di Storia e d'Arte, 1984, 69–101.

——. "I lavoratori salariati nell'Italia bassomedievale: Mercato del lavoro e livelli di vita." In *Travail et travailleurs en Europe au Moyen Âge et au début des Temps modernes*, edited by Claire Dolan. Toronto: Pontifical Institute of Mediaeval Studies, 1991, 47–62.

——. *Toscana medievale: paesaggi e realtà sociali*. Florence: Le Lettere, 1993.

Pirillo, Paolo. "Tra Signori e città: I castelli dell'Appennino alla fine del Medio Evo." In *Castelli dell'Appennino nel medioevo*, edited by P. Fosci, E. Penoncini, and R. Zagnoni. Pistoia: Società Pistoiese, 2000, 15–29.

——. *Costruzione di un contado: I fiorentini e il loro territorio nel Basso Medioevo*. Florence: Casa Editrice le Lettere, 2001.

——. "Signorie dell'Appennino tra Toscana ed Emilia-Romagna alla fine del Medioevo." In *Poteri signorili e feudali nelle campagne dell'Italia settentrionale fra Tre e Quattrocento: fondamenti di legittimità e forme di esercizio*, edited by Federica Cengarle, Giorgio Chittolini, and Gian Maria Varanini. Florence: Firenze University Press, 2003, 211–226.

——. *Le Terre nuove fiorentine ed il loro popolamento: ideali, compromessi e risultati*. Florence: Leo S. Olschki, 2004.

——. *Forme e strutture del popolamento nel contado fiorentino, gli insediamenti fortificati (1280–1380)*. Florence: Leo S. Olschki, 2008.

Polanyi, Karl. *The Great Transformation*. Boston, MA: Beacon Press, 2001.

Queller, Donald. "The Development of Ambassadorial Relazioni." In *Renaissance Venice*, edited by J. R. Hale. London: Faber and Faber, 1973, 174–196.

Razi, Z. "Family, Land and the Village in Later Medieval England" *Past and*

Present 93 (1981): 31–33.

Repetti, Emanuele. *Dizionario Geografico Fisico e Storico della Toscana*. Florence: Firenze libri, 1839.

Ricci, Pier Giorgio. "Studi sulle opera latine e volgari del Boccaccio." *Rinascimento* 10 (1959): 1–39.

Ricotti, Ercole. *Storia delle compagnie di ventura in Italia*. Turin: Pomba, 1844–1845.

Rizzi, Fortunato. *Francesco Petrarca e il decennio parmense, 1341–1351*. Turin: G. B. Paravia & Company, 1934.

Robins, William. "Poetic Rivalry: Antonio Pucci, Jacopo Salimbeni and Antonio Beccari da Ferrara." In *Firenze alla vigilia del Rinascimento*, edited by Maria Bendinelli Predelli. Fiesole: Cadmo, 2006, 319–322.

Romby, G. C., ed. *Una terra nuova nel Mugello: Scarperia: popolazione, insediamenti, ambiente, XIV-XVI secolo*. Scarperia: Comune di Scarperia, 1985.

Roover, Raymond De. "Labour Conditions in Florence around 1400: Theory, Policy and Reality." In *Florentine Studies: Politics and Society in Renaissance Florence*, edited by Nicolai Rubinstein. London: Faber and Faber, 1968, 277–313.

Rossi, Aldo. "Dante nella prospettiva del Boccaccio." *Studi Danteschi* 39 (1960): 63–139.

Rossi, Vittorio. "Dante nel Trecento e nel Quattrocento." In *Scritti di critica letteraria, Saggi e discorsi su Dante*. Florence: G. C. Sansoni, 1930, 198–227.

"Un archetipo abbandonato di epistole di Petrarca." In *Studi sul Petrarca sul Rinascimento*. Florence: G. C. Sansoni, 1930, 175–193.

Le familiari, 4 vols. Florence: G. C. Sansoni, 1933–1942.

Rubinstein, Nicolai. "Florence and the Despots: Some Aspects of Florentine Diplomacy in the Fourteenth Century." *Transactions of the Royal Historical Society* 2 (1952): 21–45.

The Palazzo Vecchio, 1298–1532. Oxford: Oxford University Press, 1995.

Rutenburg, Victor I. "La compagnia di Uzzano." In *Studi in onore di Armando Sapori*, vol. 1. Milan: Instituto editoriale cisalpino, 1957, 689–706.

Salvemini, Gaetano. *Magnati e Popolani in Firenze dal 1280–1295*. Florence: G. Carnesecchi, 1899.

Schäfer, Karl Heinrich. *Die Ausgaben Apostoliche Kamera (1335–1362)*. Paderborn: F. Schöningh, 1914.

Schumpeter, Joseph. *History of Economic Analysis*. Oxford: Oxford University Press, 1954.

Scott, Joan. "Gender as a Useful Category of Historical Analysis." *American Historical Review* 91 (1986): 1053–1075.

Scott, John A. *Dante's Political Purgatory*. Philadelphia, PA: University of Pennsylvania Press, 1996.

Selzer, Stephan. *Deutsche Söldner im Italien des Trecento*. Tubingen: Niemeyer, 2001.

Sestan, Ernesto. "I Conti Guidi e il Casentino." In *Italia medievale*. Naples: Edizioni scientifiche italiane, 1968, 356–378.

Settia, Aldo. A. *Comuni in guerra: Armi ed eserciti nell'Italia delle citta*. Bologna: CLUEB, 1993.

―――. *Proteggere e dominare. Fortificazioni e popolamento nell'Italia medievale*. Rome: Viella, 1999.

―――. "Gli 'Insegnamenti di Teodoro di Montferrato e la prassi bellica in Italia all'inizio del Trecento." In *Condottieri e uomini d'arme nell'Italia del Rinascimento*, edited by Mario del Treppo. Naples: Ligouri, 2001, 11–28.

Simiand, François. *Le salaire, l'évolution sociale et la monnaie*. Paris: Felix Alcan, 1932.

Slicher van Bath, B. H. *The Agrarian History of Western Europe, 500–1800*, trans- lated by Olive Ordish (London: E. Arnold, 1963).

Solow, Robert M. "Insiders and Outsiders, Insiders and Outsiders in Wage Determination, " *Scandinavian Journal of Economics* 87 no. 2, Proceedings of a Conference on Trade Unions, Wage Formation and Macroeconomic Stability (June 1985), pp. 411–428.

Sombart, Werner. *Der Moderne Kapitalismus*. Leipzig: Verlag von Dunker und Homblott, 1920.

Sorbelli, Albano. *La Signoria di Giovanni Visconti a Bologna e le sue relazioni con la Toscana*. Bologna: Forni, 1902.

Sterpos, Daniele. *Comunicazioni stradali attraverso i tempi: Bologna-Firenze*. Novara: De Agostini, 1961.

―――. "Evoluzione delle comunicazioni transappenniniche attraverso tre passi del Mugello." In *Percorsi e valichi dell'Appennino tra storia e leggenda*. Florence: Arti grafiche Giorgi & Gambi, 1985, 7–22.

Stuard, Susan Mosher. *Gilding the Market: Luxury and Fashion in Fourteenth Century Italy*. Philadelphia, PA: University of Pennsylvania Press, 2006.

Tanzini, Lorenzo and Sergio Raveggi, eds. *Bibliografia delle edizioni di statuti toscani (secoli XII–XVI)*. Florence: Leo S. Olschki, 2001.

Taylor, F. L. *The Art of War in Italy, 1494–1529*. Westport, CT: Greenwood Press, 1921.

Thorold Rogers, James E. *A History of Agriculture and Prices in England from the Year after the Oxford Parliament (1259) to the Commencement of the Continental War (1793)*. Oxford: Clarendon Press, 1866.

―― *Six Centuries of Work and Wages: The History of English Labour*. London: Swan Sonnenschein and Co., 1884.

Tocco, Francesco Paolo. *Niccolò Acciaiuoli: Vita e politica in Italia alla metà del xiv secolo*. Rome: Isime, 2010.

Todeschini, Giacomo. *Ricchezza francescana. Dalla povertà volontaria alla società di mercato*. Bologna: Il Mulino, 2004.

Tognetti, Sergio. "Prezzi e salari nella Firenze tardo medievale: un profile." *Archivio storico italiano* 153 (1995): 263–333.

Trexler, Richard. *Public Life in Renaissance Florence*. New York, NY: Academic Press, 1980.

Trivellato, Francesca. "Salaires et justice dans les corporations vénitiennes au XVIIe siècle: le cas des manufactures de verre." *Annales: H. S. S.* 54 no. 1 (1999): 245–273.

―― "Is There a Future for Italian Microhistory in the Age of Global History?" *California Italian Studies* 2 no. 1 (2011), http://escholarship. org/uc/item/0z9 4n9hq (last accessed February 2017).

―― "Microstoria/Microhistoire/Microhistory," *French Politics, Culture & Society* 33 no. 1 (2015): 122–134.

Van Zanden, Jan Luit. "Wages and the Standards of Living in Europe, 1500–1800." *European Review of Economic History* 2 (1991): 75–95.

Varanini, G. M. "Castellani e governo del territorio nei distretti delle città venete (XIII–XV sec.)" In *De part et d'autre des Alpes: Les châtelains des princes à la fin du Moyen Âge*, edited by Guido Castelnuovo and Olivier Mattéo. Paris: Flammarion, 2006, 25–58.

Verlinden, Charles. "La grande peste de 1348 en Espagne: Contribution à l'étude de ses conséquences économiques et sociales." *Revue Belge de Philologie et d'Histoire* 17 (1938): 17–25.

Vigueur, Jean-Claude Maire. *Cavaliers et citoyens. Guerre et société dans l'Italie communale, XIIe–XIIIe siècles*. Paris: Fondation de l'École des hautes etudes en sciences sociales, 2003.

Waley, Daniel. "The Army of the Florentine Republic from the Twelfth to the Fourteenth Century." In *Florentine Studies*, edited by Nicolai Rubinstein. London: Faber and Faber, 1968, 70–108.

——— "Condotte and Condottieri in the Thirteenth Century." *Proceedings of the British Academy* 61 (1975): 337–371.

——— *The Italian City Republic*, 3rd edn. London: Longman, 1988.

Westfall Thompson, James. "The Aftermath of the Black Death and the Aftermath of the Great War." *American Journal of Sociology* 26 (1921): 565–572.

Westwater, Lynn Lara. "The Uncollected Poet." In *Petrarch: A Critical Guide to the Complete Works*, edited by Victoria Kirkham and Armando Maggi. Chicago, IL: University of Chicago Press, 2009, 301–308.

Wickham, Chris. *The Mountains and the City. The Tuscan Apennines in the Early Middle Ages*. Oxford: Clarendon Press, 1988.

Wilkins, Ernest H. *The Prose Letters of Petrarch: A Manual*. New York, NY: S. F. Vanni, 1951.

——— *The "epistolae metricae" of Petrarch*. Rome: Edizioni di Storia e Letteratura, 1956.

——— *The Life of Petrarch*. Chicago, IL: University of Chicago Press, 1961.

——— "Petrarch's Last Return to Provence." *Speculum* 39 no. 1 (January 1964): 75–84.

Winter, Jay M., ed. *War and Economic Development: Essays in Memory of David Joslin*. Cambridge: Cambridge University Press, 1975.

Wojciehowski, Hannah Chapelle. "Petrarch and His Friends." In *The Cambridge Companion to Petrarch*, edited by Albert Ascoli and Unn Falkeid. Cambridge: Cambridge University Press, 2015, 16–34.

Wood, Diana. *Medieval Economic Thought*. Cambridge: Cambridge University Press, 2002.

Zak, Gur. *Petrarch's Humanism and the Care of the Self*. Cambridge: Cambridge University Press, 2010.

索 引

（索引页码为原书页码，即本书边码）

Abel, Wilhelm, 阿贝尔，威廉 118, 181, 184, 187, 190, 191

Acciaiuoli, Jacopo di Donato, 阿齐亚约利，雅各布·迪·多纳托 34, 74, 111

Acciaiuoli, Niccolò, 阿齐亚约利，尼科洛 34—36, 74

Accursio, Mainardo, 阿库尔西奥，马伊纳尔多 25—27, 30, 32, 34, 42, 45, 47

Agata, Mona, 阿加塔，莫娜 101

Agolanti, Tommaso di Vanni, 阿戈兰蒂，托马索·迪·万尼 101

Alberti, Giovanni di Alberto, 阿尔贝蒂，乔万尼·迪·阿尔贝托 101, 111

Alberti, Spinello di Luca, 阿尔贝蒂，斯皮内洛·迪·卢卡 78, 82

Alberti, Tano degli, 阿尔贝蒂，塔诺·德利 54

Albizzi, Franceschino degli, 阿尔比齐，弗兰切斯基诺·德利 31—32

Alderotti, Piero, 阿尔德罗蒂，皮耶罗 169—174

Alighieri, Beatrice, 阿利吉耶里，比阿特丽丝 38

Alighieri, Dante, 见 Dante

Allen, Robert C., 艾伦，罗伯特·C. 11, 167, 181—186, 191

"Alterity", "他异性" 1, 179

Altoviti, Arnaldo, 阿尔托维蒂，阿纳尔多 81

Amananti, Gherardo, 阿玛南蒂，盖拉尔多 171

Ambassadors, 使节 163—164, 168—175

Andreotti, Anichino, 安德烈奥蒂，阿尼基诺 67

Annales school, 年鉴学派 12—14, 16, 19, 179—180, 186—188

Antognini, Roberta, 安托尼尼，罗伯塔 38

Apennines, Ubaldini war in, 亚平宁山脉的乌巴尔迪尼战争 49—57

Ardinghelli, Bernardo, 阿尔丁杰利，贝尔纳多 74

Armitage, David, 阿米蒂奇，大卫 1, 14—15, 19—21, 178, 189

Arrighetto of Tirlì, 蒂尔利的阿里盖托 143

Arrighi, Stefano, 阿里吉，斯特凡诺 79—80

Art of war（Machiavelli），《战争的艺术》（马基雅维利）75

Ascoli, Albert, 阿斯科利，阿尔伯特 10—11, 46—47

Baldocci, Gianello, 巴尔多西，贾内洛 122

Balia（committee）巴利亚（委员会）
  明确的 30
  ～的职责 58, 73, 92
  战争融资和～ 86, 91
  佛罗伦萨的～ 30, 53

Bankers, 银行家 110—112

Barattieri, 骂阵人 57, 65—67, 109

Barbadoro, Bernardino, 巴尔巴多罗，贝尔纳迪诺 104

Barlucchi, Andrea, 巴卢基，安德烈亚 64

Barolini, Teodolinda, 巴罗利尼，泰奥多林达 10—11

Baron, Hans, 巴龙，汉斯 27, 38, 46—47

Bartoli, Andrea, 巴尔托利，安德烈亚 77

Bartoli, Francesco, 巴尔托利，弗朗切斯科 67, 69—71, 153

Bartoli, Iusto, 巴尔托利，尤斯托 76

Bartoli, Puccino, 巴尔托利，普奇诺 173—174

Barufaldi, Francesco, 巴鲁法尔迪，弗朗切斯科 54, 67—68

Bastari, Cionetto Giovenchi de, 巴斯塔里，乔内托·焦文基·德 74, 78

Bayley, C. C., 贝利，C. C. 6, 60

Becci, Guadagno di Ser Landi, 贝奇，瓜达尼奥·迪·塞尔·兰迪 164

Belezze, Berto, 贝莱兹，贝尔托 72

Bellfredi, Silvestro di Adovardi, 贝尔弗雷迪，西尔韦斯特罗·迪·阿多瓦尔迪 74, 78

Bellondi, Arrigho, 贝隆迪，阿里戈 105

Bell ringers, 敲钟人 169—175

Belmont, William 贝尔蒙特，威廉 67

Bencivenni, Niccolò di Messer, 本西维尼，尼科洛·迪·梅塞尔 78, 102, 140

Bennino, Francesco del, 本尼诺，弗朗切斯科·德 34, 36, 74, 111

Berardi, Piero, 贝拉尔迪，皮耶罗 67

Bernardo, Aldo, 贝尔纳多，阿尔多 38, 47

Berrovieri（policemen）警卫
  督政官宫 127, 141
  执政官宫 127, 141, 162
  ～的税收 160
  ～的工资 127—129, 132—134, 155

Bertini, Pagno, 贝尔蒂尼，帕尼奥 169

Beveridge, William, 贝弗里奇，威廉 147, 149, 160—161, 168, 182, 186—187, 190—191

Biaggio of Cittá di Castello, 卡斯泰洛城的比阿基奥 164

Bibbiena, 比别纳 64

Bibbiena, Alpinuccio da, 比别纳，阿尔皮努乔·达 122—123

Biliotti, Sandro, 比廖蒂，桑德罗 175

Billanovitch, Giuseppe, 比拉诺维奇，朱塞佩 32

Bingher, Edward, 宾赫尔，爱德华 69

Black Death 黑死病
  ～的历史情境 15, 17
  ～对战争融资的影响 86—87, 96, 98
  彼特拉克的论述 8, 37—38
  公共收入和～ 161
  ～对公职人员工资的影响 132, 136

～对士兵工资的影响 119, 132

乌巴尔迪尼战争和～ 7—9, 17

～对工资的影响 113—114, 132, 136, 181, 192—193

Blake, William, 布莱克, 威廉 14

Bloch, Marc, 布洛赫, 马克 13, 15, 148—149, 178—179, 185—186, 189, 191

Boccaccio, Giovanni 薄伽丘, 乔万尼

笼统地 1—2, 47—48, 51—53, 71, 74, 102, 147—148, 169

担任使节 174—175

论述资本 16

但丁和～ 37—45

"正直"和～ 105

论述法官 127, 129—130

彼特拉克和～ 9, 32—34, 37—46, 48

乌巴尔迪尼战争和～ 19, 32—35, 37—45

Boli, Todd, 波利, 托德 40

Bonaiuti, Fastello, 博纳依乌蒂, 法斯特罗 170—171, 174

Boninstrade, Christofano, 博宁斯特拉德, 克里斯托凡诺 74, 109

Bonuses, 奖金 142—143

Bowsky, William, 鲍斯基, 威廉 98, 161

Branca, Vittore, 布兰卡, 维托雷 32, 48

Braudel, Fernand, 布罗代尔, 费尔南 6, 16, 20—21, 186—189

Brucker, Gene, 布鲁克尔, 吉恩 7, 17, 87, 127, 137, 169—171, 176—177

Brunelleschi, Francesco de, 布鲁内莱斯基, 弗朗切斯科·德 81, 101—102

Bruni, Francesco, 布鲁尼, 弗朗切斯科 35, 99

Brutus, 布鲁图 39

Budgets, 预算 88, 96, 126—129, 150—151

Buono, Niccolò di Bartolo del, 博诺, 尼科洛·迪·巴尔托洛·德 34—35, 47—48, 169

Buralli, Iacomino, 布拉利, 亚科米诺 65, 67, 70—71

Burckhardt, Jacob, 布克哈特, 雅各布 15

Burke, Peter, 伯克, 彼得 186—187

Caccianemici, Lancialotto, 卡恰内米西, 兰恰洛托 67

Calenzano, Ser Gino da, 卡伦扎诺, 塞尔·基诺·达 101

Campbell, Bruce, 坎贝尔, 布鲁斯 7, 18

Canestrini, Giuseppe, 卡内斯特里尼, 朱塞佩 72

Captains of war 战争统帅

乌巴尔迪尼战争中的～ 66—67

工资 142

Carrara, Francesco, 卡拉拉, 弗朗切斯科 176—177

Casini, Bruno, 卡西尼, 布鲁诺 161

Castellans, 要塞司令 134—138

Castiglionchio, Lapo da, 卡斯蒂廖基奥, 拉波·达 48

Cavalry 骑兵

支付薪酬 151—154

新手 145—146

乌巴尔迪尼战争中的～ 60—62, 66—73

～的工资 115—126, 142—146

Cennis, Bartolomeo, 琴尼斯, 巴尔托洛梅奥 71

Cennis, Guidotto, 琴尼斯, 奎多托 108

Chamberlains, 总管 130, 138

Chambini, Gianni, 尚比尼, 詹尼 173

Charny, Geoffroi de, 沙尔尼, 若弗鲁瓦·德 144

Chesis, Jacobo, 凯西斯, 雅各布 51, 67—68, 70—71

索 引

Chiapelli, Luigi, 基亚佩利，路易吉 126—127
Chiarucci, Santi, 基亚鲁奇，桑蒂 54, 64—65, 67—68, 70, 118, 143, 153
Cicero, 西塞罗 39, 48
Cione, Ristoro di, 乔内，里斯托罗·迪 76, 82, 112
Cionello, Messer Bonifazio di Messer, 乔内洛，梅塞尔·博尼法齐奥·迪·梅塞尔 130
Cipolla, Carlo M., 奇波拉，卡洛·M. 87, 113—114, 150—151, 154, 169
Clark, Gregory, 克拉克，格雷戈里 11, 181, 185, 190
Clement VI (Pope)，克雷芒六世（教皇）33
Cliometrics, 计量史学 179—180, 186—187
Cochin, Henri, 科尚，亨利 35—36
Cohn, Samuel K., 科恩，塞缪尔·K. 108, 123—124
Collodi, Balduccio, 科洛迪，巴尔杜乔 153
Collodi, Piero da, 科洛迪，皮耶罗·达 71
Colonna, Cardinal of, 红衣主教科隆纳 25
Colonna, Stefano, 科隆纳，斯特凡诺 28
Comedia delle Ninfe fiorentine（Boccaccio），《佛罗伦萨女神们的喜剧》（薄伽丘）34—35
Commedia（Dante），《神曲》（但丁）19, 39, 40—43
Compagni, Dino, 孔帕尼，迪诺 49—50
Compensation versus wages, 补偿金与工资对比 139—142, 167—168, 184
Condotte（contracts），契约 142—143
Consigliares（consultants），顾问 66

Contamine, Philippe, 孔塔米纳，菲利普 72, 117
Cooks, 厨子 169—175
Corbaccio（Boccaccio），《大鸦》（薄伽丘）71
Corsi, Tone, 科尔西，托恩 76
Corsini, Filippo, 科尔西尼，菲利波 67—68, 71
Corsini, Francesco, 科尔西尼，弗朗切斯科 77,
Corsini, Frasinello, 科尔西尼，弗拉西内洛 77, 108
Corsini, Tommaso, 科尔西尼，托马索 36
Corso, Sandro del, 科尔索，桑德罗·德 67—68, 70
Coulton, G. G., 库尔顿，G. G. 7
Cristiani, Luca, 克里斯蒂亚尼，卢卡 25—27, 34—35, 37—38, 45
Critical alternative to empiricism, 对实证主义的批判的选择 180
Crossbowmen 弩兵
　支付薪酬 151—154
　乌巴尔迪尼战争中的～ 64—73, 145
Currency 货币
　概述 149—150
　预算和货币 150—151
　汇率 156—157, 194
　弗罗林作为～ 151—158
　黄金作为～ 150—151, 154—158
　公职人员工资和～ 154—156
　白银作为～ 150—151, 154—158
　士兵工资和～ 151—154
　工资 157—158, 194—195
　战争的影响 157—158
Cursori, 信使 77—79, 82

Dandi, Martino, 丹迪，马蒂诺 70—71

Dandolo, Andrea, 丹多洛，安德烈亚 28, 84

Dante 但丁
　笼统地 2, 3, 9, 19, 24, 46, 48—49, 147—148, 174—175
　薄伽丘和～ 37—45
　"正直"和～ 105
　彼特拉克和～ 37—45
　乌巴尔迪尼战争和～ 37—45, 65

Davidsohn, Robert, 达维德松，罗伯特 65—66, 133, 138, 173

Davizzani, Agnolo di Lapo, 达维扎尼，阿尼奥洛·迪·拉波 101

Davizzi, Tommaso di Francesco 达维兹，托马索·迪·弗朗切斯科 102—103

Decameron(Boccaccio),《十日谈》(薄伽丘) 1—2, 32, 51, 71, 105, 127

Degan, Arrighetto, 德甘，阿里盖托 54

Dini, Bruno, 迪尼，布鲁诺 7, 124, 165—166

Dini, Filippo, 迪尼，菲利波 81

Dini, Tollino, 迪尼，托里诺 77

Diplomacy 外交
　概述 175—176
　使节 163—164, 168—175
　仆人，敲钟人和厨子 168—175

Dirittura(tax)，正直税（税收）104—107, 145

Donnini, Domenico di Sandro, 多尼尼，多梅尼科·迪·桑德罗 74, 109, 137—138

Donnini, Donnino di Sandro, 多尼尼，多尼诺·迪·桑德罗 137—138

Doren, Alfred, 多伦，阿尔弗雷德 16

Dornich, Johann, 多尔尼克，约翰 54, 67, 69, 143

Dotti, Ugo, 多蒂，乌戈 32—33, 57

Duraforte, Astorgio, 杜拉福特，阿斯托焦 44, 125

Durante, Brunello, 杜兰特，布鲁内洛 169

Dyer, Christopher, 戴尔，克里斯托弗 12, 115, 139, 166—167, 171, 185

Earthquakes, 地震 17—19

Economic implications of study, 研究的经济意义 11—12

Economics, history versus, 历史学与经济学对比 186

Elisei, Cacciaguida degli, 埃利塞伊，卡恰圭达·德利 42

Embassies, 出使 168—175

Empiricism 实证主义
　对～的批判性选择 180
　作为方法论 12—14
　名义工资的～ 148—149
　数字实证主义 12—14, 179—180, 187—188
　对～的自我反思选择 180

England 英格兰
　～的财政状况 87
　来自～的历史资料 189—190
　滥用～的统计数据 189—190
　～的公职人员 166—167
　《劳工法》122
　～的工资"黏性" 168
　～的工资 190—191

Epstein, Steven, 爱泼斯坦，史蒂文 131, 137

Esploratore, 侦察员 79—80

Estimo(rural tax), 埃斯蒂莫税（农村税）96—97, 104

Exchange rates, 汇率 156—157, 194

Falchini, Andrea, 法尔基尼，安德烈亚 101

Falkreid, Unn, 法尔克雷德，乌恩 10—11, 46—47

Falsini, A. B., 法尔西尼，A. B. 7, 99, 165

Famiglia（public officials），亲随（公共官员）169—175

Familiares（Petrarch），《日常熟事书信集》（彼特拉克）1—2, 18—19, 22, 25—29, 31—33, 37—43, 45—48, 84, 147, 171

Federigo, Giovanni, 费德里戈，乔万尼 190

Financing of war 战争融资
  概述 20
  为～拨款 29
  巴利亚和 86, 91
  银行家 110—112
  黑死病的影响 86—87, 96, 98
  战争代价 88—91
  正直税 104—107, 145
  雇佣和 112
  埃斯蒂莫税 96—97, 104
  罚金 100—102
  税收 96—98, 100, 102—104, 112
  贷款 96—97, 99—103
  对比非军事开支 93—94
  公职人员工资 94—96（也见 Public workforce, wages in）
  资金循环 107—110
  士兵工资 96（也见 Soldiers, wages of）
  收入来源 100, 103
  给养 92

Fines, 罚金 100—102

Fiore, Jakob da, 菲奥雷，雅各布·达 65, 67, 69, 143

Fischer, David Hackett, 费舍尔，大卫·哈克特 147, 179—180

Flexner, Abraham, 弗莱克斯纳，亚伯拉罕 1, 15, 179

Florence Army 佛罗伦萨军队（见 Florentine Army）
  ～中的巴利亚 30, 53
  预算 88, 96, 126—129, 150—151
  执政官亲随 169—175
  ～的财政状况 87
  战争融资（见 Financing of war）
  与米兰之战 24, 48, 98
  非军事开支 93—94
  与比萨之战 98
  ～的政治 44
  战争实践（见 Practice of war）
  ～的公共收入 161—162
  公职人员（见 Public workforce）
  作为共和国 175—176
  乌巴尔迪尼战争（见 Ubaldini war）
  ～的大学 33—34, 36, 40, 43—45, 48, 85—86, 106
  ～的暴行 22—23
  ～的呢绒业 165—166

Florentine Army 佛罗伦萨军队
  战争统帅 66—67
  骑兵 60—62, 66—73（也见 Cavalry）
  顾问 66
  ～的连续性 67—71
  弩兵 64—73, 145, 151—154
  ～的不同分队 65—66
  现有军队 59
  步兵 60—62, 64—73（也见 Infantry）
  ～的领袖 66—67
  雇佣军和～ 59—62, 65
  混合分队 64—65
  ～的职业地位 71—73
  征募新兵 62—64
  盾牌兵队长 62, 64—73, 151—154

Florins as currency, 弗罗林作为货币 151—158

Fortini, Prete, 福尔蒂尼，普雷特 67—68, 70

Foscari, Marco, 福斯卡里，马尔科 49

Fracassetti, Giuseppe, 弗拉卡西蒂，朱塞佩 38

France 法国
～的财政状况 87
《大法令》122
～的公职人员 167

Franceschi, Franco, 弗兰切斯基，弗兰克 165—166, 168

Francesco, Ser Guelfo di, 弗朗切斯科，塞尔·圭尔福·迪 75—76, 140

Frederick Ⅱ Hohenstaufen, 霍亨斯陶芬王朝皇帝弗雷德里克二世 23

Freeman, Richard B., 弗里曼，理查德·B. 162, 199

Friedman, David, 弗里德曼，大卫 24

Gabelles (taxes), 税 96—98, 100, 102—104, 112

Gangalandi, Guido di Chito, 甘加兰迪，圭多·迪·奇托 140

Gasquet, F. A., 加斯奎特，F. A. 7

Geertz, Clifford, 格尔茨，克利福德 15, 178—179

Geremek, Bronislaw, 盖雷梅克，布罗尼斯拉夫 141

Ghani, Lotto Ser, 加尼，洛托·塞尔 101

Gherardi, Alessandro, 盖拉尔迪，亚历山德罗 65—66, 138

Gherardi, Ruffo, 盖拉尔迪，鲁福 75—76

Gherarducci, Bartolomeo, 盖拉尔杜奇，巴尔托洛梅奥 67

Gheri, Giovanni, 盖里，乔万尼 56

Ghuadagni, Bartolomeo, 古阿达尼，巴尔托洛梅奥 73

Giandonati, Bardo d'Arrighi, 詹多纳蒂，巴多·达瑞吉 98

Gianini, Chambino, 詹尼尼，尚比诺 170, 172—173

Gilson, Simon, 吉尔松，西蒙 9, 40

Giovanni, Andree, 乔万尼，安德烈 78

Giovanni, Bartolomeo, 乔万尼，巴尔托洛梅奥 77

Giovanni, Francesco di, 乔万尼，弗朗切斯科·迪 72, 79—80

Giovanni, Ghuido di, 乔万尼，圭多·迪 73

Giovanni, Nanni di, 乔万尼，南尼·迪 64

Giovanni, Simonelli, 乔万尼，西莫内利 72

Gold as currency, 黄金作为货币 150—151, 154—158

Goldin, Claudia, 戈尔丁，克劳迪亚 148, 199

Goldthwaite, Richard, 戈德思韦特，理查德 11—12, 95, 113—114, 117, 122, 131

Grande Ordonnace (France),《大法令》(法国) 122

"Great Divergence,""大分流" 11, 181

Green, Louis, 格林，路易 8

Grocheio, Johannes de, 格罗凯奥，约翰内斯·德 80

Gualberti, Azzino, 瓜尔贝蒂，阿兹诺 77, 108

Gualtieri, Coluccio, 瓜尔蒂耶里，科卢乔 71

Guascoli, Giovanni, 瓜斯科利，乔万尼 108

Guccio, Balduccio, 古乔，巴尔杜乔 70, 153

Guelfs, 圭尔夫派 146

索引

Guidi, Guidubaldo, 圭迪，圭杜巴尔多 129, 138, 141, 169
Guldi, Jo, 古尔迪，乔 1, 14—15, 19—21, 178, 189

Harriss, G. L., 哈里斯，G. L. 87, 104
Hatcher, John, 哈彻，约翰 13, 16, 141
Hawkwook, John, 霍克伍德，约翰 146
Henderson, John, 亨德森，约翰 99
Henneman, John B., 海勒曼，约翰·B. 87
Henry Ⅶ（HRE）, 亨利七世（神圣罗马帝国皇帝）44
Herlihy, David, 赫利希，大卫 7, 15—16, 97
Historicization of literary figures, 文学人物的"历史化" 10—11
History 历史学
　年鉴学派 12—14, 16, 19, 179—180, 186—188
　计量学派 179—180, 186—187
　~的历史情境 189
　经济学与~对比 186
　统计学和~ 189
Hopkins, Sheila V., 霍普金斯，希拉·V. 168, 182—183, 190
Houston, Jason, 休斯顿，詹森 37, 41, 44—45
Hugh Capet, 休·卡佩 45

Iambonelli, Ambrogio, 扬博内利，安布罗焦 52
Incisa, Giovanni dell', 因奇萨，乔万尼·德 31—32, 41
Income versus nominal wages, 收入与名义工资对比 172
Infamia (mocking enemy), 羞辱（嘲弄敌人）54—55, 57, 65—66, 80

Infantry 步兵
　弩兵 64—73, 145
　支付薪酬 151—154
　混合分队 64—65
　对比公职人员工资 132—133
　盾牌兵队长 62, 64—73
　乌巴尔迪尼战争中的~ 60—62, 64—73
　~的工资 115—126, 132—133, 143—144
Information, flow of, 信息流通 78—80
Interdisciplinarity, 学科交叉 9
Italia mia (Petrarch),《我的意大利》（彼特拉克）22, 28, 61

Judges, 法官 127, 129—130
"Just wages," 公平工资 137

Kempen, Ludwig van, 肯彭，路德维希·范 18, 25—28, 37—38, 47
Keynes, John Maynard, 凯恩斯，约翰·梅纳德 113, 131, 149, 189
Khaldun, Ibn, 赫勒敦，伊本 189
Klapisch-Zuber, Christiane, 克拉皮什-祖贝尔，克里斯蒂安 3, 15—16, 186—187
Knighthood, 骑士身份 163—165
Krugman, Paul, 克鲁格曼，保罗 113, 131
Kuhn, Thomas, 库恩，托马斯 13—14, 179

Labrousse, Ernest, 拉布鲁斯，埃内斯特 13, 186—187
Lamoreaux, Naomi, 拉摩洛克斯，内奥米 186
Landes, David, 兰德斯，大卫 13, 179
Lapi, Bartolo, 拉皮，巴尔托洛 108

Lapi, Martino, 拉皮，马蒂诺 139—140, 169

Lapi, Salvi, 拉皮，萨尔维 140, 169

Lapi, Ser Puccini Ser, 拉皮，塞尔·普契尼·塞尔 78

l'Aquila Earthquake, 拉奎拉地震 17—19

La Roncière, Charles de, 拉·龙西埃，夏尔·德 11—12, 16, 98, 104, 113—115, 121—122, 131, 137, 166—167, 183, 185—187, 190—191

Leccio, Ser Simone Landi di, 莱乔，塞尔·西蒙尼·兰迪·迪 58, 78

Lemmi, Rustico, 莱米，鲁斯蒂科 75—76

Lemmi, Tone, 莱米，托恩 67—68, 122—123, 153

Le Roy Ladurie, Emmanuel, 勒华拉杜里，埃马纽埃尔 13, 186—187

Levi, Giovanni, 莱维，乔万尼 14

Lippi, Meo, 利皮，梅奥 101

Loans, 贷款 96—97, 99—103

Loiano, Johannes de, 洛亚诺，约翰内斯·德 67

"Longue durée" approach to history "长时段"历史研究
　年鉴学派和～ 186—188
　微观史学与～对比 178—179, 185—186
　～的问题 186—188
　工资和～ 190—192

Lotti, Lottino, 洛蒂，洛蒂诺 108

Machiavelli, Filippo, 马基雅维利，菲利波 58—59

Machiavelli, Niccolò, 马基雅维利，尼科洛
　笼统地 6, 9, 13, 51

论述雇佣军 115, 144, 197
论述乐手 80
论述公职人员 75

Magalotti, Filippo di Duccio, 马加洛蒂，菲利波·迪·杜乔 36, 56

Malagonelle, Niccolò, 马拉戈内莱，尼科洛 81

Malanima, Paolo, 马拉尼马，保罗 113—114, 181, 190—191

Mallet, Michael, 马莱特，迈克尔 58, 60, 106

Manelli, Arnaldo, 马内利，阿纳尔多 90—91, 94

Manfredi, Giovanni di Albergettino, 曼弗雷迪，乔万尼·迪·阿尔贝盖蒂诺 52—53, 55, 110

Marzi, Demetrio, 马尔齐，德梅特里奥 137—138, 175

Matteo, Nicholaio di, 马泰奥，尼科莱奥·迪 130, 164

Mattingly, Garrett, 马丁利，加勒特 172

Mazzei, Arrigho, 马泽伊，阿里戈 170—174

Mazzetti, Ser Piero, 马泽蒂，塞尔·皮耶罗 108

Mazzotta, Giuseppe, 马佐塔，朱塞佩 27—28

Mazzuoli, Mazzuoli di Vanuccio, 马佐利，马佐利·迪·瓦努乔 102

McGee, Timothy, 麦吉，蒂莫西 132—133, 169

McNeill, William, 麦克尼尔，威廉 110

Medici, Giovanni Conte de, 美第奇，乔万尼·孔特·德 36, 54, 72—73

Meek, Christine, 米克，克莉丝汀 87

Meiss, Millard, 迈斯，米勒德 7—8

Mercenaries 雇佣军
　给～支付薪酬 151—154

支付正直税 145
贪婪和～ 197
～的重新评估 142—146
乌巴尔迪尼战争中的～ 59—62, 65
～的工资 116—120, 142—146
Messengers, 信使 78—79
Micro-history 微观史学
概述 14—15, 20—21
"长时段"历史研究与～对比 178—179, 185—186
Milan, war with Florence, 米兰与佛罗伦萨的战争 24, 48, 98
"Military" and "pacific" spheres, "军事"与"和平"领域 19—20, 51—52, 81—83
Mini, Francesco, 米尼，弗朗切斯科 174
Mixed units, 混合分队 64—65
Monache, Ser Niccholaio di Ser Venture, 莫纳凯，塞尔·尼科莱奥·迪·塞尔·旺蒂尼 83, 137, 140
Monarchia (Dante),《帝制论》（但丁）41
Montaigne, Michel, 蒙田，米歇尔 49
Moresta, Umberto, 莫雷斯塔，翁贝托 67
Mori, Ser Paolo, 莫里，塞尔·保罗 98
Mostinbruch, Astinicho, 莫斯丁布鲁赫，阿斯蒂尼乔 67
Mulattieri, 骡 74—75
Munro, John, 芒罗，约翰 131
Musicians 乐手
乌巴尔迪尼战争中的～ 80—81
～的工资 132—134

Nacchi, Vanni, 纳奇，万尼 67—68, 70—72
Naddo, Jacopo di, 纳多，雅各布·迪 73
Nef, John U., 内夫，约翰·U. 112
Nelli, Francesco, 内利，弗朗切斯科 35—36, 45, 48
Neri, Francesco, 内里，弗朗切斯科 75—76
Nero, Paolo del, 内罗，保罗·德 64, 94, 111
"New towns," "新城镇" 24
Nominal wages 名义工资
概述 148—149, 185
～的实证主义 148—149
收入与～的对比 172
公职人员的～ 156, 195, 198—199
士兵的～ 193
Noncombatants 非战斗人员
骂阵人 57, 65—67, 109
信使 77—79, 82
骡 74—75
发薪员 77—78
督察 77
运输工 74—75, 78—79, 82, 96, 158—159, 164
～的劳动力 19—20, 51, 73
North, Douglass, 诺斯，道格拉斯 190
Numerical empiricism, 数字实证主义 12—14, 179—180, 187—188
Nuntio, 报信人 79—80, 139
Nuti, Alpinuccio, 努蒂，阿尔皮努乔 68, 70, 71—72, 152
Nuti, Giovanni, 努蒂，乔万尼 77

Obizzi, Nino degli, 奥比兹，尼诺·德利 61, 67, 69—70, 102, 109, 153
Occupation, concept of, 职业观念 167—168, 172
Olivi, Pierre, 奥利维，皮埃尔 162—163
Onoranza（tax）, 荣誉税（税收）106
Ordelaffi, Francesco degli, 奥德拉菲，

弗朗切斯科·德利 9, 32, 44, 52—53
Orsanmichele Confraternity, 圣米迦勒教堂兄弟会 96—97, 99—100, 102—103, 106—107, 112, 161, 188
Ottoman Empire, wages in, 奥斯曼帝国的工资 12, 183—184
Özmucur, Süleyman, 厄兹穆古, 苏莱曼 183—184

Pagni, Niccolo, 帕尼, 尼科洛 76
Pampaloni, Guido, 帕帕罗尼, 奎多 176
Pamuk, Sevket, 帕慕克, 谢夫凯特 11, 12, 181, 183—184
Paoli, Cesare, 保利, 切萨雷 60
Paoli, Giovanni, 保利, 乔万尼 169—174, 176—177
Paradiso（Dante）,《天堂篇》(但丁) 41—42
Park, Katharine, 帕克, 凯瑟琳 8, 130, 161
Paymasters, 发薪员 77—78
Pecconi, Paganuccio, 佩科尼, 帕加努乔 70, 72—73
Penn, Simon A. C., 佩恩, 西蒙·A. C. 139, 166—167
Pepoli, Agostino, 佩波利, 阿戈斯蒂诺 175
Pepoli Brothers, 佩波利兄弟 31, 48
Petrarch, Francesco 彼特拉克, 弗朗切斯科
　笼统地 1—2, 10—11, 22, 74, 84, 99, 102, 111, 147—148, 169
　担任使节 174—175
　论述亚平宁山脉 49
　攻击～的朋友 25—28, 30, 37—38, 42—43, 45, 47—48
　论述黑死病 8, 37—38
　薄伽丘和～ 9, 32—34, 37—46, 48

～的历史情境 46—47
论述厨子 171
但丁和～ 37—45
论述地震 18
～的历史化 46
论述雇佣军 61
诗人和～ 35—36
乌巴尔迪尼战争和～ 19, 25—28, 30—32, 37—45
在大学 33—34, 36, 40, 43—45, 85—86, 106
论述战争 28—29, 84—85
Petrarch, Gherardo, 彼特拉克, 盖拉尔多 40
"Petrarch's war," "彼特拉克的战争", 见 Ubaldini war
Petri, Giovanni, 佩特里, 乔万尼 79, 174
Pezzini, Guido, 佩齐尼, 圭多 73
Phelps-Brown, E. H., 菲尔普斯-布朗, E. H. 168, 182—183 190
Pieri, Giovanni, 皮耶里, 乔万尼 170, 174
Pinerolo, Jacopino da, 佩内罗洛, 亚科皮诺·达 79
Pinto, Giuliano, 平托, 朱利亚诺 151, 184—185
Pirillo, Paolo, 皮里洛, 保罗 3, 134
Pisa 比萨
　～的公共收入 161
　与佛罗伦萨的战争 98
Pitti, Buonaccorso, 皮蒂, 博纳科尔索 168
Pitti, Neri, 皮蒂, 内里 105
Plague, 瘟疫, 见 Black Death
Podestás（foreign judges）, 督政官（外来法官）129—130
Polanyi, Karl, 波兰尼, 卡尔 16, 113, 136,

146, 189
Policemen, 警卫，见 *Berrovieri* (policemen)
Practice of war 战争实践
　概述 19—20, 49—52
　在亚平宁山脉 49—57
　官僚制和～ 58, 81—83
　战争统帅 66—67
　骑兵 60—62, 66—73
　顾问 66
　弩兵 64—73, 145
　侦察员 79—80
　现有军队 59
　首场战役 30, 52
　步兵 60—62, 64—73
　信息流通 78—80
　雇佣军和～ 59—62, 65
　信使 78—79
　军事领域与非军事领域的对比 81—83
　混合分队 64—65
　动员 29, 44, 58—59
　乐手 80—81
　报信人 79—80
　发薪员 77—78
　公职人员 75—81
　征募新兵 62—64
　第二场战役 30, 52—57
　盾牌兵队长 62, 64—73
　间谍 79—80
　给养 73—77
　军队督察员 77
Public revenue 公共收入
　正直税 104—107, 145
　埃斯蒂莫税 96—97, 104
　在佛罗伦萨 161—162
　税 96—98, 100, 102—104, 112
　贷款 96—97, 99—103

　荣誉税 106
Public workforce 公职人员
　使节 168—175
　敲钟人 169—175
　警卫 132—134, 162
　要塞司令 134—138
　总管 130, 138
　厨子 169—175
　英国的～ 166—167
　法国的 167
　～的异质性 165
　信息流通 78—80
　法官 129—130
　信使 78—79
　乐手 80—81, 132—134
　非战斗人员（见 Noncombatants）
　职业观念 167—168, 172
　发薪员 77—78
　"督政官" 129—130
　西班牙的～ 167
　间谍 79—80
　～的担保人 137—138
　街头公告员 134
　军队督察员 77
　乌巴尔迪尼战争中的～ 75—81
　～的工资（见 Public workforce, wages in）
Public workforce, wages in 公职人员的工资
　概述 20, 94—96, 147—149, 192—193
　～的异常之处 165—167
　基本薪资 138
　警卫 127—129, 132—134, 155, 162
　黑死病的影响 132, 136
　要塞司令 134—138
　总管 130, 138
　补偿金与～的对比 139—142, 167—168

~的矛盾 165—167

支付薪酬 154—156

~的多样性 127

随从和~ 164—165

马匹和~ 163—164

~的增长 162

步兵和~的对比 132—133

工作技能和~ 162—163

法官 129—130

"公平工资" 137

骑士身份和~ 163—165

乐手 132—134

名义工资 156, 195, 198—199

督政官 129—130

~的政治分歧 175—177

私人部门工作人员与~的对比 161

公共收入和~ 161—162

社会地位和~ 163—164

士兵工资与~的对比 126—130, 132—133, 154, 158—159

~的"黏性" 131—132, 168

~的税收 158—160

街头公告员 134

Pucci, Antonio, 普奇, 安东尼奥 43, 177

Pucci, Francarello, 普奇, 弗兰卡雷洛 67, 71—72

Pucci, Ser Luce, 普奇, 塞尔·卢切 75—76, 139

Pucci, Stefano, 普奇, 斯特凡诺 76, 82, 112, 169

Purgatorio(Dante),《炼狱篇》(但丁) 41—42, 45

Quartaro, Gherard, 夸尔塔罗, 盖拉尔多 67

Quintillian, 昆体良 48

Raffacani, Giovanni Massai, 拉法卡尼, 乔万尼·马萨伊 66, 101—102

Ragazzini (apprentices), 学徒 145—146

Ranieri Farnese, Cecco di, 拉涅里·法尔内塞, 切科·迪 59, 122

Rassegnatori, 军队督察员 77

Recycling of money, 资金循环 107—110

Ricasoli, Albertaccio di Messer Bindaccio, 里卡利索, 阿尔贝塔乔·迪·梅塞尔·宾达乔 36, 66

Ricciardi, Manetto Ser, 里查迪, 马内托·塞尔 78, 111

Ricoveri, Sandro di Ser, 里科韦里, 桑德罗·迪·塞尔 101

Rigucci, Guidalotto, 里古奇, 奎达洛托 71

Rinuccini, Francesco, 里努奇尼, 弗朗切斯科 110

Rinuccio della Serra, Niccolò di, 里努乔·德·塞拉, 尼科洛·迪 59—60

Rodlich of Cologne, 科隆的勒德希 61—62

Roher, Gottfried, 罗埃尔, 戈特弗里德 62, 67, 69

Romagna, Conte di, 罗马尼亚, 孔特·迪 110

Rondinelli, Piero Falco, 龙迪内利, 皮耶罗·法尔科 137—138

Roover, Raymond de, 鲁弗, 雷蒙德·德 137

Rossi, Pino dei, 罗西, 皮诺·代 34, 36

Rossi, Vittorio, 罗西, 维托利奥 37—38, 47

Rubinstein, Nicolai, 鲁宾斯坦, 尼科莱 10, 169—170, 176

Sacchetti, Franco, 萨凯蒂, 弗兰克 36, 43, 66, 140—141

Sacchetti, Uguccione di Piero, 萨凯蒂，乌古乔内·迪·皮耶罗 101

Salmoncelli, Andrea, 萨尔蒙切利，安德烈亚 61, 67, 72—73, 143

San Sepolcro, Canto di Borgo, 圣塞波尔克罗，坎托·迪·博尔戈 122

Sant'Anna, Church of, 圣安娜教堂 10, 82, 112

Scale, Francesco, 斯卡莱，弗朗切斯科 67—68, 70

Schäfer, Karl Heinrich, 舍费尔，卡尔·海因里希 111

Schumpeter, Joseph, 熊彼特，约瑟夫 16, 149, 186, 189

Schutiggi, Simone Lapi, 舒蒂玑，西莫内·拉比 78, 82, 140

Scott, Joan, 斯科特，琼 14

Self-reflective alternative to empiricism, 对实证主义的自我反思的选择 180

Seniles(Petrarch), 《晚年书信集》（彼特拉克）35—36

Sensi, Ser Bonaiuto, 森西，塞尔·博纳尤托 78, 102

Ser Mestola(Passis), 塞尔·梅斯托拉（帕西斯）153

Serra, Niccolò della, 塞拉，尼科洛·德拉 80, 101

Shield bearer captains, 盾牌兵队长
  支付薪酬 151—154
  乌巴尔迪尼战争中的～ 62, 64—73

Short termism. *See* Micro-history 短期主义，见 Micro-history

Siena, public revenue in, 锡耶纳的公共收入 161

Silver as currency, 白银作为货币 150—151, 154—158

Simiand, François, 西米昂，弗朗索瓦 186—187, 191

Slicher van Bath, Bernard, 斯利谢·范巴斯，伯纳德 181, 183—184

Smith, Adam, 斯密，亚当 131

Soldiers, wages of 士兵工资
  概述 20, 96, 113—115, 192—193
  黑死病的影响 119, 132
  奖金 143—144
  战争统帅 142
  骑兵 115—126, 142—146
  ～的变化 119—123
  ～的比较 119—120
  合同 142—143
  支付薪酬 151—154
  ～的差异 123—126
  固定金额 117—118
  付款方式 118—119
  ～的增长 119—123
  步兵 115—126, 132—133, 143—144
  市场力量和～ 123—126
  雇佣军 116—120, 142—146
  名义工资 193
  公职人员工资与～对比 126—130, 132—133, 154, 158—159
  资金循环和 108—110
  ～的"黏性" 197
  ～的税收 158—159
  ～的头重脚轻性 118
  部队规模和～ 119

Solon, 梭伦 39—40

Solow, Robert, 索洛，罗伯特 132, 160—161, 199

Sombart, Werner, 桑巴特，维尔纳 16, 112

Sommaria, Cherico Geri da, 索马里亚，凯里科·杰里·达 102

Sorsa, Severio La, 索萨，塞韦里奥·拉 188

Sources of study, 研究资料 9—10

Spain, public workforce in, 西班牙的公职人员 167
Spies, 间谍 79—80, 139
Spoglie, Bindo di Ser, 斯波利，宾多·迪·塞尔 164
Standard of living, 生活水平 184—185
Statistics 统计学
　历史学和～ 189
　～的滥用 189—190
　～的问题 187—188
　在研究中的应用 15—16
　关于工资 12—14, 183—184
Statute of Laborers (England)，《劳工法》（英国）122
Stefani, Marchionne di Coppo, 斯特凡尼，马尔基翁内·迪·科波 2—3, 25, 57, 70—71
"Stickiness" in wages, 工资"黏性" 131—132, 168, 197
Stonemasons, 石匠 56, 65—66, 75, 95, 112
Strada, Zanobi della, 斯特拉达，扎诺比·德拉 31, 41, 48, 102
Strassburgh, Johann von, 斯特拉斯堡，约翰·冯 61—62, 67
Supplies, 给养 73—77, 92
Sureties, 担保人 137—138

Taxation 税收
　概述 149—150
　警卫的～ 160
　正直税 104—107, 145
　埃斯蒂莫税 96—97, 104
　免税额 159—160
　税 96—98, 100, 102—104, 112
　荣誉税 106
　公职人员的～ 158—160
　士兵的～ 158—159

Taylor, F. L., 泰勒，F. L. 72
Thompson, James Westfall, 汤普森，詹姆斯·韦斯特福尔 7
Thorold Rogers, James E., 索罗尔德·罗杰斯，詹姆斯·E 11, 14, 150, 168, 178, 180—182, 184—187, 189—191
Tognetti, Sergio, 托涅蒂，塞尔焦 11—12, 113—114, 122, 150, 166, 184, 190—191
Toro, Burckhard di, 托罗，布尔克哈德·迪 62, 65, 67, 69, 143
Town criers, 街头公告员 134
Trade routes, 商路 23—24
Trattello in laude di Dante (Boccaccio)，《但丁传》（薄伽丘）39—40, 44—45
Trexler, Richard, 特雷克斯勒，理查德 168—169, 174
Trionfi (Petrarch)，《胜利》（彼特拉克）42
Troop inspectors, 军队督察员 77
Ture, Ghettino, 图雷，盖蒂诺 169
Ture, Guidoriccio, 图雷，奎多里乔 139

Ubaldini, Cavarnello, 乌巴尔迪尼，卡瓦尔内洛 56
Ubaldini, Maghinardo, 乌巴尔迪尼，马吉纳尔多 44, 53—57, 79, 143
Ubaldini, Marzia, 乌巴尔迪尼，马尔齐亚 44
Ubaldini, Ottaviano, 乌巴尔迪尼，奥塔维亚诺 36, 56—57
Ubaldini, Ugolino da Senna, 乌巴尔迪尼，乌戈利诺·达·森纳 44
Ubaldini, Vanni, 乌巴尔迪尼，万尼 44
Ubaldini Family, 乌巴尔迪尼家族 23—24
Ubaldini war 乌巴尔迪尼战争
　概述 1—10, 19

亚平宁山脉的～ 49—57
为～拨款 29
冲突地区 3—5
黑死病和～ 7—9, 17
薄伽丘和～ 19, 32—35, 37—45
～中的战争统帅 66—67
～中的骑兵 60—62, 66—73
～中的顾问 66
～的历史情境 17
～中的弩兵 64—73, 145
但丁和～ 37—45, 65
～的经济目标 85—86
～的结束 31
侦察员 79—80
～的融资（见 Financing of war）
首场战役 30, 52
无法消灭乌巴尔迪尼家族 57
对～未加留意 6—7
～中的步兵 60—62, 64—73
～中的信息流通 78—80
～的准备工作 24—25
～中的雇佣军 59—62, 65
～中的信使 78—79
～的次要性质 5—6
～中的混合分队 64—65
～动员 29, 44, 58—59
～中的乐手 80—81
报信人 79—80
佛罗伦萨在～中的乐观主义 56—57
～中的发薪员 77—78
彼特拉克和～ 19, 25—28, 30—32, 37—45
诗人和～ 35—36
战争实践（见 Practice of war）
～中的公职人员 75—81
第二场战役 30, 52—57
～中的盾牌兵队长 62, 64—73
～中的间谍 79—80
～中的给养 73—77, 92
～中的军队督察员 77
Urban V (Pope) 乌尔班五世（教皇）35
"Useless knowledge," "无用知识" 1, 15, 179
Uzzano, Galeazzo Lapi da, 乌扎诺, 加莱亚佐·拉皮·达 110

Vanni, Filippo, 万尼, 菲利波 77
Vanni, Michele, 万尼, 米凯莱 75—77
Vanucci, Betto, 瓦努奇, 贝托 169
Velluti, Donato, 韦卢蒂, 多纳托 2—3, 16, 24—25, 30, 46, 52—53, 87, 125, 168—169, 175
Venture, Passero, 旺蒂尔, 帕塞罗 67
Vesternich, Hermann, 韦斯特尼希, 赫尔曼 69—70
Vetturali, 运输工 74—75, 78—79, 82, 96, 158—159, 164
Villani, Giovanni, 维拉尼, 乔万尼 8, 15—19, 42, 85, 87, 90, 97, 129, 134, 174
Villani, Matteo, 维拉尼, 马泰奥 2—3, 8—9, 17—19, 25, 30, 42, 46, 52—57, 84—85, 98—99
Virgil, 维吉尔 45
Visconti, Giovanni, 维斯孔蒂, 乔万尼 48

Wages 工资
黑死病的影响 113—114, 132, 136, 181, 192—193
补偿金与～的对比 139—142, 167—168, 184
货币和～ 157—158, 194—195（也见 Currency）
英国的～ 168, 190—191
影响因素 180

关于～的不完全数据 197
"公平工资" 137
"长时段"历史研究和～ 190—192
名义工资 148—149, 156, 172, 185, 193, 195, 198—199
奥斯曼帝国的～ 12, 183—184
研究中的问题 179—180, 182—183
公职人员的～（见 Public workforce, wages in）
士兵的～（见 Soldiers, wages of）
关于～的统计 12—14, 183—184
～的"黏性" 131—132, 168, 197
Waley, Daniel, 韦利，丹尼尔 60, 145—146
War 战争
对货币的影响 157—158
～融资（见 Financing of war）
佛罗伦萨的战争组织（见 Practice of war）
彼特拉克论述～ 28—29, 84—85
乌巴尔迪尼战争（见 Ubaldini war）
Wickham, Chris, 威克姆，克里斯 62—64
Wilkins, Ernest, 威尔金斯，欧内斯特 31—32, 37
Winter, Jay M., 温特，杰伊·M. 6, 107
Wool cloth industry, 呢绒业 165—166

Zak, Gur, 察克，古尔 27
Zanden, Jan Luiten van, 赞登，扬·卢腾·范 181

图书在版编目(CIP)数据

彼特拉克的战争：黑死病阴霾下的佛罗伦萨/(美)威廉·卡费罗著；朱明，徐海冰译.—北京：商务印书馆，2024
（新史学译丛）
ISBN 978-7-100-23018-6

Ⅰ.①彼… Ⅱ.①威…②朱…③徐… Ⅲ.①佛罗伦萨共和国—历史—1349-1350 Ⅳ.①K546.9

中国国家版本馆 CIP 数据核字(2023)第 194058 号

权利保留，侵权必究。

新史学译丛
彼特拉克的战争
——黑死病阴霾下的佛罗伦萨
〔美〕威廉·卡费罗 著
朱 明 徐海冰 译

商 务 印 书 馆 出 版
（北京王府井大街36号 邮政编码100710）
商 务 印 书 馆 发 行
北京市白帆印务有限公司印刷
ISBN 978-7-100-23018-6

2024年4月第1版　　开本710×1000 1/16
2024年4月北京第1次印刷　印张20¾ 插页1
定价：92.00元